国家社会科学基金项目成果

中国特色职业体育的
政府治理与路径选择

Zhongguo Tese Zhiye Tiyu De

Zhengfu Zhili Yu Lujing Xuanze

张保华 著

中山大学出版社

·广州·

版权所有　翻印必究

图书在版编目（CIP）数据

中国特色职业体育的政府治理与路径选择/张保华著. —广州：中山大学出版社，2020.11
ISBN 978-7-306-07049-4

Ⅰ. ①中… Ⅱ. ①张… Ⅲ. ①职业体育—研究—中国 Ⅳ. ①G812

中国版本图书馆 CIP 数据核字（2020）第 215518 号

出 版 人：王天琪
策划编辑：王旭红
责任编辑：王旭红
封面设计：曾　婷
责任校对：陈　莹
责任技编：何雅涛
出版发行：中山大学出版社
电　　话：编辑部 020-84111996，84113349，84111997，84110779
　　　　　发行部 020-84111998，84111981，84111160
地　　址：广州市新港西路 135 号
邮　　编：510275　　传　　真：020-84036565
网　　址：http://www.zsup.com.cn　E-mail：zdcbs@mail.sysu.edu.cn
印 刷 者：广州一龙印刷有限公司
规　　格：787mm×1092mm　1/16　15.875 印张　252 千字
版次印次：2020 年 11 月第 1 版　2020 年 11 月第 1 次印刷
定　　价：49.00 元

如发现本书因印装质量影响阅读，请与出版社发行部联系调换

摘　　要

中国特色职业体育的政府治理是当前中国体育改革领域的一个关键和难点问题。政府作为职业体育管理的主导力量,将发挥非常关键的作用。其中,政府治理将深刻影响中国特色职业体育发展方式的转变。职业体育政府治理的实质在于政府、社会和市场三种力量的组合和有效配置。

本课题在"中国特色"理论的基础上,力图探索、揭示中国特色职业体育发展的一般规律和特点。首先,中国特色职业体育是在国家主导和政策指导下,建成了有中国特色的竞赛训练体系。其次,职业体育运营管理由专业队起步,逐步构建多元化的职业体育竞训体系,力求彰显中国体育特色。再次,中国特色的职业体育建设从专业化的体系发展到职业体育,积极实行市场化、社会化改革。最后,注重于体育管理体制优化的中国特色职业体育发展研究,探索中国特色职业体育产生以来的发展历史。通过实地调查及对数据、资料的整理、分析,重点对中国特色职业体育发展模式的特色、建设的特色、竞赛训练的特色、运营管理的特色以及中国特色职业体育的特色进行了全面的介绍和研究。

本课题立足当前我国职业体育治理改革的背景,以中国特色职业体育政府治理为研究对象,综合运用经济学、政治学、管理学等理论与方法,系统分析中国特色职业体育政府治理的现状与矛盾点。首先,在分析中国特色的基础上,对中国特色职业体育的特色以及本质进行剖析,对中国特色职业体育的内涵进行界定,以此明确中国特色职业体育发展的方向以及政府治理的内容。其次,在分析中国特色职业体育形成的逻辑基础上,结合这段历史时期内发生的具有重要影响的重大事件,并参照以往学者对职业体育发展的历史分期,将中国特色职业体育划分为四个阶段,并对四个阶段的治理特征以及治理现状进行分析，特别对职业体育发展中的政府与市场关系进行了剖析。根据政府与市场关系存在的四种模式，找出中国职业体育不同发展阶段的治理模式的选择，对四种模式的治理范围和特征进行分析，对政府治理与市场关系的作用及定位进行了探讨。在公共产品理论和政府治理理论基础上，分析了职业体育治理主体选择和路径，找出政府治理的矛盾集中点。通过对一定范围内或者某一区域内的职业体育发展过程进行调查研究，在利用问卷调查、访谈、实地调研的基础上，对政府治理进行研究。探索在职业体育发展中的政府职能和作用，探讨我国职业体育在不同发展阶段的治理模式，指出未来中国特色职业体育发展方向和方式，以及新时期中国特色职业体育政府治理的理念与途径。针对中国特色职业体育政府治理存在的问题提出了解决的思路、方法和建议。研究认为，政府治理实质上是政府、协会、俱乐部、观众、媒体等活动主体之间的关系的协调，是按照一定的方式对公共产品生产企业进行监督和检查的过程。从政府定位与职能分析政府治理的范围与空间，进一步分析中国特色职业体育治理结构、治理机制以及提升效率的方法，对政府在中国职业体育发展的各个阶段所发挥的作用进行分析。最后，研究中国职业体育不同发展阶段政府治理模式的实现路径及政策建议研究，在系统分析和研究职业体育政府治理案例的基础上，结合职业体育发达国家的经验启示，根据中国的客观实际，提出现阶段存在的职业体育现象是目前中国政府与市场关系的实然状态，构建强政府与强市场有机耦合的政府治理模式是中国特色职业体育的政府治理模式的理想选择。

研究结论包括以下七个方面。

第一，中国特色职业体育是一种新型的职业体育模式。这突出表现在，在体制、治理、权益、运行等方面，采取了与西方模式完全不同的体制。在治理体制上，中国特色职业体育实行在中国共产党领导下的由政府主导的运行机制。在运行上，中国特色职业体育在社会主义市场机制的前提下，大力推动职业体育建设，培育、规范职业体育市场，建立有利于社会和谐的职业体育政府治理机制，保证尊重和满足人民群众日益增长的精神文化需求。

第二，中国特色职业体育的本质，是在中国共产党领导下，中国形成和发展的职业体育发展道路；其基本性质和任务符合社会主义国家的性质。它为了增强人民体质，提高全民族的素质；它是以政府为主导，多元主体参与治理的职业体育的发展道路；它不但符合中国国情，也符合职业体育发展的规律；它是充满活力的，并且通过不断创新来迎接新时代变化的职业体育。

第三，中国特色职业体育的发展历程经历了四个阶段。在这四个阶段中，表现出了不同的治理特征。

第四，职业体育的政府治理实质上就是政府对职业体育行使行政管理职能的过程。因此，政府是职业体育治理的主体，并担负起职业体育治理的决策者、引导者、监督者和执行者的责任，起着核心主体作用。政府治理主体不仅只限于政府，还包括政府职能部门、体育俱乐部、社会体育组织和公众等在内的多元主体治理。他们在治理体系中彼此互动，发挥不同的作用。

第五，将多元治理主体纳入政府治理中，保证多元治理主体都有平等的权利参与政府治理，并采取最适宜的方式实现各自的利益要求，是提高政府治理效率的必然要求。政府多元治理主体协同治理，不仅要确定参与各方的治理方式，更要找出各种治理方式的实现路径。内部参与型治理是通过政府内部设立的专门机构影响政府决策，这种治理方式主要发生在政府内部，通过职能部门的权力来行使治理。公众参与政府治理，是通过对公共产品的接受与消费途径来实现。

第六，构建中国特色职业体育，就要建立与社会发展相适应的治理机制，有计划地分步实施政府职能转变。逐步实现政府治理从行政管理职能向公共服务职能转变。从职能角度上来看，一是从行政手段向法律手段的转变，二是从规划管理转向市场调控，三是从微观的直接管理向间接的宏观管理转变。

第七，中国特色职业体育发展的实践说明，政府与企业合作是目前较为理想的模式。职业体育治理的实践表明，"宏远模式"具有新时代的特征，是可持续发展的模式。

前　　言

　　世界职业体育的快速发展使职业体育产业呈现出旺盛的生命力，过去20年来，"世界上已经有1/3的国家开展了职业体育"[①]。职业体育已经成为体育整体的一部分，也是一国体育发展的核心竞争力，代表了一个国家的体育发展水平。

　　我国职业体育产生于传统的专业队竞技体育，是在借鉴和吸收国内外先进经验的基础上产生的，是在改革竞技体育"举国体制"的进程中，采用自上而下的改革方式演变而来的。在其形成与发展过程中，取得了一定的成效，不过也暴露了各种治理缺陷和问题。与西方职业体育发达的国家相比，中国职业体育的发展仍处于初级阶段。尽管如此，经过三十余年的发展，中国职业体育总体发展格局已经初具轮廓，初步形成了包括足球、篮球、排球、网球、高尔夫等项目的职业体育市场，职业赛事的影响力逐步扩大，市场价值不断提升，大众对职业赛事的社会认同感有所增强。职业体育在满足广大群众业余文化生活的同时，日益凸显其促进经济增长与扩大社会就业的功能。

　　起源于专业队竞技体育的我国职业体育究竟应走一条什么样的道路？未来中国职业体育应是一个什么样的模式？究竟什么是"中国特色职业体育"？它同西方职业体育发展模式有哪些根本区别呢？这是一个涉及我国职业体育发展方向的大问题，也是一个既有重大理论意义，更具有迫切现实意义的问题。

[①] 于立贤、钟秉枢：《我国竞技体育职业化研究综述》，载《中国体育科技》2000年第10期，第9~12页。

由于职业体育发展的影响因素不同,中国职业体育发展具有自身的诸多特点,也"决定了我国职业体育的发展不能照搬西方模式,只能走中国特色职业体育发展的道路"①。也就是说,发展中国职业体育必须充分考虑中国国情和社会发展的阶段,学习世界各国职业体育发展的成功经验,形成有中国特色的职业体育发展道路。2010年,国家体育总局局长刘鹏在全国体育局长会议上,重申了中国特色职业体育的建设方向。② 2010年3月24日,国务院办公厅发布的《关于加快发展体育产业的指导意见》指出,"积极探索中国特色职业体育发展道路,对于拓宽体育发展渠道、扩大体育社会参与、发展大众体育具有积极意义"③。

2014年,国家体育总局网站发布《积极改变体育发展方式,努力探索有中国特色的职业体育发展道路》一文指出,"中国职业体育发展具有其特殊性,需要将职业体育发展与国内体育事业发展实情联系起来,从国际化角度出发,建立健全职业体育发展政策,探索具有中国特色职业发展道路";④ 2015年2月27日,中央全面深化改革领导小组审议并通过了《中国足球改革发展总体方案》,强调将"完善中国足球协会内部治理结构、权力运行程序和工作规则,建立决策权、执行权、监督权既相互制约又相互协调的机制"⑤。这凸显中国职业体育治理问题日益引起决策者和学者的重视。

中国特色职业体育问题已备受政府、社会关注,也成为体育界研究的热点问题。作为职业体育治理的主导力量,政府将在其中扮演极其关键的

---

① 参见王志家《论中国特色职业体育的发展与产业成长》,西安电子科技大学硕士学位论文,2011年。

② 刘鹏:《在2010年全国体育产业工作会议上的讲话》,见国家体育总局官网(http://www.sport.gov.cn/n16/n1077/n1467/n1513017/n1513032/1517556.html),发布日期:2010年4月28日。

③ 《国务院办公厅关于加快发展体育产业的指导意见》,见中华人民共和国中央人民政府网(http://www.gov.cn/zhengce/content/2010-03/24/content_6420.htm),发布日期:2010年3月24日。

④ 《积极改变体育发展方式,努力探索有中国特色的职业体育发展道路》,见国家体育总局官网(http://www.sport.gov.cn/n16/n1077/n1227/4987705.html),发布日期:2014年1月21日。

⑤ 《国务院办公厅关于印发〈中国足球改革发展总体方案〉的通知》,见中华人民共和国中央人民政府网(http://www.gov.cn/zhengce/content/2015-03/16/content_9537.htm),发布日期:2015年3月16日。

角色,政府治理将深刻影响着中国特色职业体育发展方式的转变。我国职业体育发展处于"从政府管理转向政府治理"的历史进程中,职业体育公共事务行政化、管办不分问题严重、政府与市场双失灵现象突出等,不仅制约了职业体育的发展,还损害了公众的体育利益。结合举国体制的优势和中国的国情、体情,根据职业体育发展的基本规律,构建中国特色职业体育的发展模式,从而明确我国职业体育的发展方向,是非常及时,也是非常必要的。研究这一问题是我国职业体育生存与发展的现实需要,具有非常重要的理论和实践意义。

政府治理系统复杂,既包括治理结构与治理行为,也包括治理结果。政府治理的目的是解决治理的合规性和有效性问题。基于公共产品的需求产生的政府治理,随着公共产品需求的变化而不断演变。总的来说,政府治理模式并不是主观选择的结果,而是公共产品需求反映的结果,是公共选择的产物。

中国职业体育改革和发展的目标是构建具有中国特色的职业体育模式。从发展过程来看,中国特色职业体育的构建是一个长期的实践过程,其出发点为职业化改革,终点为具有中国特色的、适合国情与体情的职业体育体制的完善和发展。随着我国职业体育进入发展升级阶段,迫切需要进一步理顺职业体育的治理结构,建立一整套与职业体育发展升级相适应的治理模式。因此,借鉴国外先进的职业体育治理,对中国职业体育的政府治理进行分析就成为理论研究和实践发展中必须回答的重要课题。

我国职业体育在其形成与发展过程中,更多是通过政府治理推动市场机制的形成和效率的提高,实现职业体育的社会价值和公平。然后,在市场驱动下进行体育资源的调配和市场化运行。在当前中国职业体育管理机制下,职业体育的政府治理模式是建立在政府与市场的"治理身份定位"的基础之上,政府在职业体育中的地位和作用相对确定,体现了政府与市场之间关系的定位。

从政府与市场的关系定位入手,构建和完善中国特色职业体育的政府治理是当前解决问题的路径选择。国内研究职业体育治理问题的相关文献较少,近年来,梁小龙、鲍明晓、张林、陈伟明、胡利军等研究者从不同层面对中国职业体育的治理进行了研究。虽然在研究视角、分析面等方面各有侧重,但是对职业体育政府治理是影响中国职业体育发展重要因素的看法是一致的。同时，国内的研究尚存在不足：第一，对中国特色职业体育的研究以描述性、理论浅析研究居多，鲜有借鉴中国职业体育发展的成功案例进行分析；第二，缺乏系统研究及实证研究，以理论研究为主的成果无法与中国特色职业体育政府治理急需改革创新的现实需求有效对接；第三，在借鉴职业体育发达国家经验与模式时，没能充分考虑到中国特色职业体育的客观实际；第四，思考构建和完善中国特色职业体育的政府治理模式的研究还比较少。

政府与市场由于各自的性质、功能不同，决定了它们将在不同领域发挥不同作用，实现互补。构建中国特色职业体育政府治理模式是解决当前职业体育发展中最核心的问题。在职业体育发展过程中，难免会产生"市场失灵"的问题，政府行政干预对于纠正市场失灵至关重要。基于中国社会发展的阶段进程，政府治理模式表现出不同的形态。随着体育管理体制改革的进一步发展，通过政府对职业体育的治理整合社会和市场力量，将为发展职业体育提供有效的制度保障。

新时期职业体育发展方式更加注重政府治理的作用，即主要包括强有力的职业体育治理结构和治理政策，也更加注重政府、市场和社会三重力量的配置。总之，高度融合的政府、市场和社会因素为新时期职业体育政府治理形成了全新动力。加快中国特色职业体育的改革与发展，将推动后奥运时期我国竞技体育结构性调整，拓展体育发展空间，加速体育产业发展，促进体育强国发展，进一步提升中国软实力，为实现中华民族的伟大复兴具有非常显著的实际作用。

职业体育作为体育产业发展的核心内容受到了各国普遍重视，西方职业体育在体育发展中占有重要的地位并起着重要的作用。而反观我国的职业体育，由于体育体制的发展存在较多不完善的地方，在一定程度上制约了职业体育的发展。特别是我国在职业体育的理论研究方面更是滞后于实践发展，理论研究远远不能满足实践发展的需要；如果理论研究不成熟，将很难使新的学术研究有较高的起点和空间。因此，加大职业体育理论研究对促进我国职业体育的发展有着重要的意义。

目　录

第一章　导　论 ··· 1
　第一节　研究对象与研究背景 ··· 1
　第二节　研究目标与研究意义 ··· 4
　第三节　研究的理论基础 ·· 8
　第四节　研究框架与研究思路 ··· 15
　第五节　主要内容与研究方法 ··· 17
　第六节　研究创新与展望 ·· 22

第二章　国内外相关研究文献综述 ··· 24
　第一节　国外相关研究文献综述 ·· 24
　第二节　国内相关研究文献综述 ·· 27

第三章　中国特色职业体育的内涵及相关概念的界定 ················ 37
　第一节　职业体育及相关概念的界定 ····································· 37
　第二节　中国特色及中国特色职业体育 ································· 43
　第三节　治理、政府治理与治理体系 ····································· 55

第四章　中国特色职业体育政府治理状况 ································· 65
　第一节　中国特色职业体育发展历程与治理特征 ···················· 66
　第二节　中国特色职业体育政府治理的现状 ·························· 78
　第三节　中国特色职业体育发展中政府与市场的关系 ············· 87

第五章　中国特色职业体育政府治理机制 …… 100
第一节　中国特色职业体育政府治理的一般框架 …… 100
第二节　职业体育治理模式及其选择 …… 106
第三节　中国特色职业体育政府治理的职能 …… 113
第四节　中国特色职业体育的治理机制 …… 118
第五节　中国特色职业体育政府治理的实现路径 …… 126

第六章　中国特色职业体育的政府治理个案分析 …… 134
第一节　广东宏远篮球俱乐部与政府关系分析 …… 134
第二节　广东珠超、粤超五人制足球联赛的案例分析 …… 149
第三节　广州恒大淘宝足球俱乐部案例分析 …… 160
第四节　广州职业足球发展的个案分析 …… 179

第七章　中国特色职业体育政府治理的思路、对策与路径 …… 198
第一节　中国特色职业体育政府治理的思路 …… 198
第二节　中国特色职业体育政府治理的对策 …… 203
第三节　中国特色职业体育政府治理的路径 …… 205

第八章　结论与建议 …… 210
第一节　结论 …… 210
第二节　建议 …… 211

参考文献 …… 216

图 目 录

图1-1　服务产品理论视角下社会产品的分类 ……………… 9
图1-2　本书研究框架 …………………………………………… 16
图5-1　职业体育政府治理的总体框架 ……………………… 101
图5-2　职业体育政府治理结构 ……………………………… 103
图5-3　职业体育政府治理机制体系 ………………………… 121
图6-1　宏远篮球后备人才的培养体系 ……………………… 141
图6-2　职业体育转型发展的框架 …………………………… 144

表 目 录

表1-1　访谈对象名单 ………………………………………… 20
表5-1　中美职业体育治理体制对比 ………………………… 109
表6-1　宏远篮球与广东省体育局合作特征 ………………… 139
表6-2　广州职业足球俱乐部的发展与产权分配比例 ……… 168
表6-3　广州足球队的赞助商变更历程 ……………………… 186
表6-4　2012赛季中超俱乐部薪资支出排行榜 ……………… 192
表6-5　职业体育三种治理模式的区别 ……………………… 195

第一章 导　　论

第一节　研究对象与研究背景

职业体育的发展状况直接反映了一个国家在国际体育竞赛中的地位高低和所起的作用大小，也决定了国家体育产业发展的规模和水平。中国正由体育大国向体育强国转型，中国特色职业体育是职业体育发展的一种创新模式，为满足人民群众对体育的需要产生了积极的作用和影响。

中国特色职业体育的政府治理，既不应仿照西方资本主义国家，也不应走过去的老路，而应从中国的实际出发，学习和借鉴国外成熟的、有益的经验和做法，充分利用和发挥好后发优势，根据国民经济和社会发展水平，将职业体育发展的内在规律与中国的国情、体情相结合，有计划地推动中国特色职业体育的改制发展，走一条既国际化又体现本国实践路径的具有中国特色的职业体育发展之路。

一、研究对象

本研究以中国特色职业体育的政府治理与路径选择作为研究对象，在中国职业体育发展和变化的历史背景中，对中国特色职业体育发展的阶段及治理特征进行分析和探讨，摸清当前中国职业体育中政府与市场关系的现状与矛盾的集中点，提出中国特色职业体育发展不同阶段的政府治理模式及其实现路径。在宏观上，为当前中国特色职业体育的发展困局提供解困思路；在微观上，为各体育项目职业化进程中政府治理的改革创新提供理论与实践依据。

二、研究背景

（一）第三产业的快速增长与体育产业的发展

"20世纪中叶以来，随着生产力的发展，第三产业在世界经济和社会发展进程中呈现迅速增长态势，并脱颖而出。从横向看，经济越发达，国家和地区越富裕，服务业的比重越高；从纵向看，随着经济的发展和社会的进步，各类服务业的比重不断上升。第三产业的蓬勃发展已成为全球经济发展的趋势。第三产业的快速增长，逐步提高了国民经济的比重，成为现代社会越来越重要的具有战略地位的重要部门。"[①]

作为第三产业重要内容的体育产业，在西方发达国家表现出强劲的发展势头和活力，对社会经济环境产生巨大影响是不争的事实。2014年10月20日，《国务院关于加快发展体育产业促进体育消费的若干意见》（国发〔2014〕46号）发布[②]；2015年2月27日，中央全面深化改革领导小组通过了《中国足球改革发展总体方案》[③]。这两个文件的发布标志着发展中国体育产业上升为国家战略。

第三产业的发展为职业体育的发展提供了广阔的空间，推动了职业体育技术水平的提高和职业体育国际化的发展。第三产业发展正随着体育产业的飞速发展而不断壮大，同时职业体育的发展也决定了体育产业发展的规模和速度。加强职业体育的研究，对推动中国特色职业体育的发展无疑有重要的现实意义。

---

① 李江帆：《第三产业经济学》，广东人民出版社1990年版，第165～183页。
② 《国务院关于加快发展体育产业促进体育消费的若干意见》，见中华人民共和国中央人民政府网（http://www.gov.cn/zhengce/2014-10/20/content_9152.htm），发布日期：2014年10月20日。
③ 《国务院办公厅关于印发〈中国足球改革发展总体方案〉的通知》，见中华人民共和国中央人民政府网（http://www.gov.cn/zhengce/content/2015-03/16/content_9537.htm），发布日期：2015年3月16日。

第一章

导论

(二) 职业体育发展的客观背景

从西方职业体育的发展历程来看,当今职业体育已从自由竞争阶段发展到垄断竞争阶段。职业体育不再只是一项体育竞赛,而是促进体育产业发展的新的经济增长点。职业体育蕴含着巨大的市场价值和潜力,表现出蓬勃的发展势头,并带动了一系列相关产业的发展,成为新的投资热点。

体育的社会化和全球化的发展促进了职业体育产业的发展。职业体育造就了一系列与职业体育产品的生产、交换、分配和消费直接或间接相关的专业公司,基于大型体育产业群,沿着体育产业的逆向、顺向和横向波及,形成以特定服务产品为核心的职业体育产品。随着人们生活水平的提高,人们对体育运动的消费逐渐增加,体育已经成为与人们生活密切相关的一部分,并形成了庞大的体育消费市场,促进了职业体育市场的繁荣。

(三) 职业体育国际化背景下我国职业体育发展的处境

西方职业体育俱乐部不断进入我国体育市场,其品牌化、管理成熟以及商业模式取得了巨大成功,对我国体育市场的发展起到了一定的积极作用,促进了中外体育的交流、融合和发展。然而,它创造了巨大的商业价值的同时,也迅速在我国体育市场占有相当的份额,直接或间接影响了我国的职业体育市场,使我国职业体育发展面临严峻的挑战。

国外职业体育一方面关注中国的体育市场,另一方面利用其体育赛事品牌进入我国体育市场,运用成熟的管理和营销推广体育赛事产品。而我国由于职业体育发展仍处于初级阶段,丰富的体育资源转化为体育商品和服务的进程较慢,规模、综合实力与国外职业体育相比差距甚大。我国与发达国家的职业体育不在同一条起跑线上,单纯的市场开放无法换来职业体育竞争力和我国职业体育品牌。因此,当务之急是加强中国特色职业体育治理的研究,推动中国特色职业体育发展,提高中国特色职业体育的竞争力,为中国特色职业体育的发展提供相应的决策依据。

(四) 我国体育体制改革、社会转型与中国建立体育强国的需要

中华人民共和国成立以来,尤其是改革开放以来,我国的体育运营从

建立职业体育到逐步完善，取得了令世人瞩目的成就。然而由于历史等深层次的原因，我国职业体育研究大多还停留在学习与借鉴国外的职业体育模式上，缺乏职业体育发展的中国模式。随着我国体育体制改革的发展，中国体育的转型发展提上了议事日程，特别是党的十八大之后，中国特色职业体育的转型发展更是一个迫切需要解决的问题。

中国职业体育作为体育体制改革的先行者，其发展模式一直处于争议之中。回顾历史，中国职业体育发展的治理和运作模式都开创了体育的先河。20世纪80年代末、90年代初，乘着改革开放的春风，中国职业体育迎来了划时代的变革。1992年6月，中国足球协会在北京西郊红山口召开会议（以下简称"红山口会议"），会议以改革为主题，决定率先在竞技体育职业化、社会化、市场化方面尝试改革。这段历史也在一定程度上反映了职业体育作为一个公共产品，其供给主体的选择和变迁的过程。一方面，这个公共产品由于全国的大环境仍未彻底改变，供给主体的变迁尚未完成；另一方面，中国职业体育的政府治理正在不断深化。

我国现有的职业体育发展根植于计划经济，体制内运作系统单一和缺乏活力，造成了"政府失灵"和低效率。党的十八届三中全会提出把市场在资源配置中起"基础性作用"更改为"决定性作用"，以加强市场的力量，推动新一轮的经济改革开放，包括体育部门在内的政府机关和事业单位也将逐步实现职能转变，实施公共服务市场化配置体制机制。作为公共事业的职业体育发展也面临同样的问题，加强职业体育的市场化改革，推动职业体育的政府治理，提升职业体育的质量与效率，满足人民不断增长的体育需求是今后政府面临的重要的工作任务之一。

第二节 研究目标与研究意义

一、研究的总体目标

本书以经济学、管理学、社会学、企业理论等多学科的理论和方法为依据，以中国特色职业体育政府治理与路径选择为对象，开展跨学科研究，构造一个分析"具有中国特色的职业体育政府治理与路径选择"的逻辑框架；在分析中国特色职业体育发展的阶段及政府治理的基础上，在当前体育体制条件下，探讨中国特色职业体育政府治理方式转变和路径选择，拓宽职业体育理论研究的空间，为构建中国特色职业体育政府治理体系、提高职业体育的政府治理能力，提供理论借鉴和行动计划。

二、具体目标

立足于我国进一步创新中国特色职业体育治理机制的时代背景，以中国特色职业体育政府治理与路径选择为研究对象，综合运用经济学、政治学、管理学、社会学等多门学科的理论与方法，系统分析中国特色职业体育政府治理的现状与矛盾点，在此基础上探讨中国特色职业政府治理的职能与定位，分析不同发展阶段的政府治理模式及实现路径。具体研究内容分为以下八个方面。

（1）从多学科的视角透视中国特色职业体育的政府治理的内涵及治理特征，从规范意义上给出中国特色职业体育发展治理的定义。

（2）研究中国特色职业体育的本质及特征。

（3）探索中国特色职业体育发展的阶段性特征。

（4）分析中国特色职业体育政府治理的状况。

（5）研究中国特色职业体育发展中政府治理的职能与作用。

（6）研究中国特色职业体育中政府与市场关系的现状及定位。

（7）研究中国特色职业体育的中国实践——基于区域职业体育的发展现状。

（8）研究中国特色职业体育政府治理模式的实现路径及提出政策建议。

在系统分析和通过案例研究中国职业体育政府治理的基础上，综合运用管理学、经济学的理论，结合职业体育发达国家的经验启示，根据中国的客观实际，提出现阶段存在的政府治理主体的选择及变迁是目前中国职业体育发展的实然状态，建设具有中国特色的职业体育治理模式是我国职业体育发展的必然选择。

三、研究意义

（一）理论意义

从中国特色职业体育的内涵与特征角度，对中国职业体育发展的现象进行分析，探讨在目前社会条件下，中国特色职业体育发展存在的问题；运用现代经济学的理论和方法，以中国特色职业体育治理为核心，构建职业体育政府治理的分析框架将阐释中国职业体育发展模式，弥补现有职业体育理论的不足，从而形成比较完整的中国特色职业体育治理理论。

本书主要从职业体育治理主体的变化和治理机制的角度出发，结合中国特色职业体育的特性，探索职业体育治理结构与治理体制。通过深入探讨中国特色职业体育的政府治理机制，希望探清职业体育政府治理的方式，以及这种方式是在何种条件下形成的，是什么原因促使它形成的。这将会在一定程度上弥补中观层面职业体育治理理论研究的不足，从理论上丰富和完善职业体育政府治理的理论成果。

另外，在加快我国职业体育快速发展的过程中将不可避免地涉及政府和市场关系问题。政府和市场的关系是一个动态研究课题，是市场的不断发展和成熟与政府职能转变的互动过程，职业体育的发展离不开政府和市场的相互作用。本书研究政府和市场关系问题，期许能有助于促进政府职能转变，有利于充分发挥市场在职业体育资源配置中的决定性作用，加强政府宏观调控，提高政府服务意识。同时，期许能促进政府和市场的交叉与互补，相互促进、相互配合，推进中国特色职业体育的快速发展，推动我国职业体育结构的优化，提高我国职业体育的国际竞争力。

本研究将进一步分析中国特色职业体育的转型发展及政府的作用，为我国职业体育的发展提供一些借鉴与参考。通过探索职业体育发展规律，为人们正确认识职业体育提供依据。

（二）现实意义

西方职业体育具有完善的商业化运营体系与产业化发展模式。我们往往关注的是职业体育的外在表现特征，即职业体育的运营方式，如联合生产、垄断竞争、双边市场等；而对职业体育更为广泛的社会意义，如满足人们社会观赏需求、适应社会发展等却较少关注。职业体育实践中，联赛产权、联合运营与联赛市场及社会关系存在相互依存的关系。因此，从治理角度探究职业体育，可以全面考虑职业体育的治理体系，有效地把握治理的态势和市场群体关系状况，有利于进一步推动职业体育的发展。

在我国职业体育领域，发生诸如假球、黑哨等不良现象，它们的产生并不能孤立地归咎于某些经济因素或社会因素，而应该从治理体系不完善寻求原因与解决方案。在当前我国职业体育发展的关键时期，从政府治理的角度构建中国特色职业体育的治理路径，有助于完善中国特色职业体育治理体系，促进其健康发展。这对推进职业体育治理能力的提升，实现职业体育的良性运转意义重大。

中国特色职业体育是在职业体育全球化的背景下发展起来的。全球化意味着国外高水平的职业体育进入我国，而我国初级水平的职业体育却难以走出国门，"适者生存，优胜劣汰"无疑挤压了中国职业体育的发展空间。站在社会变迁和社会转型的角度，研究中国特色职业体育治理体系构建问题，分析治理问题与路径选择，无疑有助于中国特色职业体育应对全球化竞争的挑战。

（三）研究的实际应用价值

职业体育作为竞技体育的高级形式，应关注政府与市场关系问题。本研究通过分析政府与市场的关系，剖析政府与市场各自存在的种种缺陷以及各自行为表现。市场失灵与政府失灵的存在使得政府调控与市场机制之间是一种动态平衡的关系。政府与市场的关系已表现于职业体育发展的各个阶段。在当前背景下，探求职业体育发展中政府和市场的运作机制，对推动职业体育发展有着重要的现实意义与应用价值。

从理论和实践的角度来看，了解我国职业体育政府治理现状与发展趋势意义重大。但是，关于职业体育理论研究的文献很少涉及这一主题。有限的研究主要集中于职业体育存在的合理性，或集中于组建职业体育的动机与运营机制等方面，而不是从职业体育与市场的关系进行分析。从国内实践看，职业体育对于我国体育事业的发展具有重要意义。目前，我国职业体育还处于转型期，政府对职业体育治理模式的选择仍在探索之中。在分析职业体育多元治理主体及其行为特征的基础上，提出了职业体育多元主体治理的结构，对完善我国职业体育的政府治理决策具有一定参考价值，为进一步完善我国职业体育政府治理及治理机制提供借鉴。

第三节 研究的理论基础

职业体育的特性和治理是学界研究的热点。英、美等发达国家的职业体育联赛已有上百年的发展历史，形成了一套相当完善的体系和制度。职业体育联赛的发展有其本身的规律。它不但涉及职业联赛的提供者及其提供过程中的各种制度的安排，还涉及市场、消费与文化。本研究主要分析了职业体育政府治理的内涵及治理特征，在界定职业体育政府治理的基础上，阐明中国特色职业体育形成和发展逻辑，从而为探讨职业体育政府治理机制与路径选择打下基础，为发展我国职业体育提供一些有益的建议。本研究应用了多学科理论，主要包括服务产品理论、公共产品理论、治理理论。

一、服务产品理论

第三（次）产业是英国经济学家、新西兰奥塔哥大学教授阿伦·格·费希尔（Allan G. Fisher）在1935年首先提出的术语。它是指除了第一（次）产业（农、林、牧、渔业）和第二（次）产业（工、矿、建筑业）以外的其他各业。随着国民经济发展水平的提高，世界第三产业迅速发展，呈后来居上的态势，在国民经济中的地位不断增强，成为国民经济中的重要产业。"第三产业的兴旺已成为一个全球性的经济发展趋势。目前，在西方发达国家其国内生产总值的70%以上是由第三产业创造的。第三产业的发展水平已成为一个国家经济发展的重要标志。"[①]

李江帆在系统研究服务产品的基础上，建立了服务产品理论。该理论认为服务产品为"非实物形态的劳动成果"，且"是社会产品的一部分"。

---

① 李江帆：《第三产业经济学》，广东人民出版社1990年版，第127页。

第一章
导　论

如图 1-1 所示，实物产品和服务产品共同组成了社会产品，其中，实物产品和服务产品又都分成精神型产品和非精神型产品，于是社会产品就有了非精神型实物产品（等于"物质产品"，即不具有思想内容的实物产品）、精神型实物产品、非精神型服务产品与精神型服务产品四大类。[①]

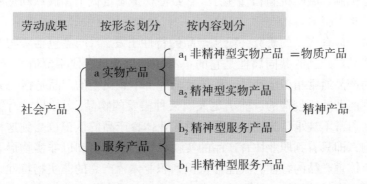

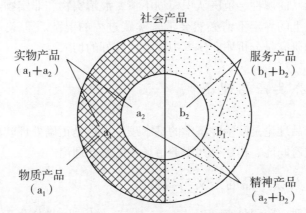

图 1-1　服务产品理论视角下社会产品的分类

资料来源：李江帆：《第三产业经济学》，广东人民出版社 1990 年版，第 127 页。

"服务产品理论同时总结了服务产品使用价值的特性：非实物性（即无形性），生产、交换与消费的同时性，非贮存性、非转移性、再生产的

---

① 参见李江帆《第三产业经济学》，广东人民出版社 1990 年版。

严格被制约性和作为人类劳动产物的必然性等。"① 另外，社会经济发展中服务需求上升律和服务供给上升律两大规律也在现实中得到了验证。服务产品理论在指导我国第三产业发展中起到了巨大作用，但在职业体育服务领域，却未引起业内学者的足够重视。忽略赛事服务作为特殊经济产品的补偿机制、激励机制和管理方式，致使赛事质量低下、假球和黑哨盛行的现象难以根治。

对于体育产品的研究一般从产品的特性出发，"产品包括实物产品和服务产品。产品的共同属性是它的'有用性'（具有使用价值），经济学意义的产品通常指劳动产品。传统政治经济学意义上的产品是指'人们有目的生产劳动所创造的、能满足人们某种需要的物品'。如果没有物品形态的，通常不被承认为产品。我国对职业体育产品的认识也受到这种观点的影响，即只看到职业体育产品的实物特性，而看不到以非实物形态存在的职业体育产品的特性；或能够认识到职业体育产品的非实物特性，但对职业体育产品的属性、范围认识模糊不清，混淆实物和非实物产品之间的关系。理论上的界定不清必然会带来实践过程的混乱。"② 关于职业体育服务产品的研究是分析职业体育中国特色较好的切入点。

二、公共产品理论③

公共产品理论是政治经济学的基本理论，也是正确处理政府与市场关系、转变政府职能、构建公共服务市场化的基础理论。

（一）公共产品的定义与特性

按照保罗·萨缪尔森（Paul Samuelson）的定义，"公共产品是指任何一个人对某种物品的消费不会减少其他人对这种物品的消费。判断一种物品或服务是不是公共产品，主要看其是否具有公共产品的以下两个典型特

---

① 李江帆：《第三产业经济学》，广东人民出版社1990年版，第166～172页。
② 张保华：《基于第三产业经济学理论的体育产品分析》，载《体育科学》2006年第2期，第10～16页。
③ 参见黄恒学《公共经济》，北京大学出版社2009年版。

第一章
导 论

征：非排他性和消费的非竞争性。公共产品可分为纯公共产品和准公共产品（即混合品）两类"。①

在很多学者的研究中，公共产品是指那些为整个社会共同消费的产品。严格地讲，它是在消费过程中同时具有非竞争性和非排他性的产品，也就是说任何一个人对该产品的消费都不减少别人对它进行同样的消费。

非竞争性可以从以下两方面来界定。一方面，边际成本为零。这里所说的边际成本是指增加一个消费者给供给者带来的边际成本没有什么变化，例如增加一个职业联赛的观众并不会导致职业联赛的成本增加。另一方面，边际拥挤成本为零。同一时期内，每个消费者的消费都不影响其他消费者的消费数量和质量。如政府各职能部门所提供的公共产品都属于这一类，一定时期内不会随该时期一些人口的增加或减少而变化。此类产品增加消费者，不会减少任何一个消费者的消费量，即增加消费者不会增加该产品的边际成本。它在消费上没有竞争性，是消费者利益共享的产品。

非排他性是指某些产品投入消费领域，任何人都不能独占专用，而且要想其他人不参与该产品的消费或不允许其他人享受该产品的利益是不可能的。所有者如果一定要这样办，则要付出高昂的费用，而且也是不经济的，所以不能阻止任何人享受这类产品。例如：某居民小区清除了小区内堆放的生活垃圾与噪音污染源，为居民带来了新鲜的空气和安静的环境，如果要排斥这一居民小区的来访者享受新鲜空气和安静的环境是不可能的，这就是说小区的环境具有非排他性。

另外，纯公共产品还具有不可分割性。它的消费具有一定的完整性和不可分割性，是由众多的消费者共同享用的。如交通警察给人们带来的安全利益是由社会大众所共享的，且是不可分割的。可见，具有非竞争性、非排他性而且不能分割的纯公共产品具有公共消费的性质，即在消费这类产品时，消费者只能同时共享，消费者也可以不受影响地共享，同时不能排斥其他任何人享用。政府所提供的产品都属于这一类产品。纯公共产品不仅包括物质产品，也包括各种公共服务。这就是说，广义的公共产品既包括物质方面的公共产品，又包括精神方面的公共产品。纯公共产品一般由政府提供。

---

① SAMUELSON P A, "The pure theory of public expenditure," *Review of Economics and Statistics*, 1954, 136, pp. 387 – 389.

（二）准公共产品的定义与特性

准公共产品亦称为"混合产品"。这类产品通常只具备非排他性、非竞争性两个特性之中的一个，而另一个特性则表现为不充分。

一类是具有非排他性和不充分的非竞争性的公共产品。例如，公共教育就属于这一类。教育产品是具有非排他性的。因为，对于处于同一教室的学生来说，甲在接受教育的同时，并不会阻止或排斥乙听课；就是说，甲在消费教育产品时并不影响乙对教育产品的消费，也不排斥乙获得利益。但是，教育产品在非竞争性上表现不充分。因为，在一个班级内，随着学生人数的增加，校方需要的课桌椅和公共设施也相应增加，老师批改作业和课外辅导的负担也会加重，学习成本就会增加，故增加边际人数的教育成本并不为零；若学生人数超过某一上限，学校还必须进一步增加班级数和教师编制，校方成本会进一步增加。因此，教育产品具有一定程度的消费竞争性。由于这类产品具有此类特征，因而称为准公共产品。

另一类是具有非竞争性特征，但非排他性不明显的准公共产品。例如，公共道路和公共桥梁就属于这种类型。受公共道路的限制，甲车在使用道路的特定路段时，就会排斥其他车辆同时占用这一路段，因为同时占用必然会产生拥挤现象，所以公路的非排他性是不充分的。但同时公共道路又是具有非竞争性的。它主要表现为以下两个特点：一是公共道路的车辆行驶速度并不决定于某人的出价，一旦交通堵塞，无论其出价高低，都会被堵塞在那里；二是当道路设计的流量不足以满足车流量时，增加一定量的车的行驶的道路边际成本为零，但在达到或超过所设计的流量时，它需要资金的投入以解决拥堵问题，且无法以单辆汽车的投入来计算边际成本。正因为这类公共产品具有非竞争性和不充分的非排他性，因此也称为准公共产品。

纯公共产品的范围是比较狭小的，但准公共产品的外延较宽。如教育、文化、广播、电视、医院、应用科学研究、体育、公路、农林技术推广等事业单位，其向社会提供的均可以界定为准公共产品。准公共产品一般由准公共组织提供，也可以由私人或第三方提供。本书的研究对象职业体育，在我国就属于准公共产品。

三、治理理论

政府失效、市场失灵以及全球化背景下的各种治理问题的出现,使得治理理论迅速兴起。"治理"(Governance)一词最早出现于1989年世界银行的报告。① 此后经过西方学者的发现、诠释、运用及发展,治理一词的内涵不断完善,现已经成为指导公共管理实践的一种新理念。

对于治理,拉丁文和古希腊语解释为统治、控制、管理和协调。英国学者罗伯特·罗茨(Robert Rhoads)认为"治理意味着统治的含义有了变化,意味着一种新的统治过程,意味着有序统治的条件已经不同于以前或是以新的方法来统治社会。"② 1995年,全球治理委员会在《我们的全球伙伴关系》中指出,"治理是各种公共组织、社会组织共同管理社会事务的各种方式的总和,治理是协调不同利益群体的相互关系,并使其参与到社会管理中来的过程。治理既包括正式的制度和规则,也包括各种非正式的制度安排"。③ 治理理论的主要创始人之一詹姆斯·N. 罗西瑙(James N. Rosenau)在其代表作《没有政府的治理》中,将治理定义为一系列活动领域里的管理机制,这些管理机制虽未得到正式授权,却能有效发挥作用。④ 治理的四个特点是:"治理不是规则,也不是一种活动,而是一个过程;治理过程的基础不是控制,而是协调;治理既涉及公共部门,又包括私人部门;治理不是一种正式的制度,而是持续的互动。"⑤ 治理理论权威英国学者格里·斯托克(Gerry stoker)在《作为理论治理:五个论

---

① World Bank, *Sub-saharan Africa: From crisis to sustainable growth*, 1989.
② [英] 罗伯特·罗茨:《新的治理》,见俞可平《治理与善治》,社会科学文献出版社2000年版,第87~96页。
③ 全球治理委员会:《我们的全球伙伴关系》,见俞可平《治理与善治》,社会科学文献出版社2000年版,第4~5页。
④ 参见 [美] 詹姆斯·N. 罗西瑙《没有政府的治理》,张胜军、刘晓林等译,江西人民出版社2001年版。
⑤ 全球治理委员会:《我们的全球伙伴关系》,见俞可平《治理与善治》,社会科学文献出版社2000年版,第4~5页。

点》一文罗列了关于治理理论的五个论点。① 其一，治理意味着一系列来自政府，但又不限于政府的社会公共机构和行为者，它对传统的政府权威提出挑战，认为政府并不是唯一权力中心。各种公共的和私人的机构只要其行使的权力得到公众的认可，都可能成为在各个共同层面上的权力中心。其二，治理意味着在社会和经济问题寻求解决方案的过程中，存在着界线和责任方面的模糊性。它表明，在现代社会，国家正在把原先由它独自承担的责任转移给公民社会，即各种私人部门和公民自愿性团体，后者正在承担着原先由国家承担的责任。这样，国家与社会之间、公共部门与私人部门之间的界限和责任便日益变得模糊不清。其三，治理明确肯定了在涉及集体行为的各个社会公共机构之间存在着权力依赖。所谓权力依赖，是指致力于集体行为的组织必须依靠其他组织，为达到目的，各个组织必须交换资源、谈判共同的目标，交换的结果不仅取决于各参与者的资源，而且也取决于游戏规则以及进行交换的环境。其四，治理意味着参与者最终形成一个自主的网络。这一自主的网络在某一特定的领域中拥有发号施令的权威，它与政府在特定的领域中进行合作，分担政府的行政责任。其五，治理意味着办好事情的能力并不仅限于政府的权力，也不限于政府的发号施令或运用权威。在公共事务的管理中，还存在着其他的管理方法和技术，政府有责任使用这些新的方法和技术以更好地对公共事务进行控制和引导。

国内学者俞可平提出："治理是一种用于处理广泛问题和冲突的方式或机制，在此过程中，政府和各种社会组织通过谈判来达成彼此满意、对彼此具有一定约束力的决定，在决定的实施过程中相互合作。"② 任维德教授提出："治理是以政府为主体、多种公私机构并存的新型社会公共事务管理模式，是建立在市场原则、公共利益和相互认同基础之上的，国家与公民社会、政府与非政府组织、公共机构与私人机构的合作，政府在管理社会公共事务方面可以而且应当将其一部分职能转交给公民社会，而且

---

① ［英］格里·斯托克、华夏风：《作为理论的治理：五个论点》，载《国际社会科学杂志（中文版）》1999 年第 1 期，第 19～30 页。
② 俞可平：《治理与善治》，社会科学文献出版社 2000 年版，第 35～45 页。

应当拥有多种管理手段与方法,以增进和实现公共利益。"①

在这里,治理理论为我们打开了一幅全新的画卷,它打破了传统政府所依靠的路径——正式的权威和规章制度,意味着政府治理社会时并不完全垄断一切合法的权力。承担维持秩序、调节经济和协调社会发展职能的,既有政府组织,也有非政府组织、企业、利益集团和社会组织等其他的主体,它们一起构成了国家的某种公共事务和社会调节形式。这些主体相互依存,以共同的价值观为指导,以达成共同立场为目标进行协商和谈判,通过合作的形式来解决各个层次上的冲突问题。

概括地讲,治理是指依靠政府、社会公共组织或个人机构的合力,通过面对面合作方式形成网络管理系统,并通过一定的合作机制来实现公共行政的目标。即"官方的或民间的公共管理组织在一个既定的范围内运用权力指引、规范和协调公民的社会活动,以期实现公共利益的最大化"②。治理"涉及公、私部门,是以调和而不是支配为基础建立起来的,有赖于正式制度和非正式制度持续的相互作用"③。治理区别于统治,其更偏向于公共利益最大化及公民自愿的参与,强调一种多元化参与、多手段、上下互动、共同管理公共事务的合作协调的过程。

第四节 研究框架与研究思路

一、研究框架

本书以中国特色职业体育政府治理与路径选择为研究对象,结合西方职业体育发展的经验,以政府治理为核心,运用管理学分析框架系统分析中国特色职业体育政府治理与路径选择,并利用研究的理论成果分析和试图解决中国职业体育发展的实践问题。

---

① 任维德:《公共治理:内涵基础途径》,载《内蒙古大学学报(人文社会科学版)》2004年第1期,第113~116页。
② 俞可平:《全球化:全球治理》,社会科学文献出版社2003年版,第6页。
③ 唐贤兴、张翔:《全球化与全球治理:一个"治理社会"的来临?》,载《世界经济与政治》2001年第1期,第26~30页。

总体而言，本书的研究主线是职业体育的政府治理与路径选择，在分析职业体育政府治理特征基础上，对职业体育政府治理机制进行探讨，并根据治理主体的变化提出职业体育政府治理的措施和路径研究框架，如图1-2所示。

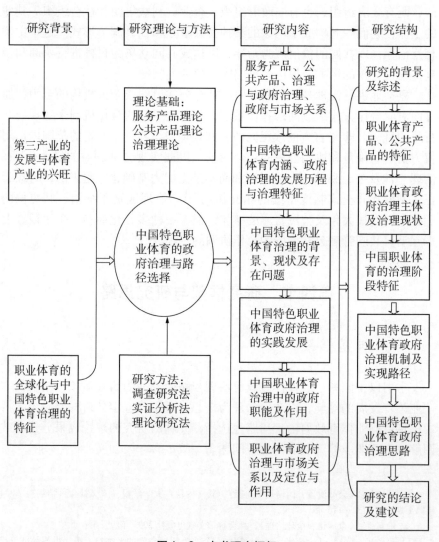

图1-2　本书研究框架

二、研究思路

本研究的总体思路是：首先，运用治理理论及公共产品理论分析职业体育政府治理的内涵，并界定相关概念以及探讨职业体育政府治理的特征；其次，运用政府治理分析框架系统分析职业体育政府治理主体的选择和变迁，在此基础上，针对目前我国职业体育产品的政府治理中存在的突出问题，分析和解决中国职业体育政府治理的现实问题，并对中美职业体育治理主体进行比较研究；最后，通过对比分析和案例研究来分析各阶段职业体育发展的治理现状，从而提出解决思路和对策，力图构建职业体育政府治理理论体系，进一步提出我国职业体育政府治理的路径与政策建议。

本书的分析思路如下：围绕中国特色职业体育的内涵与特征，分析我国职业体育发展的历程与经验，在借鉴西方职业体育治理的基础上，针对我国职业体育发展的现实问题进行分析论证，在分析政府治理的内涵以及治理方式的基础上，结合职业体育发展的实践案例，对我国职业体育发展的政府治理进行分析和诊断，以此提出中国职业体育发展政府治理措施和途径，并为提高中国特色职业体育的治理能力和水平提供解决方案。

第五节 主要内容与研究方法

我国职业足球是中国特色职业体育发展的典型案例，所以本书对职业足球着重研究。就学术研究而言，探讨中国特色职业体育发展的特性及政府的作用，需要涉及体育学、管理学、经济学等多门学科理论。到目前为止，关于职业体育政府治理的理论与实践研究仍处于起步阶段，尚没有一部全面、系统的关于学术理论研究的权威专著。本书定位于探索性研究，力求在职业体育政府治理的概念、治理特征、治理机制以及治理结构等方面进行分析、归纳和总结。

一、主要内容

本书共分为八章,其研究内容与结构安排如下。

第一章"导论"。围绕本研究的研究背景与研究意义,探讨构建中国特色职业体育政府治理的理论基础,力图促进职业体育政府治理的科学性和有效性,希望为我国职业体育政府治理提供有效的参考经验,提出研究思路与技术路线、研究方法、重点研究内容以及要解决的关键问题与主要创新点。

第二章"国内外相关研究文献综述"。从多角度综述国内外职业体育政府治理的研究进展,并对文献所反映的问题进行述评。

第三章"中国特色职业体育的内涵及相关概念的界定"。对职业体育政府治理的相关概念进行了界定,分析了中国特色职业体育的特色本质。从政府治理理论分析治理体系,阐述了职业体育政府治理结构。

第四章"中国特色职业体育政府治理状况"。首先,在分析中国特色职业体育发展历程的基础上,结合职业体育发展的关键节点,对中国特色职业体育治理的阶段进行划分,并对各阶段的治理特征进行分析。其次,分析中国特色职业体育的政府治理现状及存在的问题,探讨中国特色职业体育政府治理面对的问题。最后,探求中国特色职业体育的政府与市场关系,从二者之间的关系与定位出发,结合职业体育发展的现实,分析存在的问题,探讨中国特色职业体育发展的合适治理路径。

第五章"中国特色职业体育政府治理机制"。首先,介绍了中国特色职业体育的治理机制,从主体、治理客体以及治理模式等方面研究政府治理的路径选择。其次,在此基础上对比中美职业体育发展的差异,分析职业体育治理主体及其选择趋势。最后,阐述中国特色职业体育政府治理中各治理主体的职能,剖析政府职能定位及治理模式。

第六章"中国特色职业体育的政府治理个案分析"。本章分别以广东宏远篮球俱乐部(以下简称"宏远篮球")、广东珠超与粤超五人制足球联赛(以下简称"珠超、粤超联赛")、广州恒大淘宝足球俱乐部(以下简称"恒大足球")、广州职业足球发展为例,以问卷调查、实地调研等方式对职业体育政府治理做了实证分析,主要阐述了宏远篮球、珠超与粤

第一章
导 论

超联赛、恒大足球等职业体育治理中的基本做法和经验，认为要加强中国特色职业体育政府治理，应从治理理念、制度体系、多元主体协同等方面探索职业体育政府治理机制，发挥职业体育发展中政府治理的职能与作用。同时，对政府治理中存在的问题进行了分析，对中国特色职业体育发展的路径进行了探讨。

第七章"中国特色职业体育政府治理的思路、对策与路径"。职业体育政府治理意识得到提升、治理结构不断完善，但也存在一些突出问题。对此，先要明确职业体育政府治理路径建设总体要求，强化职业体育政府治理职能，以构建中国特色职业体育为导向，再以满足公众职业体育需求为目标，推进中国特色职业体育建设。

第八章"结论与建议"。根据研究结果，得出研究的结论并提出建议。对于职业体育发展中政府治理存在的问题，提出了解决的思路，根据思路提出了解决问题的对策与路径。

二、研究方法

本书采用了定性分析与定量研究相结合的方法，以定性分析为主。主要以治理理论、公共产品理论以及服务产品理论为基础，通过理论推导界定职业体育治理的概念、构建中国特色职业体育政府治理的分析框架；以文献研究为工具，探析职业体育政府治理的路径选择；在职业体育治理机制研究上，重点采用案例分析的方法，主要以宏远篮球、广东珠超和粤超联赛、恒大足球、广州职业足球发展为分析对象。在对案例进行调研、分析和归类之后，笔者总结了职业体育治理的中国实践。

根据研究的需要，本书主要采用以下三种研究方法。

（一）调查研究法

文献调查法。主要对国内外职业体育政府治理相关文献资料进行全面、深入的收集、整理与分析。

抽样调查法。重点以"中国特色职业体育"为内容，通过走访、座谈等形式，对广东省、广州市体育局等多个单位的专家开展抽样调查，收集职业体育的相关资料与数据。

（二）实证分析法

2014年7月—2017年10月，本书研究制定访谈提纲，进行了多次访谈与调研。以当面访谈为主，辅以电话、微信、邮件等形式，进行半结构式访谈。为保证访谈资料的充分性，对访谈资料进行了研判，并及时整理。对每一次的访谈都进行资料的登记与汇总，分门别类，深入剖析职业体育政府与市场关系，找到存在的问题以及可能的解决方案，从而为后续的对策建议提供现实依据。访谈对象所在单位主要包括国家体育总局、中国足球协会、中国篮球协会、职业篮球俱乐部、各省市体育局、地方职业体育俱乐部等，访谈对象名单见表1-1。除正式的访谈外，本研究还利用其他方式进一步收集相关信息，包括二手信息资料和档案，如网站信息、书籍、文件、报刊。通过对比获取的信息资料，对受访人回答内容的真实性进行验证。

表1-1 访谈对象名单

姓　名	访谈时所在工作单位与职务
梁××	国家体育总局体育文化发展中心原主任
吕××	武汉体育学院院长、教授、博导
陈××	广州体育学院副院长、教授、博导
周××	华南师范大学体育学院院长、教授、博导
张××	上海体育学院教授、博导
谭××	华南师范大学体育学院教授、博导
鲍××	国家体育总局体育科研所原研究员、博导
王××	广东省体育局原副局长
刘××	广东省体育局原副局长
刘××	广州市体育局原局长
李××	广州市体育局原副局长
刘××	广东省体育局篮排中心原副主任
黎××	广东宏远篮球俱乐部副总经理
朱××	广东省体育局办公室原主任
王××	广州恒大淘宝足球俱乐部副总经理
陈××	华南师范大学体育学院教授

第一章
导 论

(三) 理论研究法

比较分析法。本研究通过比较分析法分析了国内外职业体育治理的实践与具体措施，并形成了一些总体的治理经验，为中国特色职业体育的治理决策提供启示与参考。

系统研究法。职业体育治理涉及政府、职业俱乐部（以下简称"俱乐部"）、社会体育组织（以下简称"社体组织"）、公众、媒体等多元治理主体。在研究职业体育政府治理中，尝试从不同学科背景和视角对中国特色职业体育治理进行系统的分析、总结并提出一些建议。具体研究方法如下。

第一，实地调研与文献检索相结合。根据研究采取焦点团体访谈、软式阶梯访谈的方式，对政府、俱乐部、运营团队以及管理学、体育学、经济学等相关领域专家学者的言谈内容进行验证，以中国特色职业体育的政府治理为研究对象，对中国足球协会、中国篮球协会等项目协会和地方体育局、地方项目协会，北京、上海、广州、武汉、沈阳等地区的专家、学者进行调研。同时通过文献资源检索，掌握国内外的研究成果和实践经验，以资鉴析。

第二，规范分析与实证分析相统一。构建职业体育政府治理分析的框架；以此为基础提出中国特色职业体育不同发展阶段的政府治理模式；依据所形成的模式再次开展调研以获取反馈并探索模式的实现路径，从而实现规范分析与实证分析的统一。特别是在职业体育发展中处理政府和市场的典型案例，本研究将重点阐述。

第三，以定性研究、案例研究为主，辅以定量研究。由于中国特色职业体育政府治理处于探索阶段，结合理论分析，运用分析框架来剖析中国职业体育政府治理的实际问题以及不同发展阶段的政府治理模式。

第四，政策比较分析。比较分析国外职业体育的治理模式，咨询专家并借鉴当前中国经济社会转型期的典型案例，提出政府治理模式的实施路径，实施路径是本书独特的研究视角与方法。本书还借鉴国外职业体育治理模式与国内其他行业改革转型过程的经验，以及分析国内的国有企业改革与市场化进程等。

第六节　研究创新与展望

一、研究创新

（一）完善和丰富了职业体育政府治理的基本理论框架

以中国特色职业体育的政府治理为研究对象，通过多视角对治理主体、治理结构、治理模式等相关理论问题以及治理机制等问题进行分析，完善了职业体育政府治理的理论框架，为实现职业体育科学有效的治理提供了理论依据。

（二）建立健全中国特色职业体育政府治理的体系

着重分析国内外职业体育政府治理中的典型经验与启示，并在分析和总结职业体育政府治理的成绩、存在问题与成因的基础上，提出了中国特色职业体育建设的建议，并从职业体育政府治理的实施推进机制等方面为提高政府的治理能力和治理水平提供参考。

（三）学术观点创新性

中国特色职业体育作为中国特色社会主义体育事业的重要组成部分，必须在坚持中国共产党的领导下，进一步强化市场机制建设，充分发挥市场在资源要素有效供给、质量提升与高效配置中的决定性作用。同时，中国特色职业体育构建也需要强化政府在制度改革、宏观调控中的支撑与保障作用，以促进市场机制的运行效率不断提升。在本课题研究中，强调职业体育的政府治理需要处理好政府推动与市场驱动的关系：政府推动不能直接代替市场配置，而是要按照职业体育市场经济规律与市场化改革的方向来规范政府权力配置，强化政府职能转变与行政管理方式变革，政府治理推动或调控政策则应通过市场主体，实现政府间接引导和市场直接驱动的有机结合。

二、研究展望

（一）存在的不足

由于职业体育的政府治理研究才刚刚开始，相关的文献资料非常有限，借助管理学的理论尝试对中国特色职业体育的政府治理进行分析，还需更深入地分析理论的适用范围和层次，使新时代中国特色职业体育的发展有更强的理论支撑。

在案例分析等实证研究的基础上，分析国内外职业体育的政府治理问题，结合我国职业体育的阶段治理特点，探讨了中国特色职业体育治理的实践，这些研究为我们深入了解政府在职业体育政府治理中所发挥的作用奠定了良好的基础。然而，关于政府在这些研究中的作用的分析仍然采用单一主体进行讨论，对政府治理的影响没有深入的分析。

（二）尚需深入研究的问题

中国特色职业体育的政府治理存在不同层次的问题，实施政府治理的政府部门也存在上下级的关系问题，不同层次和级别的政府治理存在不同的权限，职业体育的政府治理如何在多元主体治理的基础上，界定政府作用范围、规范政府行为，指导政府治理朝着更加公正、公开、公平的方向发展确实是值得深入研究的问题。

第二章 国内外相关研究文献综述

第一节 国外相关研究文献综述

伴随着西方市场经济体制的发展而产生的职业体育，经历了上百年的发展历程，市场经济促进了职业体育制度的产生。高度的市场化和商业化带来了巨大的经济和社会效益，也使得职业体育的治理问题具有研究价值。西方研究者关注职业体育的核心在于揭示微观的职业体育市场治理，关注的是职业体育的经济效益，如职业体育的垄断和反垄断豁免、政府支持球队主场城市的场馆建设、球队税收政策优惠、职业足球市场失灵和职业体育政策选择、市场的契约制度安排等问题。

Neale 从"职业体育经济特征的视角"研究职业体育运动竞争与一般经济竞争的差异入手，认为"运动竞争比运动垄断获利更多"，提出职业体育联盟整体的经济企业性质，进而揭示职业体育运动在市场结构与运作模式上追求外部垄断和内部竞争平衡的特殊性质。① El-Hodiri 和 Quirk 着眼于职业体育联盟竞争平衡模型的构筑与分析。② Vrooman 主要基于职业体育联盟变化的经济理论研究。③ Simmons 则就英国职业体育足球需求状

---

① NEALE W C, "The peculiar economics of professional sports: A contribution to the theory of the competition," *Quarterly Journal of Economics*, 1964, 78, pp. 1 – 14.

② EI-HODIRI M, QUIRK J, "An economic model of a professional sports league," *Journal of Political Economy*, 1971, 79, pp. 1302 – 1319.

③ VROOMAN J, "A general theory of professional sports leagues," *Southern Economic Journal*, 1995, 61 (4), pp. 971 – 990.

第二章 国内外相关研究文献综述

况进行了相关研究。①

　　Michie 将职业足球联赛及职业足球组织作为个案，着重考察了职业足球的治理和政策规制问题。② Mowbray 把组织内部规范、合作者及其沟通、长期战略规划、透明度等四大标准作为体育组织治理框架。③ Healey 通过澳大利亚体育组织及其治理实践，揭示了法律和治理理论并不普遍适用的假设，研究结论强调由于体育事务尤其是竞技体育事务具有独特的价值，一般的治理和法律理论并不普遍适用于体育组织，同时提出促进对利益相关者的认同、咨询和参与，及时对信息进行披露，依照组织的社会责任和行为守则进行公平而道德的决策，以及坚持委员会或理事会的基本职责等，有助于非营利体育组织治理能力的提升。④ 英国是世界上较早推行职业足球治理的国家，也是体育治理研究和实践的先行者。2004 年，英国体育部出版了《英国管理机构体育善治指南》，旨在协助英国体育组织解决治理方面的问题。在英国，职业足球一直采用金字塔式治理结构。这种治理结构是一种典型的科层式治理。在这一结构中，足球俱乐部处于英国足球协会的管控之下，长期以来只能接受上层主体的管理，而极少参与到规则制订的过程中。⑤ 随着职业体育的全球化，俱乐部之间经济利益的竞争使俱乐部不断"挑战传统模式的合法性，以获得商业方面的权利"⑥，或者"在财务管理，特别是控制支出方面，进行合适的制度设置，从而加强财务的稳定"⑦。"那种自上而下的科层治理模式，已经逐渐转变为一种

---

①　SIMMONS R, "The Demand for English league football: A club-level analysis," *Applied Economics*, 1996, 28 (2), pp. 139 – 155.

②　MICHIE J, "The governance and regulation of professional football," *The Political Quarterly*, 2003, 71 (2), pp. 184 – 191.

③　MOWBRAY D, "The contingent and standards governance framework for national governing bodies," In *Routledge Handbook of Sport Management* (London: Routledge, 2012), pp. 26 – 41.

④　HEALEY D, "Governance in sport: Outside the box?" *The Economic and Labour Relations Review*, 2012, 23 (3), pp. 39 – 60.

⑤　European Commission, "The European model of sport," *Consultation Paper of DGX*, 1998.

⑥　HOLT M, "The ownership and control of elite club competition in European football," *Soccer and Society*, 2007, 8 (1), pp. 50 – 67.

⑦　ASCARI G, GAGNEPAIN P, "Spanish football," *Journal of Sports Economics*, 2006, 7 (1), pp. 76 – 89.

复杂的关系网络"①。欧洲各国政府也不断参与到职业足球的治理中。政府扮演着协调各种社会力量,避免各方之间冲突的角色,由于职业足球具备的经济属性和社会属性影响力极为广泛,政府需要从多个方面对其进行干预、管制和扶持,以平衡各个方面的利益诉求。

职业体育作为一种特殊的市场运行模式,与其具有自身特色的组织及管理模式密不可分。Morgan 指出,"职业体育根据组织结构与管理运营特征可分为:垄断组织、开放组织、封闭组织以及经理人组织等四种组织管理方式"②。Fort 认为,"美国职业体育的基于市场垄断的封闭式组织与管理模式,其更多需要考虑职业体育的财政补贴与自身团队经营效益问题,而欧洲职业体育的开放模式则在强调竞争与自身利益最大化的基础上,往往增加了财政运作的困难"③。Szymanski 分析了欧洲足球俱乐部财政状况,指出:"欧洲职业足球运动管理结构会产生硬约束缺乏,影响其财政运行的稳定性"④。而 Braham 探讨公共税收与场馆建设的市场组织关系,认为"利益分配和成本计算是北美职业体育市场组织和管理需要重点考虑的内容"⑤。

实际上,欧美在职业体育治理上,学者们从不同层面揭示了职业体育的市场治理问题,以及职业体育的内部治理问题,他们关注的是职业体育组织的效率和经济效益。而在职业体育政府治理层面关注得少,只是把职业体育的治理作为企业一样治理,鲜有将视角投向尚在转型改革阶段的中国等发展中国家的职业体育政府治理。所以,这些研究所提出的治理模式对于中国特色职业体育的治理与路径选择问题来说并非最佳选择,值得参考但不宜照搬。

---

① LAN H, LEE P C, "Governance and ethics in sport," *The Business of Sport Management*, 2004 (1), pp. 25–41.

② MORGAN M, "Optimizing the structure of elite competitions in professional sport-lessons from Rugby Union," *Managing Leisure*, 2002, 7 (1), pp. 41–60.

③ FORT R, "European and North American sports differences," *Scottish Journal of Political Economy*, 2000, 47, pp. 431–455.

④ SZYMANSKI S, SMITH R, "The English football industry: Profit, performance and industrial structure," *International Review of Applied Economics*, 1997, 11, pp. 135–153.

⑤ BRAHAM D, "Industrial relations in Australasian professional team sports," *The Otemon Journal of Australian Studies*, 2004, 33, pp. 3–22.

第二章

国内外相关研究文献综述

总体而言，西方学者对职业体育的研究成果丰富。从西方的经验事实来看，职业体育的发展应该遵循自然选择和市场规则，政府负责监管，主要是通过市场治理来规范职业体育市场。西方的职业体育治理模式揭示了市场治理适应性及其存在的问题，对于本研究了解中国特色职业体育政府治理、路径和历史发展很有启发意义。

第二节 国内相关文献研究综述

一、职业体育治理及相关问题研究

治理理论的兴起和发展也带动了针对体育治理问题的研究。在党的十八届三中全会提出国家治理体系和治理能力现代化的背景下，学界开始关注研究体育治理问题。杨桦、陈洪等学者先后撰文，研究体育治理能力与治理体系的概念、特征、模式、运行机制等问题。杨桦指出，"体育治理是运用治理的新方式来处理体育利益多元主体的冲突，使之协同合作，高效有序，不断增进体育公共利益并使之最大化，最终达到善治的过程"[①]。陈洪认为，"体育治理的目标是创造并满足专业化、多样化、多层次的体育需求，建设有中国特色的社会主义现代化体育强国"[②]。范叶飞、马卫平则把体育治理定义为"多元利益主体借力制度规范，包容公平与效益，为实现体育目标，共同管理体育公共事务，促进体育持续发展的过程"[③]。王邵励指出，"体育治理是国家机构、社会团体和公民个人等诸多利益群体，通过合作、协商与共治的方式，高效、有序、公平地参与体育事业的决策与实践，合理分配和高效利用体育资源，最终促进社会公民个体的身

---

① 杨桦：《中国体育治理体系和治理能力现代化的概念体系》，载《北京体育大学学报》2015年第8期，第1～6页。
② 陈洪：《国家体育治理体系和治理能力现代化探析》，载《北京体育大学学报》2014年第12期，第7～12页。
③ 范叶飞、马卫平：《体育治理与体育管理的概念辨析与边界确定》，载《武汉体育学院学报》2015年第7期，第19～23页。

心健康发展"①。

  职业体育治理作为体育治理体系中的一个重要组成部分,直接关系到今后我国职业体育发展的成功与否。因此,对于职业体育治理的研究不仅关系到今后体育事业的发展,而且关系到整个体育治理体系的完善。从职业体育的管理到职业体育治理,不仅关系到职业体育治理的深化,也关系到职业体育治理的发展方向,对这些问题的研究可以促进职业体育治理的进一步完善与发展。

  目前,学界对于职业体育的政府治理及路径研究才刚刚开始。如以"职业体育政府治理"作为关键词在中国知网仅搜索到 8 篇文献,其中 2 篇分析美国体育治理的状况;以"职业体育政府规制"作为关键词搜索到 18 篇文献,其研究集中在职业体育的市场准入、劳资关系以及职业体育产业方面;以"职业体育治理结构"作为关键词,搜索到 9 篇文献,均聚焦于职业体育联盟或俱乐部的治理问题;以"职业体育治理路径"作为关键词,搜索到 10 篇相关文献,这些文献中有 5 篇与治理路径有关,其他是有关职业体育联盟或俱乐部的治理问题;以"中国特色职业体育"作为关键词,搜索到 6 篇相关文献。从以上文献查询结果可以看出,学界开始关注职业体育的治理问题,而且研究涉及面广、视角新。这些文献为研究特色职业体育的政府治理与路径选择提供了有利参考。

  这些文献大多聚焦于职业体育治理的相关问题。如彭国强等在《美国体育治理的思想渊源、特征与启示》中认为,美国体育治理特征体现为:强调制度设计基础上的"法治治理",注重多元主体"协同共治",凸显以社会组织为中心的"分权治理",贯彻多元机制联动下的"民权自治"。② 浦义俊等在《镜鉴与反思:美国竞技体育发展中的政府治理及其困境》中认为,美国竞技体育发展中的政府治理方式具体表现为对职业竞技体育系统和业余竞技体育系统的法治治理方式、间接性体育融资治理方式、非体育职能部门和地方政府协作式的体育服务治理方式,这些治理方

---

① 王邵励:《从"体育管理"到"体育治理":改制背景与内涵新创》,载《成都体育学院学报》2015 年第 5 期,第 7~11 页。
② 参见彭国强、舒盛芳《美国体育治理的思想渊源、特征与启示》,载《上海体育学院学报》2019 年第 4 期,第 7~15 页。

第二章
国内外相关研究文献综述

式对推动美国竞技体育的逐渐成长起到了关键作用。① 任慧涛在《论体育治理理念》中认为，体育治理作为治理理论在体育领域的应用，包含着民主、透明、问责、制衡、有效等多种理念的善治原则，被视为各级体育治理行为体重塑信任和权威的关键。② 纪成龙在《共生视野下CBA职业体育联盟治理环境研究》中，结合西方发达国家职业体育联盟的治理经验和规律，考察了职业体育联盟的管理者是通过怎样的一系列制度来治理CBA职业体育联盟，促进该联盟整体竞争实力均衡，以及该联盟组织与社会政治、经济、文化等外部环境因素之间的共生关系。③ 崔鲁祥在《中国职业体育利益相关者分析及协同治理——职业篮球、足球实证》一文中认为，为克服管理缺陷，合理借鉴欧美职业体育治理经验，探索中国特色职业联赛利益相关者协同治理机制势在必行。④ 孙忠利在《职业体育的制度安排与产业成长——西方范式与中国特色》中认为，在西方职业体育的历史演进中，政府制定的适用于职业体育的竞争政策的变化，反映了政府对于职业体育联盟这一具有自然垄断特征的经济组织规制程度的强弱。⑤ 张毅恒等在《新时代我国职业体育俱乐部治理效率》中认为，我国职业体育俱乐部需按照有效的治理方法厘清职业体育俱乐部的治理特殊性、正确定位职业体育俱乐部中的政府角色，以及切实加强职业体育俱乐部治理结构与机制的建设与完善。⑥ 蔡朋龙在《公共体育资源市场化配置中政府职能研究》中认为，在经济体制转型过程中，政府与市场在公共体育资源配置中的关系是适位与融合的关系，即政府主导的适位，政府有意识地对资源进

---

① 参见浦义俊、吴贻刚《镜鉴与反思：美国竞技体育发展中的政府治理及其困境》，载《山东体育学院学报》2016年第4期，第8～15页。
② 参见任慧涛《论体育治理理念》，见江西财经大学博士学位论文，2016年。
③ 参见纪成龙《共生视野下CBA职业体育联盟治理环境研究》，见福建师范大学硕士学位论文，2015年。
④ 参见崔鲁祥《中国职业体育利益相关者分析及协同治理——职业篮球、足球实证》，见北京体育大学博士学位论文，2012年。
⑤ 参见孙忠利《职业体育的制度安排与产业成长——西方范式与中国特色》，见《第九届全国体育科学大会论文摘要汇编（2）》，中国体育科学学会，2011年。
⑥ 参见张毅恒、彭道海《新时代我国职业体育俱乐部治理效率》，载《武汉体育学院学报》2018年第6期，第12～19页。

行的配置及其调节与市场机制自发配置的融合。① 张兵在《转型经济学视角下中国特色职业体育建构理念分析》中认为,中国特色职业体育建构是社会转型和体制改革的结果,在实现手段上,要依赖制度改革与创新,依靠强政府主导机制的作用,而在实现路径上则要采用渐进式的转型方式。②

综上所述,关于我国职业体育政府治理与路径等相关问题的研究起步晚、成果较少,但研究内容具有引领性。主要有以下四大特点。

第一,在职业体育政府治理研究中,从单一学科视角向多学科视角转变,而且更多地侧重于管理科学、经济学科、社会学科、体育学科等跨学科合作。具有不同知识背景的学者从各自熟悉的学科领域展开研究,对相关学科进行融合研究。

第二,在职业体育的政府治理研究中,更加关注实践性和政策性导向问题。近年学术性问题分析较多,而实践性和指导性的研究相对较少,所以本研究更多的是进行实证研究。

第三,在职业体育的政府治理研究中,多为有针对性的微观层面的研究。中国特色职业体育作为一个具体的治理系统,既具有一般职业体育治理的共性,又具有中国特色的特性。着眼于职业体育政府治理的过程中具体问题,有助于有针对性地解决实际问题。

第四,政府治理与市场关系研究成为热点。在职业体育发展过程中,根据政府和市场的作用以及职业体育与竞技体育的关系,职业体育主要可以分为四种模式:市场化模式③、空间集聚模式、政府调控下的市场主导型模式、受举国体制制约的被动发展模式。这些研究对各国职业体育发展的道路和经验进行了总结和归纳,为了解职业体育发展中政府治理与市场的关系奠定了基础,本书通过分析政府在不同职业体育发展模式中作用,揭示政府治理发挥作用的路径。

---

① 参见蔡朋龙《公共体育资源市场化配置中政府职能研究》,见苏州大学硕士学位论文,2018年。

② 参见张兵《转型经济学视角下中国特色职业体育建构理念分析》,载《西安体育学院学报》2011年第4期,第385~390页。

③ 朱铁臻:《提高城市竞争力是走向城市现代化的主要对策》,载《理论参考》2002年第7期,第18页。

二、中国特色职业体育的相关问题研究

国内学者对"中国特色职业体育"背景下的我国职业体育治理及路径等从不同视角进行了研究。丛湖平、郑芳认为,职业体育制度创新的成本决定了制度创新的方式与路径,制度创新的目标模式和俱乐部内部制度的调适将成为其重要内容。① 王庆伟、王庆锋认为,中国的职业体育制度变迁是政府主导下的强制性制度变迁,"强政府"的制度供给,是中国职业体育制度变迁的一个主要特征。② 郑芳、杜林颖在充分比较欧美职业体育治理模式的基础上,提出我国职业体育的发展可以模仿发达国家的治理模式(比如足球主要采纳英国职业足球治理模式,篮球主要采纳美国篮球治理模式),但国外职业体育治理模式与其特定的地域文化、社会资本相互耦合,却未必与我国的社会文化、经济背景相匹配。因此,构建符合中国特色的职业体育治理模式,是我国职业体育制度发展的充分必要条件。③ 鲍明晓认为我国职业体育制度改革的路径选择本质上是一个寻找有效推进我国职业体育改革与发展的方法问题,没有一种道路、模式和方法可供我们照搬照抄,中国的职业体育改革与发展只能靠自己、走自己的路。结合中国特色的职业体育发展目标,他概括性地提出了"在发动机制上,强调政府主导、政府统筹;在推进方式上,强调循序渐进、以点带面;在动力保障上,强调深化改革、扩大开放;在依托基点上,强调与城市发展相融合"的我国职业体育制度改革的路径。④ 丁一、姚颂平在重点比较分析了美国职业体育联盟及其俱乐部的管理体制和运作机制的基础上,提出应明确职业体育俱乐部与联赛的关系,理顺职业联赛与运动项目协会的关系,

---

① 参见丛湖平、郑芳《我国职业体育制度变迁的方式、路径及相关问题研究》,载《体育科学》2004年第3期,第1~4页。
② 参见王庆伟、王庆锋《西方职业体育制度变迁的比较研究》,载《体育与科学》2006年第1期,第42~51页。
③ 参见郑芳、杜林颖《欧美职业体育联盟治理模式的比较研究》,载《体育科学》2009年第9期,第36~41页。
④ 参见鲍明晓《职业体育改革与发展的中国路径》,载《体育科研》2010年第3期,第24~33页。

指出需要结合具体国情，于国外经验取其所长、为我所用，逐步建立合理、有效和可持续的中国职业体育的发展模式与制度。①

综上所述，职业体育的制度创新离不开市场的作用，社会化、市场化是职业体育发展及制度创新不可转变的趋势和唯一方向；中国特色职业体育制度创新的路径必由我国国情、体情决定。职业体育制度创新由政府主导的现实不会改变。我国职业体育制度创新的目的在于发展与完善中国特色的职业体育治理与路径。欧美职业体育发展至今，已经在制度规范体系上为我国职业体育制度提供了一个良好的借鉴与范本，实现中国特色职业体育的治理与路径，充分挖掘中国特色职业体育的内涵，建立适合中国特色职业体育制度就成为我国职业体育发展的方向。

三、职业体育体制相关问题研究

与西方发达国家职业体育发展相比，我国职业体育是在举国体制专业队基础上发展起来的。部分学者对我国职业体育体制开展了研究。

我国的职业体育发展"主要体现的是政府意志，实现的是国家利益"，所以我国的职业体育是"政府直接介入管理、经营体育赛事的'国家管理型'的宏观管理制度的格局"②。"主要表现为国家体育总局下设的各运动项目管理中心及协会对职业体育进行行政管理及干预，其指导具有宏观性与调控性。"③ 作为转轨产物，"我国职业体育俱乐部具有营利性和公益特定性的二重性，以及俱乐部体制和机制的过渡性，易受政治与经济双重制约"④。胡利军认为："中国职业体育是在中国社会转型期，我国改革开放后，随着社会经济的发展、人们生活水平的提高，我国政治、经济体制的

---

① 参见丁一、姚颂平《美国职业体育联盟模式对我国职业体育改革的启示》，载《辽宁体育科技》2012年第6期，第4～7页。

② 凌平：《变革的模式与模式的变革：中国体育体制和运转机制的研究》，载《体育学刊》2001年第1期，第1～4页。

③ 任海、王凯珍、肖淑红等：《体育资源利用的改革与体育资源配置改革的法规平台：论社会经济条件变革下的中国体育改革》，载《天津体育学院学报》2002年第2期，第1～6页。

④ 周进强：《我国职业体育俱乐部的法律资格、特征及其设立问题研究》，载《天津体育学院学报》2000年第9期，第11～14页。

第二章
国内外相关研究文献综述

改革迫使竞技体育管理体制改革,在政策推导下,部分竞技体育项目职业化,从上而下,由计划经济时代的专业运动队转变而形成。"① 程林林指出:"我国职业体育是我国体育利益博弈的产物,并指出当前处于双轨制(举国体制和体育市场化)时期。"② 梁殿乙、关莉指出,"我国职业体育改革要实现质的飞跃,必须深化改革管理制度,使职业体育改革朝着市场化、制度化、法制化方向发展"③ 唐炎、卢文云则指出:"行政力量支配下的'双轨制'致使职业体育产权关系模糊,行政的过度干预导致职业体育市场主体地位缺失。"④ 梁晓龙指出,要"在社会主义初级阶段和市场经济双重历史条件下,结合现阶段中国的实际情况,合理看待和处理出现在我国职业体育中的不良现象"⑤。

转轨而来的我国职业体育,不可避免存在一些问题。张林等指出:"我国职业体育俱乐部运行机制中存在产权关系模糊、市场主体地位未确立、经营机制不完善、法制建设滞后、激励与约束失衡等主要缺陷。"⑥ 袁春梅则认为:"职业体育中的不同利益相关者必然会争夺职业体育所带来的资源,并由此产生出利益冲突。"⑦ 唐炎、卢文云则认为:"制约我国竞技体育职业化改革取得实效的原因主要有患得患失的思想导致对改革的重要性认识不足、行政力量支配下的'双轨制'致使职业体育产权关系模糊、行政的过度干预导致职业体育市场主体地位缺失、法制建设的滞后阻

---

① 参见胡利军《社会转型期中国职业体育发展研究》,北京体育大学博士学位论文,2008年。
② 参见程林林《新中国体育体制及利益格局演化研究》,西南财经大学博士学位论文,2003年。
③ 梁殿乙、关莉:《对我国职业足球的思考》,载《中国体育科技》1997年第Z1期,第79~81页。
④ 唐炎、卢文云:《制约我国竞技体育职业化改革的相关问题探究》,载《北京体育大学学报》2010年第3期,第20~22页。
⑤ 梁晓龙:《我国体育职业化(市场化)改革中几个基本理论问题的思考》,载《体育文化导刊》2005年第4期,第8~11页。
⑥ 张林、戴健、陈融:《我国职业体育俱乐部运行机制的主要缺陷》,载《上海体育学院学报》2001年第2期,第1~5页。
⑦ 袁春梅:《我国职业体育利益相关者的利益冲突与协调》,载《成都体育学院学报》2008年第4期,第11~14页。

挠了职业体育经营活动的正常开展。"① 另外，作为后发者，我国存在"职业体育竞争力不强问题"②。马忠利认为："对有相同背景均脱胎于'国家职业化'倾向的竞技体育和受政府及市场双重力量影响的中俄两国职业体育的研究，发现虽然两国社会政治、经济采取不同改革模式，但两国职业体育发展经历了大致相同脉络"，并指出，"强大的原有体制惯性以及体育发展的自身逻辑，职业体育不能一步'激进'到位"③。何康提出："发展我国职业体育应加强管理理念建设，打造良好形象，创建及维护品牌资产，推进文化建设，重视传统与风格建设。"④ "在一定程度上制度安排的本土化显得更为重要，制度与制度环境的改良可能是一条现实的路径"⑤。郑志强从组织形态、治理结构和制度安排角度对职业体育进行历史考察。⑥ 张剑利等对政府在职业体育组织的培育和支持问题进行研究，亦强调政府及其体制改革与转型在我国职业体育发展中的重要价值。⑦ 丛湖平等从交易成本视角对政府主导职业体育制度创新的研究认为，"我国职业体育是我国体育体制改革的产物，职业体育的建设离不开体制改革的深入，即我国职业体育沿用体制转轨演进路径"⑧。李博结合我国职业体育存在的问题，探讨我国职业体育发展的改革，认为地方政府和行业职能缺位，导致中国职业体育乱象横生，并存在着政府的政策扶持力度不足；

---

① 唐炎、卢文云：《制约我国竞技体育职业化改革的相关问题探究》，载《北京体育大学学报》2010 年第 3 期，第 20～22 页。

② 赵广涛：《我国职业体育俱乐部核心竞争力来源与形成路径研究》，载《成都体育学院学报》2010 年第 2 期，第 25～28 页。

③ 马忠利：《中俄职业体育发展的进程》，载《上海体育学院学报》2008 年第 2 期，第 35～38 页。

④ 何康：《职业体育组织软实力概念开发及提升策略研究——基于中西方国家职业体育组织软实力发展现状的比较》，载《山东体育学院学报》2009 年第 9 期，第 20～24 页。

⑤ 张宝钎、张林：《职业体育联盟生存的制度环境——兼论我国职业体育联赛生存的制度环境》，载《体育科研》2010 年第 3 期，第 34～37 页。

⑥ 参见郑志强《职业体育的组织形态与制度安排》，中国财政经济出版社 2009 年版，第 128～223 页。

⑦ 参见张剑利、靳厚忠、秦椿林《论政府对职业体育组织的培育和支持》，载《成都体育学院学报》2008 年第 1 期，第 11～13 页。

⑧ 丛湖平、田世昌：《政府主导型职业体育制度的创新约束机制研究》，载《中国体育科技》2003 年第 9 期，第 1～3 页。

第二章
国内外相关研究文献综述

强调在改革的新常态下,政府和市场在经济运行中应各司其职。① 李兵指出,面对体育公共服务供给产品发展所面临的价值冲突,政府需要公平有效地将公共体育服务资源进行分配,同时还要兼顾不同领域、不同地方、不同角度和不同利益之间的公正协调。他同时认为,我国公共体育服务的供给侧改革,应当深入政府、市场和社会机制的协作,完善规范体育公共服务的法律制度,强化满足并创造需求的创新机制。② 沈克印等认为,职业体育改革的实质是从供给端出发,充分发挥市场在配置体育资源中的决定性作用,通过改革和创新的方式来解决职业体育的结构性问题。③ 刘亮等从供给侧改革的视角,提出我国职业体育实现转型升级的新问题,认为当下在职业体育中政府的重视程度与政策力度不断加大,但由于体制改革还未到位,强调目前尚有很多体育资源由于种种束缚,尚未被市场"催醒",研究建议政府要采取措施,积极培育体育市场,唤醒"沉睡"的体育资源。④ 在这一方面,我国学者对职业体育中的政府和市场关系方面观点基本达成一致,即既要遵循市场的规律,善用市场机制解决问题,又要让政府勇担责任,做好自己的工作。政府和市场是互补、相辅相成的,既要坚持市场在资源配置中起决定性作用,完善市场机制,又要发挥政府作用。

综上所述,学者们从不同层面对中国职业体育的体制进行了研究。虽然在研究视角、分析面等方面各有侧重,但是对职业体育政府与市场关系以及治理问题的看法是一致的。同时,该领域也存在一些研究空间。

第一,对中国特色职业体育的研究以描述性、理论浅析研究居多,少有分析中国职业体育发展的成功案例。尚未有把我国职业体育的阶段划分作为切入点专门对中国特色职业体育进行考察的研究成果,中国特色职业体育阶段划分存在空白。

---

① 参见李博《"供给侧改革"对我国体育产业发展的启示——基于新供给经济学视角》,载《成都体育学院学报》2016年第2期,第52～58页。

② 参见李兵《基于善治理论的体育公共服务供给侧改革研究》,载《南京体育学院学报》2016年第4期,第54～60页。

③ 参见沈克印、吕万刚《体育产业供给侧结构性改革:学理逻辑、发展现实与推进思路》,载《武汉体育学院学报》2016年第11期,第30～41页。

④ 参见刘亮、付志华、黎桂华《供给侧改革视角下我国体育产业发展的新空间及动力培育》,载《首都体育学院学报》2017年第1期,第8～12页。

第二，缺乏系统研究及实证研究。我国学者对职业体育体制进行了大量的研究，取得了丰富的研究成果，但对于职业体育的治理与路径问题研究还较少触及。我国职业体育的发展与我国的经济建设及发展密不可分，只有把职业体育放在特定阶段和社会结构中进行分析，才能提出解决职业体育治理问题的方法和措施。探索国外职业体育的演变规律，并结合中国的实际情况，才能探索出我国特色职业体育的治理理念与路径。[1]

第三，在借鉴国外职业体育发达国家经验与模式时，需要充分考虑到中国特色的客观实际。目前，要进一步认识中国特色职业体育发展所处的阶段特征，明确其发展方向，才能更好地促进其发展，进一步拓展我国职业体育研究的空间。

第四，缺乏对我国特色职业体育的全面把握。对治理环境和现状的认识不够全面，反过来凸显对相关问题研究的方向不明。确立中国特色体育职业治理与路径选择的问题导向，构建和完善中国特色职业体育的政府治理模式是一种新的方向。

---

[1] 参见《国务院关于加快发展体育产业促进体育消费的若干意见》，载《中华人民共和国国务院公报》，2014年第30期，第5～10页。

第三章 中国特色职业体育的内涵及相关概念的界定

第一节 职业体育及相关概念的界定

一、职业体育的内涵与界定

"职业"一词在《现代汉语词典》的定义为："①个人在社会中所从事的作为主要生活来源的工作。②专业的；非业余的。"[①] 在《体育大辞典》中，职业体育被定义为"以体育为谋生手段而从事的各种竞技运动项目比赛以及相关的体育业务。多以营利、破纪录为主要目的，具有较高的运动技术水平和较强的观赏价值"。其实，"我们现在理解的职业体育是一个含义很广的集合概念，而不仅仅是一种职业。职业体育提供的是以赛事为核心的服务产品，它是一个高度组织化的经营管理体系。组成这一体系的要素包括职业运动员、职业体育俱乐部，体育市场运营商和消费者以及管理体制。职业体育是一种高度专业化、商业化的高水平竞技体育，其核心是职业体育赛事的运作和管理"[②]。职业运动员指从事运动技艺为职业，谋取一定经济收入的运动员。职业体育俱乐部是"实行独立核算、自负盈亏的一种体育经营实体或组织，具有职业性的特点，拥有众多职业运动员

[①] 参见中国社会科学院语言研究所词典编辑室《现代汉语词典》（第6版），商务印书馆2012年版。

[②] 胡利军、杨远波：《中国职业体育发展研究》，载《体育科学》2010年第2期，第28页。

及体育明星,从事以营利为目的的商业性体育活动"①。上述概念体现了职业体育是以赛事为社会活动形式的特殊组织体系,在该体系中,赛事作为职业收入来源,经济性是其显著的特征。

产生于西方的职业体育是相对于业余体育而言,但在中国则更多与专业体育有关。无论是业余体育,还是专业体育,都是体育存在的方式,只不过职业体育从其一产生就带有明显的经济取向,成为围绕体育竞赛活动的市场组织模式;而其产生与发展也反映着作为社会关系约束机制的制度内涵,显现为特定制度体系下的竞技体育经济运行形式。这是职业体育的共性特征,不论是欧洲足球联赛(UEFA Europa League),还是美国职业篮球联赛(NBA)、世界一级方程式赛车锦标赛(F1)都具有该种特征。

国内学者对职业体育的研究,其中具有代表性的是秦椿林和袁旦的成果,他们认为"职业体育的产生,是为满足人们观赏竞技表演获得享受需要,社会上出现了一个专门从事'体育服务'生产的劳动部门,以满足人们(居民)和社会不断增长的体育需要。它使人们可以通过观赏获得一种特殊的审美享受和刺激。随之出现了以竞技运动表现作为谋生手段的职业劳动者,以他们为基础逐渐联系起来形成俱乐部,再由俱乐部这种体育服务生产组织逐渐联系起来形成具有广泛联系的一种服务性产业。职业体育之所以能够实现其生存和发展,基本依据就在于职业运动员高水平的竞技表演具有一种为一切其他表演艺术所不能取代的特殊观赏价值"②。

在现代社会中,职业体育越来越追求体育的商品化,体育已成为获取经济利益的手段,围绕这一方式形成了按照市场机制作用的功能,并遵循商业模式。其实质是强调职业体育的经济行为,换句话说,职业体育不仅是纯粹的体育活动,而且也是一种类似商业生产的经济形式。张林在《我国职业体育俱乐部发展前景》一文中提道:"职业体育是商品经济充分发展和体育市场不断扩大的条件下,自觉运用价值规律,利用

---

① 张林:《职业体育俱乐部运行机制》,人民体育出版社2000年版,第23页。
② 秦椿林、袁旦:《关于职业体育的几点思考》,载《山西师大体育学院学报》1999年第3期,第1~2页。

第三章

中国特色职业体育的内涵及相关概念的界定

高水平竞技运动的商品价值和文化价值,参与社会商品活动和社会文化活动,使竞技运动员获得优厚报酬,并为社会提供体育和文化服务的一种活动。"[1] 他还认为,"职业体育是按照市场经济的基本规律,将职业运动员高水平体育赛事及相关产品作为商品来经营,从中获得经济收益的一种体育经济活动"[2]。谭建湘认为,"职业体育以某一运动项目为劳务性生产和经营,围绕该项目生产开发而形成相对独立和完整的商业化、企业化经营体系"[3]。赵立、杨铁黎指出,"职业体育是以职业体育俱乐部为实体,以职业运动员的竞技能力和赛事为基本商品,以获取最大利润为目的的经营体系"[4]。

上述观点是基于参与者工作的性质,将职业体育作为一种职业来理解。所谓职业,是指个人生活主要来源于参与社会的工作。

王庆伟认为,"职业体育就是通过向体育消费者(观众、听众)提供消遣性的体育赛事商品,使得体育比赛经营者、职业体育俱乐部的拥有者、职业运动员及相关人员获取报酬的一种经济活动,其本质是一种'产业'。这种产业的核心产品是职业体育赛事,生产主体是俱乐部及其所属职业运动员"[5]。弗里曼(Freedman)认为,"职业体育是买卖职业体育赛事各项权利,以及运动员应用体育技能参加比赛或者展示获得金钱回报的商业活动"[6]。当前被广泛引用的职业体育的定义是《辞海》中对职业的界定,即由"职业是人们从事的谋生手段"而引申出"职业体育是参加者把某项运动作为一种事业追求和谋生的手段"。随着市场经济的发展,以及人们对职业体育需求的不断增长,职业体育消费市场的形成不仅使职业体育通过体育比赛获得收益,而且也为职业体育的发展提供了经济基础。

---

[1] 张林:《我国职业体育俱乐部发展前景》,见《全国体育发展战略研讨会论文汇编》,国家体育总局体育发展战略研究会1998年版,第394页。

[2] 张林:《职业体育俱乐部运行机制》,人民体育出版社2001年版,第7~8页。

[3] 谭建湘:《从足球改革看我国竞技体育职业化的发展》,见《全国体育发展战略研讨会论文汇编》,国家体育总局体育发展战略研究会1998年版,第385~391页。

[4] 赵立、杨铁黎:《中国体育产业导论》,北京体育大学出版社2001年版,第175页。

[5] 王庆伟:《我国职业体育联盟理论研究》,见北京体育大学博士学位论文,2004年。

[6] FREEDMAN W, *Professional sports and antitrust* (New York:Quorum Books, 1987).

职业体育是体育活动的一种社会组织形式，是竞技体育市场化运作的抽象模式。不同的社会条件有不同的职业体育组织形式。职业体育在西方国家形成和发展，在其初始阶段更多的是外部市场现象，此时职业体育关注的也不是获利机会，更多的是一种娱乐形式；随着利益关系的复杂化而演变成为具有市场特征的职业体育，强调的是职业体育的商业模式和市场机制。职业体育商业化、市场化促使职业体育遵循本质类似于市场经济的体育资源配置和运作模式。

基于以上几种观点，笔者认为，职业体育是一种以体育赛事作为手段，通过劳动向消费者提供体育赛事服务产品的经济活动。职业体育的显著特征就是运动员作为劳动力，被俱乐部所有者雇用，付出劳动，获得工资等收益。

职业体育是体育的高级形式。它是竞技体育市场化、职业化的必然结果。作为一种竞技体育的运作机制，它诠释了体育的综合价值与功能。职业体育是指以职业运动员以核心，以俱乐部为主体，以职业体育联赛为形式的市场化、商业化运作过程。综上所述，职业体育依托市场资源以竞技体育的形式进行资源配置，摆脱体育政府部门和运动项目管理中心（协会）的直接管理。

二、职业体育、精英体育与竞技体育的关系

具有中国特色的职业体育来自竞技体育，区分"职业体育""精英体育""竞技体育"的关系，不仅是学术研究的必然要求，也是职业体育实践的客观要求。从理论上正确认识职业体育、精英体育与竞技体育的关系，可以在实践中把握职业体育发展的方向，正确处理实践中出现的问题。

竞技体育分为精英体育和职业体育。精英体育是指高水平的竞技体育；职业体育是以追求商业利益为目的竞技体育，是具有商品属性的竞技体育；相应的竞技体育的社会基础是大众体育（学校体育、社区体育）。长期以来，我国体育学术界普遍认为，"竞技体育就是以比赛获胜为主要目标的社会体育活动，以取得优异成绩、夺取优胜为主要目标取向。而职业体育是以获取优胜，并保障比赛的精彩程度，从而赢得收视率和商业价

值为价值取向的商业活动"①。竞技体育是"研究如何加强运动训练的科学性，探索运动训练的客观规律，不断提高各项运动技术水平和成绩，攀登世界运动技术高峰，创造世界纪录，夺取比赛优胜"的一个体育分支。② 有学者指出，"竞技体育就是以体育竞赛为主要特征，以创造优异运动成绩，夺取比赛优胜为主要目标的社会体育活动"③。也有学者认为竞技体育本质主要是以竞技运动作为存在载体，通过其自然属性实现竞技体育的社会属性，其中运动性是其存在的重要载体，社会性反映其发展的内在需求，组织性呈现其发展的各种形态，并以此确定了运动性、社会性、组织性是竞技体育的本质。④

转变体育发展方式、建设体育强国，一个重要内容就是加强竞技体育的精英性。精英体育是竞技体育的重要组成部分。精英体育肩负着夺取金牌为国争光的重任。竞技体育追求"更快、更高、更强"的体育理念，注重在高水平国际或区域性比赛中争夺金牌，赢得"升国旗、奏国歌"的"为国争光"与"国家认同"效应。促进精英体育发展，加强国家认同与意识形态建设，还要大力发展职业体育，实现体育产业发展与精神生活的双丰收。

竞技体育把职业体育作为促进竞技体育发展的手段。职业体育是实现"竞技体育水平提高"和"经济利益最大化"的最有效的运营体系与商业模式，可以利用部分竞技体育的市场价值开展商业活动。通过提高运动技术水平，达到获得经济效益的目的。

"竞技体育作为社会公共产品，是政府的需要、社会公众的需要和体育自身发展需要的有机结合。其目的是创造优异的运动成绩来追求社会效益，具有'公共性'特点。而职业体育是以营利为目的的企业行为，其目

---

① 参见过家兴等《运动训练学》，北京体育学院出版社1986年版；颜天民《竞技体育的意义——价值理论研究探微》，北京体育大学出版社2003年版；田麦久《运动训练学》，人民体育出版社2000年版。

② 颜天民：《竞技体育的意义——价值理论研究探微》，北京体育大学出版社2003年版，第65页。

③ 参见现代汉语大词典编委会《现代汉语大字典》，上海世纪出版集团2002年版；胡亦海《竞技运动训练理论与方法》，湖北人民体育出版社2005年版。

④ 参见金成平、胡亦海《解释学视角下竞技运动与竞技体育的本质解构》，载《天津体育学院学报》2015年第3期，第244～248页。

的是追求利润的最大化,具有'私有性'特点。"①

"如果将精英体育精心打造为'国家队'层面的'争金夺银'的价值取向,渗透到职业体育、大众体育、学校体育发展的价值定位中,忽视竞技体育发展的社会基础和商品属性。在形式上一味追求'金牌效应',并以整个国家的荣誉作为唯一的价值选择形式,就是一种价值与功能的错位,也是一种社会功利观念的突出反映。"② 竞技体育不仅仅是"争金夺银",还蕴含着更丰富的意义和价值追求。将竞技体育(精英体育)、大众体育(学校体育、社区体育)有机联合,对于有效利用资源、优化组合具有积极推动作用,竞技体育也是职业体育发展的基础。

三、职业俱乐部的内涵

职业俱乐部是经注册且经济独立的法人实体,是根据公司法规定建立和运营的具有法人资格的组织,可以行使其进行经济活动的法定权力。

虽然职业俱乐部是一个具有法人资格的组织,但在体育赛事中,它们不能独立参赛,只能与其他职业俱乐部联合(一个或多个)协商后才能参赛。正是因为职业体育赛事的特殊性,俱乐部不能独立进行比赛,必须与其他的俱乐部进行竞争,才能称为体育赛事;反之,则是训练。一个俱乐部无法确定比赛的数量,每场比赛都需要竞争者的参与。因此,俱乐部是一个不能参加单一比赛的法人实体。

当职业俱乐部想要参加比赛时,必须与其他(一个或多个)俱乐部协商制定比赛规则,协商比赛的时间和地点,确定门票收入分配计划,然后再与场地和设施的所有者达成协议以确定场地租金。谈判完成后,各种要素已经达到了比赛的基本要求,俱乐部之间才有可能进行体育对抗。而一个职业俱乐部不具备体育对抗的条件。

对于俱乐部的内涵,有研究者认为,"俱乐部是一种以经营某一高水平运动项目训练和赛事,并开发赛事及其附属产品,追求利润最大化的特

---

① 杨铁黎:《职业篮球市场论》,北京体育大学出版社 2003 年版,第 68 页。
② 新华社:《中国足球改革发展总体方案》,见《人民日报》2015 年 03 月 17 日,第 6 版。

第三章

中国特色职业体育的内涵及相关概念的界定

殊的体育企业"。① 笔者认为,俱乐部是通过提供体育赛事服务,追求体育竞赛和经济回报最大化的体育企业。

从俱乐部的起源来看,为了赢得比赛,俱乐部允许运动员投入更多的时间和精力进行训练活动,并向运动员支付一定的酬金。支付报酬需要俱乐部拥有经济来源,并且该活动的商业价值使其成为可能,俱乐部的商业活动随之产生。因此,职业运动员和商业活动是俱乐部的基本要素。俱乐部是职业体育的主要组织形式。它是市场经济和社会分工的产物,其实质是遵循市场经济的基本规律和竞技体育发展规律来运行体育赛事,使体育劳动创造价值得到充分实现。②

俱乐部因运动项目不同,而有不同的界定。从国内外职业体育的现状来看,所谓俱乐部是指"具有企业法人资格的、以营利为目的的体育机构,具有经营型的生产、流通或服务组织的特点,因而俱乐部具有企业的性质"③。而从我国企业法和公司法来看,"职业俱乐部是具有企业法人性质和公司性质的组织,从法学角度划分,俱乐部属于公司性质的团体或组织"④。

第二节 中国特色及中国特色职业体育

一、中国特色的界定

党的十六大明确提出"中国特色社会主义"这一新的概念,提出"开创中国特色社会主义事业新局面"这一新的主题。党的十六大以来,中国共产党人充分发掘了中国特色社会主义的内涵。2004年3月,第十届全国人民代表大会第二次会议通过宪法修正案,明确"国家的根本任

---

① 鲍明晓:《体育产业》,人民体育出版社2000年版,第255页。
② 张林、李明:《职业体育俱乐部发展沿革》,载《西安体育学院学报》2001年第3期,第6~8页。
③ 赵芳、孙民治:《我国职业体育俱乐部若干法律问题研究》,载《成都体院学报》2002年第2期,第17~20页。
④ 丁林梅:《对我国职业体育俱乐部公司治理结构的探讨》,载《沈阳体育学院学报》2004年第6期,第753~755页。

务是，沿着中国特色社会主义道路，集中力量进行社会主义现代化建设"。"习近平总书记在2013年全国宣传思想工作会议上强调要宣传讲解'中国特色'的重要性。这表明在新形势下，中国共产党高度重视'中国特色'。"①2018年3月，第十三届全国人民代表大会第一次会议再次审议并通过新的宪法修正案，将习近平新时代中国特色社会主义思想载入宪法。习近平总书记在党的十九大报告中指出，中国特色社会主义进入了新时代，这是我国发展新的历史方位。中国特色社会主义的新局面已经开启，中国特色社会主义模式基本形成。目前，研究中国特色社会主义的"特色"为我们正确认识"特色"提供了重要理论参考。

关于"中国特色"，不同的学者有着不同的见解。赵智奎认为，"'中国特色'是相对于马克思主义的'一般原理'而言的，'中国特色'与'一般原理'的关系反映了个性与共性、特殊性与普遍性、个别与一般、差异与同一的关系"②。胡东升认为，"应从'中国特色'与'社会主义'的辩证统一中来解读'中国特色'，'社会主义'是共性，'中国特色'是个性。'中国特色'实际上就是'社会主义'的共性在中国社会的具体体现"③。作为个性的中国特色包含着共性，因此，就其共性而言，不能说中国的所有特征都是中国特色；相反，由于中国特色的共性，就用共性否定其作为个性存在的特殊性，认为中国特色没有独特性、特殊性，那就是曲解了中国特色。中国特色社会主义的"中国特色"是相对于其他社会主义而言的"中国特色"，中国特色是中国特有的。

傅青元认为，"'中国特色'的内涵可以从三个方面来理解，即普遍性与特殊性的统一，内容与形式、目标与途径、目的与手段的统一，多样性与同一性的统一"④。关于中国特色与中国现实、中国实际的对比，刘

---

① 孙寅生：《关于宣传思想工作要体现出"四个讲清楚"的思考》，载《求实》2014年第4期，第80～83页。
② 赵智奎：《什么是"中国特色社会主义"——兼论其在世界社会主义运动中的地位》，载《中国社会科学院研究生院学报》2003年第3期，第7～11页。
③ 胡东升：《认识"中国特色社会主义"的若干视角》，载《理论建设》2004年第5期，第13～16页。
④ 傅青元：《对有中国特色社会主义的哲学分析》，四川人民出版社1997年版，第125～137页。

第三章
中国特色职业体育的内涵及相关概念的界定

建武提出,"'中国特色'的形成无疑要从中国实际出发,立足于中国现实,但'实际'和'现实'并不等于特色"①。关于中国特色与中国特点、中国特有、中国特殊的对比,刘秀萍指出"'特色'不能完全归结为'特点''特有''特质',它的外延要广泛得多,中国特色并不是中国特殊,也不同于中国独有"②。关于中国特色与中国国情、中国模式的对比,许秀群认为,"中国国情是层次较低的范畴,是基础,是滋生中国模式、中国特色的前提;中国模式是中间层次,是中国特色形成的基础;中国特色是高层次,是目标"③。

对于"中国特色"的界定,刘合行、张凤英认为"中国特色社会主义的中国特色就是通过其内容体现出来的既不同于西方资本主义发展道路,也异于党的十一届三中全会之前的中国社会主义建设道路的一般特征"④;乔耀章认为,"中国特色就是社会主义特征在中国的具体化"⑤;刘建武指出,"'中国特色'就是中国共产党人立足于中国国情而形成的关于中国如何建设、巩固和发展社会主义的独特性,是科学社会主义的基本原理同中国的具体实际相结合所产生出来的特别出色的优点"⑥。习近平总书记指出,"中国特色社会主义有很多特点和特征,但最本质的特征是坚持中国共产党领导。""中国最大的国情就是中国共产党的领导。什么是中国特色?这就是中国特色"⑦。

---

① 刘建武:《中国特色与中国模式》,人民出版社2006年版,第11~12页。
② 刘秀萍:《"模式"是基础,"特色"是目标——学习邓小平关于"模式"与"特色"论述的一点体会》,载《前线》2000年第10期,第8~11页。
③ 许秀群:《中国国情、中国模式与中国特色关系探讨》,载《广西大学梧州分校学报》2003年第4期,第1~2页。
④ 刘合行、张凤英:《有中国特色的社会主义之特色认识》,载《黄淮学刊(社会科学版)》1992年第2期,第7~12页。
⑤ 乔耀章:《中国社会主义特色纵横谈》,苏州大学出版社1996年版,第66页。
⑥ 刘建武:《中国特色与中国模式》,人民出版社2006年版,第11~12页。
⑦ 习近平:《中国共产党领导是中国特色社会主义最本质的特征》,载《求是》2020年第14期,第4~17页。

二、中国特色体育的内涵

中国特色体育,是在中国共产党的领导下全面发展的中国特色社会主义体育事业的一项特有称谓。它是中国体育 70 多年的历史经验积累和新时代发展的要求,"它建立在中国特色社会主义制度之上,遵循着社会主义市场经济的法则,表现着社会主义的优越性、先进性,为实现国家繁荣昌盛发挥着独特的作用"[1]。"它的根本性质和任务是与中国的社会主义国家性质一致的,它是政府主导的,全社会参与的体育发展道路,它是既符合中国国情的,又符合现代体育发展规律的体育发展道路。"[2] 它是统领中国体育改革与发展的重要指导理论和行动指南,体现了中国体育在社会主义初级阶段的可持续发展、内涵性发展、整体性发展和全面发展的本质性、长远性、战略性要求。

在中国体育发展的过程中,党和国家领导人从中国国情与体情出发,借鉴国际体育发展的经验,思考并提炼出指导中国体育的健康发展的思想,这是中国特色社会主义理论体系的重要组成部分。这是有中国特色的社会主义体育思想。

职业体育是竞技体育的高级形式,也是体育运动不可分割的一部分。党的十六大以后,确立了中国特色的职业体育模式。中国特色职业体育的正确性和引领中国职业体育发展的能力在于,我们不仅坚持体育的基本原则,而且根据我国实际赋予其鲜明的中国特色。

三、中国特色职业体育

(一)中国特色职业体育的内涵

职业体育特色是指职业体育在发展过程中形成的比较持久的发展方式

---

[1] 张振华:《论中国特色体育的思想基础》,载《北京体育大学学报》2005 年第 3 期,第 306~307 页。

[2] 郝勤:《论中国特色体育发展道路的历程、内涵及基本经验》,载《体育科学》2009 年第 10 期,第 3~8 页。

第三章

中国特色职业体育的内涵及相关概念的界定

和被社会公认的、独特的、优良的发展特征。"中国特色职业体育是在充分考虑中国国情和社会发展阶段,借鉴世界各国职业体育发展的成功经验,形成了中国特色职业体育的发展道路。中国特色的职业体育是职业体育的中国模式。中国特色的职业体育是中国职业体育健康发展之路。"①

区别于西方职业体育发展模式,中国特色职业体育具有三个方面的显著特点。

1. 中国特色职业体育的社会主义性质

所谓中国特色职业体育的社会主义性质,就是要在中国共产党的领导下,以马克思列宁主义、毛泽东思想、邓小平理论、"三个代表"重要思想、科学发展观、习近平新时代中国特色社会主义思想为指导,发展具有中国特色的职业体育,服务于人民。中国共产党领导直接决定和体现了中国特色社会主义的性质和方向。② 具有中国特色社会主义的性质是中国特色职业体育发展的最本质和最基本的特征,也是区别于西方国家职业体育发展模式的关键。在学术界,探讨最多的问题是西方职业体育的发展模式,但却很少谈到中国特色职业体育的发展模式,甚至有的人错误地认为我国职业体育发展应该照搬西方模式。实际上,脱离社会主义制度去探讨我国职业体育发展是片面的,中国特色职业体育的发展同社会主义的性质是不可分割的。发展中国特色职业体育,突出职业体育建设和发展的社会主义性质,意味着我国职业体育建设必须始终在中国共产党的领导下,同时应该看到社会主义的职业体育是为人民大众服务的。"我国政治体制的基本形式决定了中国特色职业体育的管理体制。在目前中国职业体育发展的过程中,政府管理部门的行政导向与职业俱乐部的市场导向之间存在很大的利益差异。建立健全我国职业体育管理体制,必须认真考虑政府在其中的作用、地位和职能。"③

---

① 张兵、周学荣、沈克印:《中国特色职业体育的内涵界定及其阶段特征构想》,载《天津体育学院学报》2010 年第 6 期,第 506~509 页。
② 中共中央党校(国家行政学院):《党的领导决定中国特色社会主义性质和方向》,载《求是》2020 年第 14 期,第 27~29 页。
③ 刘培:《我国职业体育发展过程中制度供求的研究》,见上海体育学院硕士学位论文,2013 年。

2. 中国的传统体育特色

"传统体育是指中华大地上产生或由外族传入并流传至今,具有中华优秀传统文化的各项身体活动。"① 相对于现代竞技体育而言,传统体育主要包含三层含义:民族的、传统的、体育的。所谓中国的传统体育特色,是指中国职业体育必须是中国传统体育的延续、继承、创新和发展,扎根于中国的历史和现实"土壤"中,是中国职业体育所特有的。中国职业体育的发展应保持和体现中国的传统体育特色,而非完全照搬西方国家职业体育发展模式。对我国传统体育发展模式持消极态度,这种观点不仅在理论上是荒谬的,在实践中也是不切实际的。中国职业体育建设应立足于中国体育发展模式,与传统体育发展保持接触,并批判性地继承传统体育发展的优势;没有传统体育特征的职业体育发展是不可能实现的,也不可能走向世界。

3. 新时代特征

习近平总书记在党的十九大报告中作出了"经过长期努力,中国特色社会主义进入了新时代,这是我国发展新的历史方位"② 这一重大政治判断。"全面建设社会主义现代化强国,需要在各方面都强起来。实现体育强国目标,要大力弘扬新时代的女排精神,把体育健身同人民健康结合起来,把弘扬中华体育精神同坚定文化自信结合起来,坚持举国体制和市场机制相结合,不忘初心,持之以恒,努力开创新时代我国体育事业新局面。"③ 因此,以习近平新时代中国特色社会主义思想为引领,正是发展中国特色职业体育的新时代特征。"中国特色职业体育"是竞技体育发展的高级形式,是市场经济条件下的时代特征。它不仅吸收和借鉴了中外职业体育的优秀传统,而且体现了时代的基本精神和主题,是符合和代表着社会历史发展的必然趋势。作为当前中国职业体育建设和发展的目标模式,中国特色职业体育当然应该是现代职业体育,具有明显的新时代特征,与以往的竞技体育有着根本的区别;社会主义市场经济体制下的职业

---

① 李庆兵:《以习近平新时代中国特色社会主义思想构建中国特色民族传统体育概念》,载《体育科技文献通报》2019 年第 10 期,第 139~142 页。

② 习近平:《决胜全面建成小康社会,夺取新时代中国特色社会主义伟大胜利——在中国共产党第十九次全国代表大会上的报告》,人民出版社 2017 年版,第 12 页。

③ 《习近平会见中国女排代表》,载《人民日报》2019 年 10 月 1 日,第 1 版。

第三章
中国特色职业体育的内涵及相关概念的界定

体育，同西方国家的职业体育也有着根本的区别。

上述三个方面的特点是相互关联不可分割的。它们共同构成了"中国特色职业体育"的基本内涵，是对新时期中国职业体育发展模式的具体阐释。

（二）中国特色职业体育之"特色"的分析

中国特色职业体育究竟"特色"在哪里？其根本特色、最大特色、最鲜明特色等如下。

1. 根本特色

中国社会主义社会性质和社会主义基本经济制度（公有制为主体、多种所有制经济共同发展，按劳分配为主体、多种分配方式并存，社会主义市场经济体制），是中国特色职业体育的根本特色。

2. 最大特色

中国特色职业体育的最大特色就是将举国体制与市场机制相结合。在改革开放的实践中，中国职业体育已经初步形成了适合市场经济的运行机制与管理模式，就是把源于西方的职业体育与中国国情相结合、与时代发展同进步、与人民群众共命运。

3. 最鲜明特色

举国体制是中国特色职业体育形成和发展的重要保障。中国特色职业体育是以政府主导、多元主体参与治理，把满足人民体育需求作为体育工作的出发点和落脚点的。

"举国体制是20世纪50年代以来在全国形成的体育管理体制，也是贯穿中国特色体育发展的主线。多年的体育实践证明，我国奥运战略的实施受益于举国体制。我国竞技体育受益于举国体制，改革开放后，又受益于社会主义市场经济，这是中国特色体育形成和发展的基本条件和重要保障。"[①]

发展中国特色职业体育，就是要在中国共产党的领导下，运用辩证逻辑思维，将体育举国体制与市场机制相结合，在运动协会实体化和职业化

---

① 鲍明晓：《关于建立和完善新型举国体制理论思考》，载《天津体育学院学报》2001年第4期，第48～51页。

背景下,弘扬中华体育精神,强化运动员的保障措施,协调职业体育的社会效益与经济效益,从而开创新时代我国体育事业新局面。根据国内外体育发展的新趋势,充分发挥举国体制集中力量办大事的优势,同时通过市场机制促使职业体育充满活力。

体育体制是经济体制的延伸。举国体制是贯穿中国特色体育道路的主线,它具有适应国情与体情的特殊性和必然性,为我国体育事业的发展发挥了巨大的作用。

坚持国情是中国特色职业体育政府治理的基本点和出发点。社会主义初级阶段的发展模式构成了中国特色职业体育发展的总基调,决定了坚持中国国情就是中国特色职业体育政府治理的方向和落脚点。

中国特色职业体育的发展道路,理论体系和制度统一于中国特色职业体育的伟大实践中,这是中国特色职业体育最突出的特色。

"中国特色体育的发展道路是中国特色社会主义建设的一个组成部分,这是对我国社会主义初级阶段党和国家、民族的价值理念和奋斗目标的具体梳理和实施,是中国特色社会主义建设对体育发展的要求。在中国特色体育建设中,不断提高全民健康水平,促进体育对人民的幸福感,保障与落实全体公众体育权利,这些都体现了中国特色社会主义发展效益的内在意义。"[①]

在中国共产党领导下,建设中国特色社会主义体育发展道路是适应我国国情的体育发展道路。在新时代中国体育的核心价值观中,要回应时代主题,充分发挥社会主义核心价值体系的主导和引领作用,以马克思主义与中国实践相结合的最新理论成果引导体育核心价值观建设,确保体育事业发展的正确方向,不断完善中国特色体育的发展道路。

(三)中国特色职业体育形成的逻辑

1. 职业体育的中国模式

与西方职业体育模式相比,中国特色职业体育在发展起点、现实状况、实践方法上与西方职业体育的模式不同,这是建立在国情与体情基础

---

① 赵凌云:《全面把握中国特色社会主义的内涵与特征》,载《学习月刊》2007 年第 19 期,第 6~8 页。

上的职业体育发展的道路，是职业体育的中国模式。

西方的职业体育模式的基本特征是高度社会化、市场化、商业化，这一模式是西方国家依据市场经济的规律运作的结果，是建立在资本主义制度基础上的。西方国家的职业体育发展模式是以私有制为基础，通过俱乐部建立一个全新的职业体育制度。

中国职业体育是在社会主义市场经济条件下发展起来的。不同于西方国家的职业体育发展模式，中国职业体育是在体育工作队（以下简称"体工队"）的基础上改革而形成的。中国职业体育的现实基点，不是竞技水平和竞技能力高度发展的职业体育，而是两者都处在较低状态的职业体育。中国职业体育的发展不是照搬西方国家的职业体育模式，而是在竞技体育的举国体制基础上，通过竞技体育的社会化、市场化、职业化改革和完善，不断推进的职业体育发展模式。

因此，中国特色职业体育是在发展起点、现实状况和实践途径上不同于西方国家的职业体育模式，是源于西方的职业体育与中国具体实际相结合的产物，是职业体育中国化的产物。红山口会议推行的竞技体育的市场化、社会化、职业化改革，这一改革措施是中国职业体育发展的源头。竞技体育发展的举国体制确立了中国特色职业体育建设的起点。基于竞技体育改革和发展的国情，全面推进中国特色职业体育探索过程，探索中国特色职业体育的发展模式是时代的迫切需要。

2. 符合中国国情

"与西方的职业体育模式相比，中国特色职业体育是一种具有鲜明中国特色，符合中国国情的职业体育模式，在体制、治理、权益、运行等方面符合中国国情。"[①]

在职业体育的实践中，西方模式是成熟的职业体育模式。这一模式的基本特征，在经济方面，表现为以私有制为主体的俱乐部决定职业体育的命运；在治理方面，表现为以各俱乐部股东参与的决策与执行体制；在权益方面，表现为各俱乐部均等获得收益；在运行方面，各俱乐部参与对职业体育相关事宜的控制与运行。这一模式对于保障职业体育的生存和发展

---

① 张兵、周学荣、沈克印：《中国特色职业体育的内涵界定及其阶段特征构想》，载《天津体育学院学报》2010年第6期，第506～509页。

起到一定的积极作用。然而，这种模式普遍违反了职业体育的一些基本要求和原则，逐渐制约了职业体育发展的生命力和活力。

我国竞技体育改革以后，在发展职业体育的过程中，在借鉴西方模式的基础上，按照举国体制的经验探索职业体育的发展，形成了部分中国特色，然而，我国职业体育模式的存在一些问题。总的来看，中国职业体育模式依然带有西方模式的印记。因此，中国特色职业体育是中国改革开放以来形成的一种职业体育发展模式，首先是相对于西方模式而言的。

相对于西方职业体育模式而言，中国特色职业体育是一种新型的职业体育模式。中国特色职业体育在经济体制、治理机制、赛事运营等方面与西方职业体育模式明显不同。在经济体制上，中国特色职业体育实行社会主义市场经济体制，以公有制为主体、多种所有制经济共同发展，以按劳分配为主体、多种分配方式并存；在治理机制上，中国特色职业体育实行在共产党的领导下的由政府主导的治理机制，进而发展为举国体制与市场机制相结合的治理机制；在职业体育赛事运营上，中国特色职业体育采取在社会主义市场体制的前提下，大力发展职业体育，培育和规范职业体育发展，尊重和满足人民群众日益增长的精神文化需求。

3. 适应时代发展要求

与传统体育模式相比，中国特色职业体育是竞技体育发展的高级形式，是适应时代发展要求的竞技体育的新局面。

在改革开放之前，中国学习苏联模式，形成了传统的体育模式。在这种模式下，中国已经形成了既有苏联模式又有自身特点的体育发展模式。当时，由于国际环境的压力和提升民族精神的内在逻辑，中国体育的总体发展有自己的特点。一是强调金牌，形成了举国体制的竞技体育发展格局。在当时的国际环境下，中国采取了举国体制的竞技体育发展模式，集中力量办大事，以最小的成本获取最大的效益。整个竞技体育发展从整体上适应了当时中国发展的需要。同时，为了提高全民健康水平，也采取了"发展体育运动，增强人民体质"策略，使全民健身在全国得到推广。二是体育的公共性使得人民都享受的体育权利均等化，整个体育发展形成非竞争性、均等发展格局。三是体育采取单一的事业单位制度，政府办体育与社会体育截然分开，体育行政部门与社会部门融合以及公共领域和私人领域重叠，一定程度上降低了体育活动的效率，制约了体育活动的发展。

第三章

中国特色职业体育的内涵及相关概念的界定

四是在职业体育发展格局上,采取的是国家投入方式,主要依靠体工队投入推动职业体育发展,形成了高投入、低消费的发展格局。

改革开放以来,中国体育发展面临的环境发生深刻变化,逐步改变了中国职业体育的整体发展格局。中国特色职业体育的发展,符合中国体育发展的实际,顺应了世界体育发展的潮流。

4. 中国共产党领导下的职业体育实践

与西方职业体育实践相比,中国特色职业体育是在党的领导下的职业体育实践,是举国体制和市场机制相结合且由市场起决定性作用的实践,是实现体育强国梦的实践。当今世界存在多种职业体育的实践,其中最有代表性的是美国的职业体育实践。美国的职业体育发展作为职业体育的一个里程碑,代表了职业体育发展的最高水平。推动中国特色职业体育发展,可以借鉴美国职业体育一些有效的做法和经验。

但是,美国职业体育本质上是以经济效益为追求目标,以维护现有职业体育制度为前提,以体育竞争的思想主导的体育实践。因此,不可能照搬其成为中国特色职业体育的实践模式,而只能是中国特色职业体育的学习和借鉴对象。从这个意义上说,美国职业体育只是一种职业体育模式。

中国特色职业体育与美国职业体育的本质区别在于,中国是社会主义国家,由中国共产党领导。因此,在实践中以职业体育制度的巩固和完善为前提,以满足人民的体育需求为目标,以在中国职业体育框架下实现中国体育的发展进步和中华民族的伟大复兴,是一个现实的目标。总之,中国特色职业体育是职业体育不断发展的制度实践。

通过把握中国特色职业体育的内涵和特征[①],可以清楚地认识中国特色职业体育的基本属性,深刻领会中国特色职业体育的意义。首先,中国特色职业体育是职业体育的中国模式。要使中国特色职业体育的道路更加宽广,应在坚持中国共产党的领导下,坚定不移地解放思想,促进中国特色职业体育发展,开创中国特色职业体育建设道路。其次,中国特色的职业体育是随着时代发展和中国体育阶段性特征而发展的。因此,要开拓中国特色职业体育的更广阔的前景,就必须坚定不移地坚持改革开放。按照

---

① 参见郝勤《论中国特色体育发展道路的历程、内涵及基本经验》,载《体育科学》2009年第10期,第3~8页。

时代的要求，不断增强中国特色职业体育发展的动力，增强中国特色职业体育的生机和活力。再次，中国特色职业体育的建设是中国体育不断完善和发展的过程；因此，要按照时代的要求，不断丰富中国特色的职业体育的模式和内涵。最后，中国特色职业体育是职业体育的中国模式，是实现中国体育发展的必由之路，是满足人民群众对职业体育日益增长需求的路径。

中国是一个社会主义国家，中国职业体育的发展目标和任务必须与社会主义国家的性质相适应。无论情况如何变化，中国职业体育的根本目标和任务都是不变的，是为了满足人民对职业体育日益增长的需求。中华人民共和国成立以来，历届党和国家领导人的发言、指示和中央体育工作文件都坚持了中国体育的这一根本任务和目标。这已成为中国特色体育发展道路最重要的核心内涵和最鲜明的表现特征。

（四）中国特色职业体育的本质

中国特色职业体育具有多重属性。中国特色职业体育的发展，遵循在中国共产党领导下，在中国特色社会主义制度下产生的职业体育发展道路。其基本性质和任务符合中国社会主义国家的性质，这就是为了增强人们的体质。它是政府主导的、全社会参与的职业体育发展的道路；是符合中国国情，符合职业体育发展规律的发展道路；它是动态的，通过改革不断适应新时代变化的职业体育。

在这个过程中，我国的社会主义性质决定了满足人民对职业体育不断增长的需求，是中国特色职业体育的根本任务与方向，从中华人民共和国成立伊始，到中国特色社会主义进入新时代，这一根本宗旨就没有改变过。这表明我国职业体育的基本性质和目的就是为了满足人民不断增长的需求。

第三节　治理、政府治理与治理体系

一、治理的界定

"治理"一词的正式用法首先出现在1989年的世界银行报告中。此后,"治理"一词在经济学、管理学、行政学和政治学等许多学科和领域得到广泛应用。关于治理的定义,一些学者将其追溯到拉丁文和古希腊文,并将其意义解释为引导和控制。这个词主要用于与国家和政府有关的公共事务和公共管理。

"目前对治理的理解比全球治理委员会1995年发布的《我们的全球伙伴关系》更具权威性,报告提供了一个详细而清晰的治理定义,指出治理是个人和公共私营机构管理他们的公共事务。"[①] 就内涵而言,一方面,它包括激励人们服从制度和规则;另一方面,包括民众和社体组织同意的各种非正式制度安排。"治理有四个典型特征:治理不是一个规则,也不是一个活动,而是一个过程;治理过程的基础不是控制,而是协调;治理涉及公共部门和私营部门;治理不是一个正式的系统,而是不断地互动。"[②] 从治理的意义上看,治理内容丰富多样。作为处理事务的一种方式,治理涵盖多种属性,如多元性和参与性。治理理论的主要创始人之一詹姆斯·N. 罗西瑙（James N. Rosenau）认为,"治理是通行于规制空隙之间的那些制度安排,或许更重要的是当两个或更多规制出现重叠、冲突时,或者在相互竞争的利益之间需要调解时才发挥作用的原则、规范、规则和决策程序",他指出了治理的主体,目标和实施机制,并将治理与统治相区别。[③] "当 Kaufmann 和其他人理解治理时,他们认为这是一个制度体系或作为国家权威的传统规范。治理理论体系一般包括核心概念,如多

---

① 参见全球治理委员会《我们的全球伙伴关系》,见俞可平《治理与善治》,社会科学文献出版社2000年版,第4~5页。
② 唐钧《社会治理的四个特征》,载《北京日报》2015年3月2日,第14版。
③ 参见龚维斌《社会治理新常态的八个特征》,载《中国党政干部论坛》2014年第12期,第31~35页。

元治理、网格化管理、全面性治理和互动性治理等。"① Hood 认为"治理实际上就是一种契约，通过约定合同、特许经营授权等方式所实施的一种管理方式，简单来说，治理就是实行一种有别于传统的新管理方法"②。格里·斯托克（Gerry Stoker）指出"治理意味着在公共事务管理实践中，有各种管理手段或管理方式技术，政府有义务对这些新的管理方法和技术进行指引或者是控制，而不能是只依靠政府的权威和权力来对公共事务管理进行命令式和发号施令"③。Peters 指出，"在治理体系中，政府和社会是一个相互联系互动的结构，其主要任务就是如何与社会进行互动，并制定相应政策体系和实现社会事务决策"④。Schmitter 探讨了政府治理理论一些新变化。他认为随着政府职能的转变，政府在公共职务管理过程中，越来越重视第三方机构或社会公众参与政府管理活动，政府通过与公众互动而积极地改善和提升治理能力。⑤ Goss 则主要对中央政府和地方政府在公共事务管理中的角色定位进行了阐释，尤其是对两者在权力配置上做了重点研究。⑥ 奥斯本（Osborne）和盖布勒（Gaebler）则探讨了如何将企业管理和企业治理的模式移植到政府公共事务管理中来，倡导进行政府内部管理机制创新和改革来推动政府职能的转变，认为政府在公共事务管理中是掌舵而不是划桨，并引入竞争机制和提倡顾客导向等原则。⑦ 彼得斯（Peters）在《政府未来的治理模式》一书中，对政府治理理论进行了较为详细的阐释，认为政府治理模式主要有竞争型政府模式、公共参与型治

---

① KAUFMANN D, KRAAY A, ZOIDO-LOBATON P, "Aggregating governance indicators," *Social Science Electronic Publishing*, 1999, 87 (2), p.2195.

② HOOD C, "A public management for All seasons?" *Public Administration*, 1991, 69 (1), pp. 3 – 19.

③ ［英］格里·斯托克、华夏风：《作为理论的治理：五个论点》，载《国际社会科学杂志（中文版）》1999 年第 1 期，第 19～30 页。

④ PETERS B G, "Governance and comparative politics," in *Debating governance: authority, steering, and democracy*, Ed. Pierre J (New York: Oxford University Press, 2000), pp. 36 – 53.

⑤ SCHMITTER P, "Democracy, governance and government capacity," *Comparative Economic and Social System*, 2005 (5).

⑥ GOSS S, *Making local governance work: Networks, relationships and the management of change* (Hampshire: Palgrave, 2011).

⑦ 参见［美］戴维·奥斯本、［美］特德·盖布勒《改革政府：企业家精神如何改革着公共部门》，周敦仁等译，上海译文出版社 1996 年版，第 12～13 页。

理模式、弹性化政府治理模式和解制型政府治理模式等,并且指出市场机制或者竞争机制是一种高效率的社会资源配置方式,很大程度上这种模式明显相比传统公共部门而言具有天然的优越性。①

我国学者毛寿龙认为,治理是指政府的一个管理过程,它以公共事务的管理为重点,强调政府不进行直接的介入和行政干预,是进行掌舵而不是划桨。② 俞可平教授主要从全球化的角度来研究治理,认为治理是指在一个既定的范围内运用公共权威维持秩序,满足公众的需要。③ 徐勇教授则认为,尽管治理是在西方社会语境下发展并赋予不同含义,但作为一个政治学的分析概念对于中国的政治发展也有其独到的价值,只是我们必须将这一词汇放在中国特定的历史进程中加以考察。④ 因此,作为一个从西方引进来的词汇,治理也必须结合中国政治发展的现实来理解和运用,无论是在研究还是在实践中,都需要根据具体情况进行审查。

治理的定义大多是描述性的。通过总结这些定义的共同点可以理解治理是在一个既定的范围内,各种利益主体通过对话、谈判、合作等手段维护公共秩序,实现公共利益的过程。本书认为治理是指在特定的范围内,最大限度地增进公众利益,满足绝大多数人的需求,由此依靠权威去维持秩序。

二、政府治理

政府治理是当前理论界和实践领域的一个热点问题。"政府治理是以政府为主体,利用政府的特殊权威性,对公共领域和公共事务进行管理,或指在市场经济条件下政府对公共事务的治理。这个定义有两个含义:①政府治理包括三个实体:政府、社会和市场;②政府治理的最终主体是政府,客体是社会公共事务,前提就是政府对于自身的治理,前者是外部

---

① 参见[美]盖伊·彼得斯《政府未来的治理模式》,吴爱明、夏宏图译,中国人民大学出版社2001年版,第25、59、144页。
② 参见毛寿龙《西方政府的治道变革》,中国人民大学出版社1998年版。
③ 参见俞可平主编《全球化:全球治理》,社会科学文献出版社2002年版。
④ 徐勇:《治理转型与竞争——合作主义》,载《开放时代》2001年第7期,第25~33页。

治理，后者是内部治理。"① 张成福指出，"政府治理就是政府及其公务人员在公共事务管理过程中行使属于社会的权力，并且根据社会契约规定，促使公共利益和保障社会权益的实现"②。马运瑞认为，"政府治理是相对于国情而言，中国政府治理实质上就是在党的领导下，坚持市场经济原则，以国家行政机关、司法机关等为主体，实现对社会公共事务的管理的过程"③。谢康探讨了治理机制在我国的变迁，"从纵向上来看，治理机制由集权多层级向分权少层级转变；从横向上来看，由蜂窝状结构到区域网状结构转变，并有治理手段由'一元'到'多元'的转变"④。牛子宏分析了中华人民共和国成立以来，"政府在社会治理中逐渐由中央集权的'管制型'政府向地方分权的'服务型'政府转变，地方政府更多地注重合作治理，并积极地引导社会公众参与"⑤。尚虎平将政府治理界定为"在一个既定的范围内政府与市场、第三部门、公众实现合作、协调，以达到合理分配资源、适当处置各种利益、圆满处理各种关系，从而满足公众需要的一种新型的政府与市场、政府与第三部门、政府与公众的多重伙伴关系"⑥。张立民、赵彩霞认为，政府治理是指政府治理公共事务的道理、方法和逻辑等，是政府为实现经济发展，在管理一国的经济和社会资源过程中运用公共权力的方式。⑦ 霍春龙认为政府治理是政府在解决公共问题过程中与诸多利益相关者进行沟通、协商与互动的过程，也是一个交换信息、获得信息和提供信息的过程。⑧ 王浦劬认为政府治理是国家治权

---

① 张国庆：《行政管理学概论》，北京大学出版社2000年版，第648页。
② 张成福：《责任政府论》，载《中国人民大学学报》2000年第2期，第75～82页。
③ 马运瑞：《中国政府治理模式研究》，郑州大学出版社2007年版，第2～6页。
④ 谢康：《中国地方政府治理结构的历史变迁》，载《青岛农业大学学报（社会科学版）》2010年第2期，第71～74页。
⑤ 牛子宏：《从"统治"到"治理"：我国地方政府治理模式转型分析》，载《红河学院学报》2007年第6期，第9～12页。
⑥ 尚虎平：《从治理到政府治理绩效：数据挖掘视域下的政府治理绩效评估》，载《辽宁师范大学学报（社会科学版）》2009年第1期，第16～20页。
⑦ 参见张立民、赵彩霞《论善治政府治理理念下政府审计职能的变革：基于政府绩效评价视角的分析》，载《中山大学学报（社会科学版）》2009年第2期，第177～183页。
⑧ 参见霍春龙《论政府治理机制的构成要素、涵义与体系》，载《探索》2013年第1期，第81～84页。

第三章
中国特色职业体育的内涵及相关概念的界定

的运行,是国家治理的具体实施和行政实现。① 郑慧、陈震聃认为政府治理就是为了满足社会公众需要,常设的公权力组织在制度规定下向社会公众提供公共产品和公共服务的手段与过程。②

就政府而言,治理是指政府为实现公共利益的管理活动和管理过程,其本质问题是效用的最大化。从政府治理的内涵来看,它具有四个基本特征。一是主体多元化。在这方面,政府治理与过去由政府统治的政府管理不同。它不仅仅发挥单一政府的作用,而且强调不同主体的参与;除重视政府作用外,还关注市场、企业、社会团体组织和公众等不同主体的作用,通过多个实体的参与共同促进公共事务的发展。二是治理的繁杂性。政府治理要求政府根据经济社会发展情况适时调整和完善政府职能和管理的范围及内容。它涵盖公共事务的各个方面。三是治理的规范性。政府治理强调政府治理过程的公平性和公开性,重视法律法规等规范的作用,要求政府按规定行事。四是治理过程的响应性。这意味着政府的治理需要回应人民群众和社会的需求和反馈,及时了解人民和社会各方面的需求。它充分强调了政府的责任。

综上所述,随着对政府治理理论研究的不断深入,国内外关于职业体育治理的研究日益受到重视并取得了丰硕的成果,为专业体育治理研究积累了丰富的经验。从文献分析看,现有研究主要呈现出以下一些明显的趋势。

首先,职业体育政府治理的研究从单一学科视角向多学科视角转变,更多地侧重于管理科学、经济学科、社会科学、体育学科等跨学科合作。而现阶段相关学科的整合不足,缺乏综合性研究。职业体育政府治理是一项复杂的系统工程,需要多学科的整合才能进行更好、更全面的研究。

其次,对职业体育政府治理的研究逐渐更加注重实践性和政策引导;近年的研究主要是学术性研究。在当前的研究中,实践指导性研究开始受到重视并受到越来越多的关注;因此,本书也将更多地利用案例分析的可

---

① 参见王浦劬《国家治理、政府治理和社会治理的含义及其相互关系》,载《国家行政学院学报》2014年第3期,第11~17页。
② 参见郑慧、陈震聃《国家治理与政府治理辨析》,载《理论探索》2016年第4期,第47~55页。

操作性和指导性开展研究工作。

最后，对职业体育政府治理的研究逐渐从宏观层面转向更为具体、针对性强的微观层面。它改变了对传统体育治理存在的问题和对策的分析，并开始以具体的职业体育治理作为研究对象。中国特色的职业体育作为一个具体的体系，它不仅具有一般职业体育治理的共同特点，而且体现了中国特色的特点。分析职业体育政府治理的成功案例，可以有针对性地解决实际问题，为系统性工作以借鉴。

三、治理体系

"治理的内涵指的是告诉人们治理是什么，而治理体系比其内涵更为复杂，是解释治理的内容。要把治理理解为一个体系的概念，治理的内容应该包括制度安排层面、手段和技术层面、治理能力层面共三个层次。"[①]

在制度安排层面，主要是指参与治理过程的各主体间的权责分配及相互关系的治理结构。这种治理层次的基本假设是，由于存在"市场失灵"和"政府失灵"，传统的"市场－政府"二分法已经无法满足公共事务管理的需要。因此，社体组织被纳入公共管理的主体范畴。

在手段和技术层面，所谓的"治理工具"是指参与治理的各主体（政府）采取的行动策略或方法，以实现治理目标。治理结构为公共管理者提供了基本的激励结构和战略空间。为了使治理结构发挥预期的激励效应，有必要分析"治理行为"本身，并研究治理主体如何选择合适的手段和方法来实现治理目标。工具层面治理的假设，是政府试图以监管的方式实现公共目标的方法已不合时宜，有必要创新治理工具来解决治理问题。

在治理能力层面，所谓的"公共管理"是指公共部门运用先进的管理方法和技术来提高治理能力，如战略管理、领导力、人力资源开发和目标管理。这种层次的治理主要是对政府而言。它假定传统的政府管理体制大大限制了政府的效率和创造力。政府应该以市场经济为平台，将公司的有效方法和现代管理机制引入政府管理中去。

---

① 彭莹莹、燕继荣：《从治理到国家治理：治理研究的中国化》，载《治理研究》2018年第2期，第39～49页。

以上三个层次构成了目前的治理体系。治理结构强调治理的制度基础和客观前提。公共管理是治理主体（特别是政府机构）采取正确行动的基础和主观前提条件。治理工具研究的是行为治理，是治理理念转化为实际行动的关键。

由于政策工具是将治理理念转化为实际行动的关键，也是治理理论的核心，因此有必要了解各种政策工具，以便更好地选择使用，实现政府治理目标。政策工具是政府治理的方式和手段，是指人们为解决某一社会问题而采取的具体手段和方法。

根据政策工具划分的方法，政策工具可分为市场化工具、企业管理技术和社会化手段。市场化工具意味着政府利用市场资源作为有效的分配手段，以实现提供公共产品和服务的具体目的；企业管理技术是指企业对公共部门的管理理念和方法，并提出有效的经验达到政府的政策目标；社会化手段意味着政府更多地利用社会资源在互动基础上实现政策目标。

政府治理机制不仅局限于基于治理结构的内部治理，而且治理主体通过一系列内外机制实施协同治理。协同治理不仅突破了政治与行政、政府与市场的传统线性分离，它还突破了"政府失灵"寻求市场帮助、"市场失灵"寻求第三部门帮助，形成了一个多功能中心与组织合作并参与治理模式。治理的目标不仅是为了公众利益最大化，而且要确保政府决策的科学性，从而最大限度地发挥多元治理主体治理的利益最大化。

良好的政府治理应该确保两个方面。一方面，保证科学的决策。治理结构要保证多元治理主体的利益得到维护和满足。只有理顺多元治理主体的权责关系，才能保证政府治理的有效运行，而有效的政府运作是科学决策的前提。因此，科学的政府决策是政府治理的核心。政府治理的最终目的不是制衡，而是保证政府科学决策的方式和途径。另一方面，拥有良好的治理机制。政府治理不仅需要一个完整有效的治理结构，而且还需要一些超越结构的具体治理机制；不仅需要通过多元治理主体建立内部控制机制，还需要一系列通过公共物品市场运行的外部治理机制。

四、政府职能

政府职能是指政府在经济运行中应发挥什么样的作用，以及政府和市场之间的关系。在不断变化的社会中，政府职能的相应变化是政府职能研究的核心问题。

（一）政府职能的内涵

政府职能是指政府依法管理国家和社会公共事务时的职责和作用。职责意味着管理什么以及管理的程度，而作用是指功能和有效性的状态。任何政府的存在首先应解决政府职能问题。政府职能和角色的定位常常是政府行为的理由。

随着经济社会转型发展，人们对市场和政府的关系有了进一步的理解。市场经济条件下的"市场失灵"弊端的显露，让人们彻底了解"市场万能"的局限性。此后，西方国家加强了政府对经济和社会生活的干预，强调政府必须承担管理和经济调整的职能。这是由于垄断、公共产品、外部性和不公平的收入分配造成的"市场失灵"的普遍存在。一部分西方国家政府积极推动国有化，加强计划管理和经济调控政策参与社会经济生活，从市场经济的"守夜人"转变为市场经济的"调节者"。

政府在界定自己的角色时，政府力求最大限度地提高效率、有效性和合理性，其管理角色再次发生了变化。越来越重视"追求参与和透明治理"，逐渐发挥公益托管的作用。

（二）政府职能定位的原则与步骤

市场失灵的存在导致政府干预经济活动的发生。但是，政府干预应该在什么规模和范围之内仍然没有答案，这是因为社会对政府作用的需求是灵活的。这不仅取决于市场缺陷，还取决于公众意识的选择等。这种政府职能的不确定性和复杂性使其在现实中呈现出各种形式的政府干预。

1. 政府职能定位的原则

在市场发展方面，政府应该适度干预，不应该做市场应该做的事。具体来说，应遵循以下三个基本原则。

第一，政府干预的范围应该是弥补市场缺陷和不足，这是市场机制的"拾遗补缺"。根据这一原则，政府不应介入或干预市场机制能够优化资源配置的领域，而在市场机制不能有效分配资源的领域，政府需要进行干预。

第二，政府干预的目的应该是推动市场机制恢复其功能，而不是取代市场。根据这个原则，政府干预的模式和强度不应该固定下来，而应随着经济形势的变化而变化。

第三，政府干预的结果必须比干预前的状况有所改善，否则就不要干预。根据这一原则，政府应该在干预之前尽可能降低成本，提高效率。

2．政府职能定位的步骤

根据政府职能定位的原则，确定政府干预经济的范围和重点。并非所有服务都需要政府干预；生产和生活所需的大部分商品和服务都是私人或混合产品，可由非政府部门和市场完成。只有当私人市场失灵不能在公平和效率方面取得令人满意的结果时，政府干预才是合理的。

（三）政府职能范围的确定

政府职能的建立和角色定位总是通过处理政府与市场、政府与社会、政府与企业的关系来实现的；然而，随着政府与市场、社会与企业之间关系的变化，政府的职能与角色将不可避免地发生变化。

在中国传统的计划经济体制下，人们错误的认为政府的权力是"至高无上"的。政府行政机构集中掌握了政治、经济、社会、思想和文化的职能。政府不恰当干预不仅阻碍了经济的健康发展，还导致了行政权力垄断生产资源，导致政府干预经济活动的行为扭曲，腐败问题出现甚至泛滥。为此，有必要改变过去中国"全能政府"的观念和做法，建立有限的政府和市场氛围。政府职能的定位应由社会对政府在特定经济背景下的需求决定，并应与政府的能力相一致。

根据中国经济体制转轨时期的实际情况，从培育和维护有效市场环境的角度出发，目前政府体育管理部门应该重点集中在以下四个方面。

其一，职业体育市场培育者。培育职业体育市场，促进市场的发展壮大；纠正市场机制失灵，维护市场机制健康运行；防止市场消极面向社会传播，继续引导市场走向正确的目标。

其二，裁判员、执法人员和监督员。完善职业体育市场规则，开放公平的市场秩序，保护产权，打破行政垄断或地方和传统政府部门的限制，为市场进入者创造可预见的公平竞争秩序。

其三，推进器和催化剂。政府职能的转变绝不是弱化政府的职能，而应该与强化政府的能力统一起来,特别是在制定职业体育发展规划和产业政策时,注意引导产业的发展。

其四,维护社会公平。在提供职业体育公共产品的同时加强信息服务,逐步实现基本公共服务均等化。

第四章　中国特色职业体育政府治理状况

2013年11月12日，党的十八届三中全会通过的《中共中央关于全面深化改革若干重大问题的决定》，将改革的总目标确定为"完善和发展中国特色社会主义制度，推进国家治理体系和治理能力现代化"。[①] 对于这一总目标，习近平总书记论述道，"国家治理体系是在党领导下管理国家的制度体系，包括经济、政治、文化、社会、生态文明和党的建设等各领域体制机制、法律法规安排，也就是一整套紧密相连、相互协调的国家制度；国家治理能力则是运用国家制度管理社会各方面事务的能力，包括改革发展稳定、内政外交国防、治党治国治军等各个方面"[②]。上述论述表明，经济治理体系和经济治理能力是国家治理体系和治理能力的重要组成部分。根据理论与实践的探索，经济治理体系可以进一步地被理解为政府与市场对经济主体进行调节的制度体系，而经济治理能力则可以被界定为政府与市场对经济主体进行调节的能力。因此，在建立、完善和发展中国特色社会主义制度的过程中，经济治理体系和经济治理能力的现代化应该充分发挥政府与市场的作用，而经济治理体系和经济治理能力现代化也就是用现代化的理念和方法来处理好政府与市场之间的关系。

回顾中国的发展，体育事业正处于从"政府管理转向公共治理"的历

[①] 新华社：《中共中央关于全面深化改革若干重大问题的决定》，载《中国合作经济》2013年第11期，第7~20页。

[②] 习近平：《切实把思想统一到党的十八届三中全会精神上来》，载《求是》2014年第1期，第3页。

史进程中。我国职业体育领域所存在的问题和矛盾逐渐暴露，尤其是体育公共事务行政化、管办不分问题严重、政府与市场双失灵现象突出等。这不仅制约了体育事业的发展，还损害了公众的体育权益。2015年2月27日，中央全面深化改革领导小组审议并通过了《中国足球改革发展总体方案》，强调"完善中国足球协会内部治理结构、权力运行程序和工作规则，建立决策权、执行权、监督权既相互制约又相互协调的机制"。体育治理问题日益凸显，这引起了决策者和学者的重视。

第一节 中国特色职业体育发展历程与治理特征

改革开放以来，中国特色职业体育经历了从无到有、逐步发展壮大的过程。在此过程中，中国特色职业体育的政府治理框架和体系基本形成，职业体育市场初具规模。中国职业体育发展影响着政府治理的演变，中国特色职业体育政府治理框架的建立和演变在一定程度上影响着中国职业体育的发展。研究中国特色职业体育政府治理，应对中国特色职业体育政府治理进行历史分期，梳理各个历史发展阶段的中国特色职业体育政府治理的状况和特征，以探索中国特色职业体育发展的方向。

一、中国特色职业体育的发展历程

中华人民共和国从1951年建立第一支国家运动队开始，到2017年职业体育转轨，中国职业体育经过了60多年的发展历程。在这个过程中，中国职业体育走过了一条曲折而艰难的发展道路。从举国体制下的专业队到管办分离的职业体育，从职业体育的管理到职业体育的治理，职业体育体制不断完善，职业体育的治理能力不断提高。特别是《中国足球改革发展总体方案》的出台，标志着中国职业体育发展进入了一个新阶段。探索中国特色职业体育的发展贯穿中国体育发展的脉络，也成为几代体育人孜孜以求的愿景。中国职业体育的发展历程可以分为四个阶段。

第四章

中国特色职业体育政府治理状况

（一）专业队竞技体育阶段（1951—1977年）

该阶段是中国特色职业体育的萌动期。那时尚无职业体育的提法，专业队体育即为"职业体育"的前身。这种竞技体制的性质既不同于职业竞技，也不同于业余竞技。专业竞技体育的特点是竞技运动直接为国家利益服务，执行政府的意志，并由政府无偿提供所需经费以及必要的训练比赛条件。[①] 这种竞技体育在我国的体育事业中占有重要的地位，它是单纯依赖国家和主要依靠行政手段办体育的高度集中的体育体制。政府职能部门（体委）在职业体育治理中起着重要作用，各项目专业运动队归政府所有，政府把管理竞技体育作为国家事业发展的一个组成部分。专业运动员是在计划经济体制培养出来的，竞技体育的赛事由政府包办，通过行政体制和财政力量来集中有限的资源生产公共体育产品，政府是公共体育产品单一供给主体。

在当时的计划经济条件下，社会没有力量办职业竞技体育，社会也不可能支撑能够满足国家意志的高水平业余竞技体育。这一时期对中国职业体育发展具有重要影响的事件是在1951年建立了第一支国家集训队，这也是计划经济体制下的职业体育组织。此举创立了举国体制下国家体育职业化的基本发展模式，形成了以国家体育运动委员会（以下简称"国家体委"）到全国各地各级体委为主体的管理体制，以县级业余体校、省级体工队和国家集训队为架构的三级训练体系，以及以全国运动会（以下简称"全运会"）为中心的国内竞赛体制。这阶段为中国职业体育的发展打下了基础，是中国特色职业体育的萌动期，目的是在国际比赛取得好成绩，提高国家影响力。

（二）改革开放后专业队的转型阶段（1978—1992年）

该阶段是中国特色职业体育治理的探索期。党的十一届三中全会提出了改革开放。我国开始了从计划经济到社会主义市场经济的不懈探索，从实行高度集中的计划经济到"计划经济为主，市场调节为辅""有计划的

---

① 郝勤：《当代中国专业竞技体制的特征与评价》，载《体育科学》1999年第3期，第29~32页。

商品经济"的有益尝试。此后，我国的体育事业进入建设适应国家经济体制转型的新的发展阶段，也确定了竞技体育的政治地位。使得原先由国家统一管理的体育发展方式，因国家的政治地位和改革开放政策有了侧重性的区别。在国民经济较弱的背景下，为了集中力量迅速提高我国的竞技体育水平，在奥运会等国际大赛中取得好成绩，竞技体育被置于优先发展的地位。中国竞技体育的"举国体制"开始发挥显著的作用，竞技体育体制不断加强和完善，在竞技体育管理中发挥了巨大的功能与作用。此时，中国特色职业体育也在不断探索中发展。这一阶段的主要特征仍然是政府包办体育，政府是控制和管理体育单一主体。国家体委确立了奥运会重点项目的布局，优先保证和重点扶持最为经济的运动项目。

这一阶段，中国职业体育开始尝试从社会发展中汲取力量。在完成政治需要的情况下，尝试借助社会力量和市场手段，从单纯的国家化推广到国家与社会相结合阶段，逐步形成了具有明显"双轨制"特色的职业体育治理方式，充分显示国家在职业体育治理层面改革的意愿。"举国体制"的单一化、国家化与社会发展所需的市场化、社会化发生冲突，加之人民群众体育需求和体育经济价值功效的展现，迫切需要进行职业体育治理改革，以满足社会需求的目的。

（三）中国特色职业体育初步形成阶段（1993—2012 年）

中国特色职业体育始于中国特色社会主义的理论构建，以及改革开放和对苏联体育模式的突破。这一时期主要是体育社会化、市场化及机构改革，而完善职业体育联赛体制成为这一阶段职业体育改革的重要方向。

1992 年年初，邓小平同志发表南方谈话；同年 10 月，党的十四大召开，这确立了社会主义市场经济体制的改革目标。对这一时期对中国职业体育发展影响最大的事件是 1992 年 6 月，中国足球协会在红山口会议上提出足球运动率先进行市场化改革，中国足球走职业化道路。会议把中国职业足球的改革进程初步定位在足球协会（简称"足协"）实体化发展和全面构建足球俱乐部。这成为中国足球职业化起步的关键。1992 年 11 月，在广东省中山市举行的全国体委主任座谈会中提出，要改变以往在计划经济体制下形成的高度集中的体育管理体制，深化体育改革的任务。这两大事件决定了新时期中国体育改革的方向与基本任务，确立了职业体育的政

第四章

中国特色职业体育政府治理状况

府治理的大方向。为了适应新的形势与任务，1993年5月24日，国家体委发布《关于深化体育改革的意见》明确指出："要建立与社会主义市场经济相适应的体育体制，必须改变原有计划经济体制下单纯依赖国家和依赖行政手段办体育的高度集中的体育体制，使之符合体育自身发展规律，国家调控、自我发展、充满生机和活力的体育体制和良性循环的运行机制。"[①] 1994年，国内足球职业联赛拉开序幕，预示着我国职业足球联赛正式迈向新的征程。中国开始实施体育职业化、市场化改革。其后，篮球、排球、乒乓球、围棋等项目的职业联赛先后启动。

其间，职业体育的治理以政府为主、企业参与冠名的方式向社会提供公共体育产品。公共体育产品的供给仍由国家单一供给。对体育运动项目实行集约式全面管理，初步形成了各级体委的宏观管理，运动项目管理中心和单项运动协会实施专项管理的运动项目管理体制。[②] 政府拥有和管理竞技体育的局面开始改变，国有企业及民营企业相继介入职业足球俱乐部。

这段时期，公共体育产品以政府和企业联合的方式向社会提供。政府在职业体育发展上占据主要地位，其拥有运动队的形式主体发生变化（体育局、国有企业的参与），但政府仍然占有职业体育俱乐部大部分产权份额。体育公共产品的供给主体也发生了变化，不仅政府是供给者，同时出现了企业作为供给者。

1994年中国职业足球的改革标志着体育项目的事业化开始向产业化方向发展。非公有制经济的加入激活了市场，使职业运动队的转型从体制外部发挥作用，迫使更多的项目从单一体制中分离出来，为各运动项目管理中心的体制改革创造条件。体制内转型与体制外推进使职业体育在几年间取得了一定成绩。

在这个改革的过程中，政府仍然占据主导地位，政府仍然拥有俱乐部的大部分产权，政府的硬约束仍很强。政府依靠其事业单位的法定地位在

---

① 《国家体委关于深化体育改革的意见》，见国家体育总局官网（http://www.sport.gov.cn/n16/n1092/n16879/n17381/389632.html），刊登日期：2008年5月20日，原文件发布日期：1993年5月24日。

② 《中国体育百科全书》编辑委员会：《中国体育百科全书》，人民体育出版社2001年版。

市场中发挥着重要作用。

中国职业足球在这一阶段改革下虽然已初具规模：设有联赛的收入分享制度，有相应的薪酬制度、转会制度、准入制度、监督制度。但由于当时中国足球的管理体制是中国足球协会对各俱乐部实施直接管理，并因足球改革不到位等原因，联赛中甚至出现了职业俱乐部、专业队和业余队共同比赛的局面。所以，上述的"初具规模"实际是徒有其表。

2004年，中国足球甲级A组联赛（以下简称"甲A联赛"）更名为中国足球协会超级联赛（以下简称"中超联赛"），由国家体育总局足球运动管理中心和中国足球协会管理和运作。在这一时期，政府（足协）靠行政力量实际把控了俱乐部的产权主体的地位，同时作为联赛内外部的监督者，足协实际兼任多种身份，这种混乱错位的关系，导致了职业足球产权不清晰，投资者利益无法得到保障，也为后续引发的足球假、赌、黑等丑恶现象埋下了伏笔。所以说，这一阶段中国的足球职业化发展实际只是"借壳"发展，并未走上真正的职业足球道路。

2008年北京奥运会之后，中国职业足球发生了三件重大事件：国足大败、足坛反黑、黑马恒大。

1. 国足大败

面对历史最差成绩，也有不少人反思中国的足球改革是源于举国体制下所造成的水平低下，但经过十几年职业化道路的改革，国足成绩不升反降，反倒让人质疑当初的选择，甚至让人萌生举国体制下的足球发展也许并非不是不好的想法。从历史角度分析，这一想法的缘由多半是来自2010年朝鲜进入了世界杯决赛圈。

2. 足坛反黑

这是中国足坛真正意义上的风暴，一场前所未有的反黑行动触及足坛的每一个环节。也就是由此开始，中国足球协会内部自查式地开启了大换血，从中层直至高层；足球运动管理中心也进行了部门精简。当然，这种变化并未实际改变足球协会与足球运动管理中心实为一家的事实。但在2011年，足球协会要管办分离的方案被提上日程，它强调足球协会与足球运动管理中心要彻底分家，从而实现足球协会实体化。

3. 黑马恒大

当年恒大足球的股东——恒大地产集团有限公司（以下简称"恒大集

第四章

中国特色职业体育政府治理状况

团")创造了"注意力经济",高额的资本投入不仅塑造了有别于以往的中超冠军,更是创造了鲜有的社会效益,让中国足球又回到了甲A时代,球迷恢复了往日对足球的热情,商业资本的影响力再次证明足球对资本的高要求性。但这一时期球市的再次火热也引发了诸如球场暴力等问题,这又从另一个方面提醒我们足球不仅仅是体制改革的问题,同样也存在治理问题。

(四)中国特色职业体育进入建设新阶段(2013年至今)

这一阶段成功进行了职业体育的管理体制改革,特别是中国足球正式实施管办分离,标志着中国特色职业体育进入新阶段。

提高职业体育发展水平,促进职业体育健康发展,加强政府依法监管、协会行业自律和俱乐部自主运作,逐步建立中国特色职业体育管理体制和运行机制,使职业体育的法制建设进一步被确立。职业体育政府治理开始走向规范化。

2015年3月,《中国足球改革发展总体方案》公布,其中有一条是关于调整组建中国足球协会,要求"改变中国足球协会与体育总局足球运动管理中心两块牌子、一套人马的组织构架,中国足球协会与体育总局脱钩,在内部机构设置等方面拥有自主权"。要求两者脱钩,中国足球协会不设行政级别。2016年2月24日,国家体育总局内部撤销"国家体育总局足球运动管理中心";2017年1月5日,管理中心被正式撤销,这不仅使足球改革迈出了实质性一步,更意味着中国足球再次扮演了中国体育改革的排头兵。政府职能部门与民间体育协会管办分离迈出关键性一步,职业体育的政府治理进入新阶段。新的中国足球协会是具有公益性质的社体组织,承担职业体育赛事在足球领域的管理职责,发挥行业管理者的职能,中国足球协会开始走向专业化和职业化。篮球、排球等项目也将陆续进行协会与事业编制脱钩的改革,实行管办分离改革。中国特色职业体育进入建设新阶段。

二、中国特色职业体育的阶段治理特征

尽管中国特色职业体育发展的历程较短,但学者对我国职业体育相关

问题的研究空前活跃，主要是通过借鉴和运用西方发展职业体育的成功经验，结合我国职业体育的实践，从职业体育的不同角度展开论述。纵观我国的职业体育发展历程可以看出，中国特色职业体育是在计划经济体制下的体工队的基础上发展起来的，是一种政府全面管理的体制，目的是提高效率。

在转型发展过程中，职业体育在短时间内取得了很大的发展成就。如建立了以国家队为核心的专业运动队体系，培养了大批专业运动员。这为中国职业体育的改革从上而下创造了客观的条件，使得中国部分体育运动项目在体育体制改革的推动下，走向了职业化的发展道路，初步形成了具有中国特色的职业体育的发展模式和治理机制。在这四个时期中，随着我国经济的发展和社会的变化，政府在职业体育发展中的职能、地位及作用也在发生变化。

（一）体制改革前的强政府－弱市场时期（1951—1977年）

中华人民共和国成立以后，由于我国体育基础差、运动水平低，迫切需要建立专门的体育队伍，担负起普及与提高国家体育影响力的任务。1951年在北京组建了国家篮球队和排球队，中国人民解放军成立了八一篮球队与八一排球队，一些省、市也相继开始建立分项目的优秀运动队。

"体工队"的全称是"体育工作队"，是我国专业运动队的组织形式。① 省级以上体工队的教练和运动员及相关专业人员都被纳入国家事业单位的正式编制，并享受工资和运动员津贴等待遇。国家明确了体工队运动员退役后培养与安置等问题，从而保证了举国体制的运动训练体系能够长期正常地运行。② 按照职业体育的内涵界定，体工队也是职业体育的一种形式，主要由国家体委和各省市体委的体工队运作，被西方国家称之为"国家职业化"。全国各省、区、市都建有体工队，是我国实现"奥运争光计划"的中坚力量。

体工队是由政府对竞技体育资源进行集中的配置，具有对运动员进行

---

① 曾朝恭、斯迪虎：《新中国体工队的创建及其组织文化探析》，载《体育文化导刊》2008年第1期，第125～127页。
② 梁晓龙、鲍明晓、张林：《举国体制》，人民体育出版社2006年版，第82页。

第四章

中国特色职业体育政府治理状况

长期集中、系统训练和管理的优势,它曾是我国举国体制运动训练体系的中坚力量。当前,除少数省市通过对体工队进行学院化改革,成立了体育运动技术学院之外,全国大多数省区市的体育队伍仍沿用体工队的基本组织结构。

随着社会经济和竞技体育的发展,这种体工队专业竞技体育的体制正需要进一步深化改革。然而,长期以来,学界对于体工队这一重要的专业运动员组织却未有过专门的研究。

体工队模式虽然取得了一定的发展,但其间由于"左"倾路线的干扰,尤其是在"文化大革命"时期,国家和社会陷入长期动荡和混乱之中,而且经济濒临崩溃。在此背景下,职业体育是不可能实现正常发展的。虽然其间屡受干扰挫折,但在党的领导下,在政府高度重视下,确立了以政府为主体的体育管理体制,此举对于中国特色职业体育发展道路的形成产生了决定性的影响,为未来中国职业体育大发展打下了基础。

这一时期是我国职业体育的初创期,政府职能部门创建体工队,其专业性质由此形成。在计划经济体制下的体育管理体制,国家包办一切竞技体育,表现为国家投资、政府管理、为国家服务、为国争光。此时期的显著特征是传统的举国体制,政府办体育,"政事不分、管办合一"。通过指令或计划,政府从宏观层面的调控体育资源,将极其有限的人、财、物等资源投入于国家与民族层面认为最重要的体育领域,使得这些领域拥有较为充足的体育资源,短时间内获得较好地发展。在这样的体制下,政府对体育全面管理并垄断体育资源,避免了资源浪费,也避免了国家内部竞争损耗,但一定程度上存在政府内部管理僵化、体育发展活力不足的现象。

传统举国体制下的职业体育,完全是政府行为,或者说那时是国家化职业体育,没有市场的因素。职业体育由政府主导和管理,政府垄断体育资源,并以指令形式为体育发展分配资源。同时,根据体育发展水平提供运动产品。政府主管的事业单位是我国体育发展的主体。

此时期,我国更强调的是体育的公益性与事业性,即在有限的体育资源背景下,国家主导的全能型体育发展方式,服务于国家。计划经济体制下的"举国体制"对中国职业体育的发展起到了至关重要的作用,是短期内促进中国职业体育快速发展的重要手段,从根本上反映了国家追求快速提升国民身体素质和国际地位的愿望。

（二）体制改革后的强政府 - 弱市场时期（1978—1992 年）

1978 年之后，随着改革开放的推进，中国体育体制也与时俱进地进行了改革探索，职业体育初步产生。此时期，国家体委对中国体育事业进行总的统筹管理，各级地方体委对各地区体育事业分别进行管理。职业体育（专业队）存在于与竞赛有关的一些赛事活动中，其探索和发展的目标专注于竞赛活动。随着党的十一届三中全会的召开，"中国特色"已经开始成为我国现代化理论与实践的象征，并成为我国创新发展模式的新名词。体育工作开始了新一轮中国特色体育构建之路，"中国特色"体育发展模式为我国体育改革增添了新的动力。

1984 年 10 月 5 日，中共中央发出《关于进一步发展体育运动的通知》，要求"建设具有中国特色的社会主义体育事业"。体育体制改革的启动，竞技体育举国体制的形成，各类体育协调发展的构想是这一总体思路下形成的主要措施或主导思想。

1992 年，足球率先实行了职业俱乐部制；1993 年，上海、大连等 11 个足球试点城市以体委与企业联办的形式建立职业足球俱乐部。广东健力宝有限公司、上海大众汽车有限公司等第一批企业投资足球俱乐部，投资金额高达数百万元，注册资金达千万元。[①] 此后，一批职业俱乐部相继成立。

随着改革逐步深入，我国开始允许体育向职业化、商业化发展。1992 年，职业体育的地位得以正式确立，政府职能部门——国家体育总局在职业体育管理上起主导作用。20 世纪 90 年代中期之前，行政部门对职业体育的领导和管理优势明显，这是旧体制对高水平运动和运动员训练的管理体制使然。大部分运动员是省市级俱乐部和举国体制培养出来的。

在这一时期，政府治理的重点关注政府的机构改革方面，逐步在部分领域开始实行体育职业化、市场化。1992 年 6 月，中国足球协会在北京召开工作会议，决定将足球作为中国体育改革的切入点，实施足球运动职业化和市场化探索。

[①] 参见张林、戴健、陈融《我国职业体育俱乐部运行机制的主要缺陷》，载《上海体育学院学报》2001 年第 2 期，第 19~23 页。

第四章

中国特色职业体育政府治理状况

（三）市场化改革初期的强政府 – 有限市场时期（1993—2012 年）

1993 年 6 月，国家体委通过了《关于深化体育教学改革的若干意见》（以下简称《意见》），提出建立中国特色社会主义体育新体制的总体目标。从那时起，中国体育走上了市场化改革的道路。但体育市场化改革是国际体育发展的一种趋势，对于中国的体育发展来说，这不是"中国特色"；在中国共产党的领导下，探索市场模式和追求社会主义核心价值观的同时，赋予体育改革道路的社会主义性质才是中国体育发展的特色。《意见》强调要"改变原来在计划经济体制下，单纯依靠国家和主要依靠行政手段办体育的高度集中的体育体制，建立与社会主义市场经济体制相适应，符合现代体育运动规律，国家调控、依托社会，有自我发展活力的体育体制和良性循环的运行机制，形成国家办与社会办相结合、集中与分散相结合的格局。力争在 20 世纪末初步建立具有中国特色的社会主义体育新体制。"[①] 会议确定了"以足球改革为突破口"，探索竞技体育改革的道路。

1993 年，中国足球协会首次举办了采用主客场制的中国足球俱乐部锦标赛。同年 10 月，中国足球协会在大连棒棰岛举行工作会议，会议讨论修改并原则通过了中国职业足球发展的重要文件：《中国足球十年发展规划草案》《中国足球协会章程草案》《足球俱乐部章程草案》等决定中国足球发展道路的文件。作出如下决定：一是通过联赛机制推动足球事业发展，以 1994 年的甲 A 联赛作为联赛改革试点，开始以市场机制调节中国足球发展，并寻求与国际接轨；二是对俱乐部的教练和运动员实行注册制度，促进球员流动，并保持球员体能测试；三是实行俱乐部门票分成，促进球队向职业俱乐部转变。1993 年 12 月 31 日，即中国足球协会设立职业俱乐部的最后期限，全国多个足球发展重点城市都分别成立了职业俱乐部。这些职业俱乐部几乎涵盖了参加 1994 年中国足球甲级 A 组、甲级 B

---

① 《国家体委关于深化体育改革的若干意见》，见中国网（http://www.china.com.cn/zhuanti2005/txt/2005 – 06/10/content_5885948.htm），国家体委 1993 年 5 月 24 日发布，转载日期：2005 年 6 月 10 日。

组联赛（以下简称"甲 A 联赛""甲 B 联赛"）的 24 支球队。[①] 同时，在职业体育管理方面，1993 年成立了 14 个运动项目管理中心，1997 年增设 6 个运动项目管理中心，并对 3 个运动项目管理中心进行了调整。20 个运动项目管理中心管理着 41 个单个运动协会和 56 个体育运动项目，这在一定程度上促进了体育协会的实体化。至此，"中国体育发展借助社会力量，以市场推动体育发展的方式迈出了实质性的一步。随后相继建立了篮球、排球、围棋等项目职业体育俱乐部和一个准职业体育俱乐部——乒乓球高水平俱乐部，其他有条件的竞技体育项目也开始积极地向职业化的方向努力"[②]。稍后时间，足协还出台了《关于竞赛管理的规定》等其他制度性文件。这些文件涉及俱乐部会员制度，运动员工作合同、转会、比赛许可证、注册、运动员及赛场观众意外伤害保险制度，赛场管理以及俱乐部财务管理制度等方面。根据这些制度，我国职业足球俱乐部的性质为具有独立法人资格的经济实体或具有相对独立法人资格的事业实体。

从 1993 年的中国足球职业化改革开始，从目前的发展状况来看，建立较为完备的职业体育体系的也只有足球运动（其他项目大多采用企业赞助式的职业化形式），然而该项目在我国的发展是相对滞后的，不仅远远落后于世界先进水平，也滞后于我国一些优势项目。

在这个时期，政府治理重点关注政府的机构改革、职能转变以及角色定位，逐步建立职业体育管理体制，为规范职业体育发展奠定了制度基础。在职业体育管理体制期间，中国有了自己的联赛。但在此期间，中国体育的发展主要集中在竞技体育上。"职业体育的发展更多地依靠原国家体委及其下属组织。民营企业还没有完全进入体育市场。体育市场的发展由政府主导。政府不仅是一个专业的生产和管理部门，而且还是一个体育市场管理部门。同时也是职业体育市场监管的监督部门。导致政事不分、政企不分、责权不明、管办不分。可以说，中国职业体育管理体制建立之

---

① 姜雨：《我国竞技体育职业化、市场化发展的理性思考》，载《沈阳体育学院学报》2011 年第 2 期，第 20～23 页。

② 参见张新萍《对 2008 北京奥运会后中国体育改革走向的研究》，华南师范大学博士学位论文，2006 年。

第四章

中国特色职业体育政府治理状况

初的这些隐患,已经增加了我国职业体育管理体制未来改革的成本。"①到目前为止,中国的职业体育管理体制仍在努力解决这个问题。在这种环境的影响下,中国职业体育发展缓慢,体育本身并未成为商业活动的主体,中国的职业体育还处于起步阶段,职业体育管理体系还处于萌芽期。

尽管这一时期中国足球走上了职业化道路,建立了职业联赛,但职业联赛的价值导向仍然是锻炼运动员、提高国家竞技体育水平,从而在国际体育赛事中取得好成绩。因此,中国职业体育的发展带有浓厚的政治色彩,职业体育的最高"指挥官"是体育行政部门,受运动项目管理中心和协会直接领导。政府组织的价值评价准则自然成了中国职业体育的价值评价准则,即首先要满足的是国家利益,而不是满足观众欣赏的需要,这一点与西方职业体育截然不同。

"在这个时期,最明显的特点是成立各种体育协会和建立民间体育协会。在权力分工方面,政府管理仍是主流,但此时政府已开始认识到社会参与在职业体育管理中的重要性。只是放权的速度很慢,放权的范围并不大。政府管理体系掌握着职业体育绝大多数权力,社会管理系统的权力和责任都非常有限。在运作机制上,职业体育管理体制仍然是国家体委的领导机制。其间,政府出台了许多有利于体育市场发展和促进职业体育的政策。"②

(四)深化市场化改革后的强政府 – 有限市场时期(2013年至今)

2010年3月24日,国务院办公厅下发了《关于加快发展体育产业的指导意见》。③ 该意见第7条规定,职业体育是体育发展的重要组织形式之一。积极探索中国特色职业体育的发展道路,对拓展体育发展渠道,扩大体育社会参与,发展群众体育具有积极意义。"有必要从国情和运动项

---

① 陈洪、马瑛、刘春华:《放松规制:竞技体育职业化之肯綮》,载《山东体育学院学报》2014年第3期,第1~5页。
② 李群、季浏、虞轶群:《我国体育社团改革的原因与建议》,载《上海体育学院学报》2013年第5期,第27~30页。
③ 《国务院办公厅关于加快发展体育产业的指导意见》,见中华人民共和国中央人民政府网(http://www.gov.cn/gongbao/content/2010/content_1565482.htm),发布日期:2010年3月19日。

目的特点出发，借鉴国际经验，鼓励和引导足球等职业体育赛事的发展。健全职业体育的政策体系和管理制度，严格规范职业体育俱乐部的准入和运作，支持职业体育俱乐部建设，完善职业体育联赛体系，促进规范健康发展，不断提高职业体育运动水平，使我国由体育大国向体育强国转变。形成体育公共服务与市场服务相融合，体育与体育产业协调发展的良好局面，积极探索中国特色职业体育发展道路。"

2013年，在全国体育局长会议上，刘鹏代表国家体育总局重申了中国特色职业体育的建设方向，为我国职业体育的发展指明了方向。"按照党的十八届三中全会的精神，在继续落实《关于加快发展体育产业的指导意见》的基础上，深化对职业体育发展的改革；处理好政府和市场的关系，既要保证基本公共体育服务和公益性体育事业发展，又要充分发挥市场机制作用，推动体育产业发展，着力解决体育市场体系不完善、政策不配套等问题。加强体育产业的宏观引导和基础性制度建设，努力提高体育服务水平，以服务促进产业发展，以产业发展丰富服务。"①

这一时期，政府治理重点关注政府职能转变以及角色定位，中国的职业体育政府治理逐步完善并发挥其作用，奠定了中国特色职业体育政府治理的基础。

第二节 中国特色职业体育政府治理的现状

一、中国特色职业体育的阶段治理状况

中国特色职业体育的政府治理在不同阶段有不同的形式。具体可以分为以下四个阶段。

（一）高度集中的统治阶段（1951—1977年）

在高度集中的计划经济体制下，政府通过行政力量动员整个社会资

---

① 《刘鹏局长在全国体育局长会议上的讲话》，见国家体育总局官网（http://www.sport.gov.cn/n16/n1077/n1392/n4891927/n4891959/4898072.html），发布日期：2013年12月24日。

第四章

中国特色职业体育政府治理状况

源，以政治任务的形式推动竞技体育发展，以振奋民族精神，激发爱国热情。加强国家对体育资源的垄断和独占，"这就决定了这一阶段的政府管理只能是政府计划管理，政府是一个全能型政府，治理主体一元化，政府采用了控制主导模式。由于整个社会经济生活完全由政府规划，所以，计划经济下所有公共产品，包括很大一部分私人产品，都是由政府提供的。由于当时的历史背景，尚无职业体育的提法，专业体育即为'职业体育'的前身。"[①] 国家实行高度集中的举国体制，实行统一的行政领导，资金由国家划拨，竞赛活动由体委组织。在这个阶段，体育赛事功能相对单一，主要承担公共服务活动以及运动训练和比赛等为国争光的政治任务。在当时的困境下，举国体制促进了我国体育事业的快速发展。由于职业体育赛事是由政府提供的，政府几乎包揽了职业体育赛事供给的所有工作，并成为职业体育赛事唯一提供者。

（二）管理型政府主导阶段（1978—1992年）

改革开放以来，随着市场经济体制的逐步建立，我国在计划经济条件下建立起来的竞技体育的体制已不能适应时代要求。与此同时，政府治理模式开始酝酿改革，社体组织也在逐渐增加，但是，政府治理和社体组织之间没有合作关系，社会体育力量还不足够强大，政府仍然处于主导地位。在这种状况下，我们称之为"管理型政府"。

为了继续发展竞技体育，1984年，中共中央在《关于进一步发展体育运动的通知》中指出，竞技体育要逐步实现企业和半企业化经营，竞技体育开始由事业型管理转向企业经营，政府职能重新界定。

政府逐步给社会松绑，逐渐从微观领域退出，如鼓励和支持企业赞助运动队或与体委联办高水平运动队。此外，在政府与市场的关系中，政府把直接生产经营权退回给企业，企业独立办队的模式也得到了较好的发展。体育资源配置权还给市场，政府允许企业自办高水平运动队，直接促进了此阶段竞技体育的快速发展。竞技体育职业化成为竞技体育发展的趋势之一。

[①] 张兵、周学荣、沈克印：《中国特色职业体育的内涵界定及其阶段特征构想》，载《天津体育学院学报》2010年第6期，第506～509页。

这个阶段政府依旧发挥重要的主导和控制作用，采取自上而下的俯视型治理策略，以行政手段管理体育事务、计划手段配置体育资源，在训练、管理、竞赛等各个方面形成了一个以专业队为中心的训练体制；以各级体委为核心的管理体制，以全运会为中心的国内竞赛体制，是管理型政府主导阶段。

在行政管理模式下，政府仍然采取自上而下的治理方式，保持强大的能力。就治理理念而言，政府认为公共事务应给予政府，只有政府才能做好。在治理实践中，政府仍然垄断体育资源，较少与社会的合作。这在一定程度上忽视了社会本身的力量，不能保证社会的协调发展。

（三）政府主导，市场、社会共同参与阶段（1993—2012年）

政府治理由自上而下的管理逐渐向政府与新力量合作转变。此阶段是由政府主导下市场、社会共同参与，但政府的管控范围正逐步缩小。党的十四大确立了建立社会主义市场经济体制的改革目标，职业体育作为体育改革的一项重要内容逐渐得到政府和社会各界的认同。一些基础好、观赏价值高、竞技性强的体育项目，迅速走上了职业化的发展道路。

政府利用企业向公众提供公共体育产品，其实质是引入市场。这样政府可以进一步淡出一些公共服务领域，减少政府支出，还可以引入竞争来提高公共物品供应的效率和质量。1992年，国家体委召开会议，确定了国家办与社会办相结合的新格局，以社会办为重点，以足球改革为突破口，探索竞技体育改革的路径。1994年，职业体育框架基本形成，大多数职业化程度较高的运动项目引入市场机制运营。在某些局部进行职业体育管理体制的改革，推行事业经营型管理运作模式，对俱乐部进行民营化改革。随后，全国体委主任会议通过了《国家体委关于深化体育改革的意见》和5个相关文件，提出建立具有中国特色的社会主义体育新体制的改革的总目标，即力争在20世纪末，初步建立具有中国特色的社会主义体育新体制。1993年，中国足球协会首次举办了采用主客场制的中国足球俱乐部锦标赛。同年，先后通过了《中国足球十年发展规划草案》《中国足球协会章程草案》和《足球俱乐部章程草案》等制度性文件，并决定把1994年甲A联赛作为职业联赛的改革试点。紧接着中国足球协会还颁布了其他体制性文件，如《关于竞赛管理的规定》，该条例将职业足球俱

第四章

中国特色职业体育政府治理状况

乐部性质定义为具有独立法人资格的经济实体。同时，足球职业化改革的成效也极大地促进了其他竞技体育的职业化。篮球、排球、乒乓球等体育项目也进行了职业化改革。至此，我国职业体育的发展已初具规模。

中国职业体育的前身是计划经济时代的专业队。进入20世纪90年代，为了发展社会主义市场经济，以足球、篮球等团队项目为试点开始职业化改革，由运动项目管理中心牵头举办全国足球职业联赛和全国篮球联赛，开始职业化尝试，推进体育社会化和体育市场化。由于项目中心的政府属性，在职业体育发展过程中表现出行政力量为主导、社会力量参与办职业体育的特点，但"为国争光"的目标仍未改变。因此，在中国职业体育制度设计上，国家利益高于一切。

中国各运动项目管理中心与各运动项目协会一直是实行"一个部门、两块牌子"的管理模式。各运动项目管理中心是事业单位，其职能行使的对象是各运动项目协会。从职能行使来看，各运动项目管理中心实际上具有三种身份，包括体育行政部门、体育事业单位和体育社团三种角色。各运动项目协会虽然是在国家民政部门登记注册的独立社团，但由于长期处于举国体制下的惯性，它们实际上并非独立运行。它们的职能行使由各运动项目管理中心推进，受国家体育总局行政管理的干预。所以也就不难理解中国职业联赛的组织和管理机构皆为各运动项目管理中心这一事实，各运动项目管理中心实际是被赋予了政府"副手"的行政角色。为进一步推进职业体育改革，中国足球和中国篮球作为市场化程度最高的职业体育，又一次作为试点率先实践管办分离。

在治理过程中，政府依旧从台前到幕后控制着多数职业赛事，随着经济体制的改革，市场和社会共同参与的空间越来越大，内容多样化，发挥的作用更大。政府治理模式的转型主要集中在三种合作关系上。① 其本质是重塑政府与市场、政府与社会的二元关系。也就是说，改变政府一贯凌驾于社会和市场的管理方式，建立合作性的政府与社会、政府与市场的治理方法。

---

① 参见贺豪威、任晓林《治理理论的三种模式浅析——从发展中国家的视角》，载《陕西青年职业学院学报》2009年第3期，第3~7页。

(四)中国特色职业体育政府治理合作阶段(2013年至今)

2014年,习近平总书记在北京考察时指出"办好中国的职业体育市场化,必须有中国特色",中国特色职业体育建设方向初步形成。2015年,国务院印发《中国足球改革发展总体方案》,提出发展足球运动的"三步走"战略,明确指出中期目标——职业联赛组织和竞赛水平达到亚洲一流,国家男足跻身亚洲前列,女足重返世界一流强队行列。2015年5月,国家体育总局在全国体育局长会议上强调中国特色职业体育建设的方案,成为中国特色职业体育正式实施的重要标志。

中国特色职业体育的实际情况决定了中国必须改变现有的政府治理模式。一方面,要充分发挥市场和社会的力量,建立政府与社会、政府与市场的合作关系,利用二元互动重塑政府的良好反应能力,增加职业体育政府治理的有效性。另一方面,政府仍需保持一定的内部管理能力,建立高效廉洁、公正透明的监督机制。

在这个阶段,中国特色职业体育治理与政府管理是分不开的,这种管理是一种新型的政府管理,是一种兼容社会和市场合作的政府管理。这种管理符合中国国情。职业体育发展处于中国特色的建设阶段,政府依旧会在职业体育中充当重要角色,管理依然是政府治理的重要内容。新型的合作性政府治理逐渐生成。

二、中国特色职业体育治理存在的问题

我国的职业体育实行高度的集权管理方式。国家体育总局下属的运动项目管理中心是职业体育的最高管理单位,职业体育则由运动项目管理中心以及项目协会进行管理。

各级体育局是体育的官方管理部门,各级体育局行使自己的行政权力对各项体育事务垂直进行管理,体育局是我国体育行政管理体系中的官方单位。职业体育的最高政府管理机构是国家体育总局运动项目管理中心,它是国务院规定的有正式编制的机构,并隶属于国家体育总局的事业单位。运动项目协会本属于在民政部注册的人民团体(社体组织),但由于我国政府对民间组织的严格管理,运动项目协会也被赋予一定的行政级

第四章

中国特色职业体育政府治理状况

别,成为"官办民间组织",行使着一定的行政职权。为便于对外交流,运动项目协会被外界视为民间组织;而在体育系统内部,它则是行使行政管理权力的官方组织。这种具有"官民二重性"的组织使得我国的职业体育治理机构具有双重属征。

我国的职业体育与竞技体育的治理体制几乎并没有什么不同,都实行高度的政府集权,并且职业体育的举国体制特征更加明显。

由于我国职业体育的成长伴生于国家经济转轨和社会转型,职业体育作为我国体育市场化道路改革与探索的排头兵,其体制改革问题、社会环境问题、经验能力问题等也同时存在。换句话说,我国职业体育发展中出现的疑难杂症,在其本质上只是整个社会大转型过程中诸多问题的一个缩影,深刻分析这些问题产生的体制根源与机制根源,是解决当前存在问题的关键。归结起来,中国特色职业体育政府治理存在以下四方面的问题。

(一)我国职业体育的价值取向和治理理念陈旧

受举国体制影响,基于我国体育管理体制的事实,我国职业体育的治理观念倾向于政治需要服务,而一定程度上忽略了其作为一项经济活动过程的自发规律,因而长期以来我国职业体育发展并尚未能把满足消费者的观赏需要作为首要目标。职业体育的主管部门往往以无视观众需要和牺牲市场利益作为代价,从而保障国家意志的实现和政治任务的达成,最终导致职业体育产品的好坏不是通过市场决定。

"我国较关注整体利益,局部必须尽量收束自己,以促进整体的和谐,其最高的现实表现就是国家利益高于一切。"[1] 职业体育的价值取向,正对中国职业体育发生着作用。尽管中国职业体育具有政治和经济双重属性,但其思想政治属性优先,竞赛的国家利益至上,经济属性相对弱化,致使中国职业体育的发展是政治利益至上,商业化特征不明显。这与西方职业体育的经济利益至上、商业化特征明显形成鲜明对比,中西方职业体育价值的评价标准存在很大的差异。

西方体育价值取向导致了职业体育的功利性,功利性带来了一系列变化。西方文化较重视个人表现,认为个人目标比整体目标更重要。这种以

---

[1] 孙隆基:《中国文化的深层结构》,广西师范大学出版社2004年版,第329页。

自我为中心的价值理念体现在西方职业体育领域。"各市场主体之间的关系是一种强烈的个体价值的利益博弈。"① 运动员自由人地位的确立，体育技能价值观念的变化，产权的清晰化以及对法人的重新认识，不仅促进了职业体育向更高层次竞争的发展，而且有力地促进了职业体育的商业化。而且随着电视的普及与电视广告的迅猛发展，职业体育的商业化程度越来越高，其收入来自多种渠道，如门票、广告和赞助、电视转播和许可权。另外，联赛的商业功能也促进了相关产业的发展。高质量的赛事为职业体育组织带来巨大的经济效益。

中国的职业体育价值取向强调体育运动的政治功能。这种理念不仅将职业体育作为政治的手段和工具，把政治功能误解为是职业体育的本质属性，而且一定程度上放大了职业体育的政治功能。体育为政治服务成为当时中国职业体育的显著特征。这种理念对职业体育的发展产生一定负面作用，主要表现在两方面：一方面，这种理念过度渲染了职业体育的外在功能，使人无法从根本上认识和把握职业体育的正确发展方向；另一方面，这种理念容易造成人们沉迷于职业体育所取得的成就，无法从根本上认识职业体育的主体地位，容易表现功利主义色彩。如职业体育中的"金钱主义""以大打小"，甚至出现"拔苗助长""职业体育后备人才匮乏"，或者舆论宣传导向等问题。

（二）职业体育治理中政府定位错位、管理越位、职能缺位

我国体育管理组织依旧具有较强的行政色彩，实行的是运动项目管理中心和协会的双重管理体制。运动项目管理中心是国家体育总局的直属单位，其实质上包办和代管了运动项目协会的应尽职责，长此以往就产生了我国运动项目管理体制中的政社不分、管办不分以及职权设置不当等问题，从而导致政府定位"错位"。

政府对"越位"的管理主要体现在政府参与职业体育微观事务上。一方面，由于举国体制，政府的行政权力很大，而监督制约机制不完善、力量不足；另一方面，由于运动协会的"官民二重性"，淡化了其在群众体

---

① 许永刚、戴永冠：《CBA 与 NBA 文化层面的比较分析》，载《武汉体育学院学报》2005年第1期，第16~18页。

育组织方面的作用。

政府"缺位",是指行政部门没有做好应该做的工作。政府应侧重于提供公共管理和公共服务。目前我国职业体育产品具有准公共产品的性质,仍需政府加强管理;但实际情况是对其缺乏足够的重视,缺乏对职业体育产业发展的优惠政策。主要体现在对职业体育的政策支持和补贴相对较少,没有制定相关的职业体育法规和行业制度。

在这种特殊、复杂的管理结构中,无法成立真正意义上的职业体育联盟,运动项目协会也无法独立行使其职权,各俱乐部的利益也无法得到保证。长期以来,运动项目管理中心、运动项目协会与职业俱乐部之间的利益纠葛十分明显,以致职业体育的参与主体在利益诱发下暴露各种流弊。这已成为我国职业体育未来发展中最不可忽视的问题。

（三）职业体育的法规有待完善

客观上来说,由于发展时间短、经验不足、职业体育法制意识淡薄,职业体育的法制化建设依然滞后于职业体育的发展需求。尽管我国涉及职业体育的法律、法规体系已经初步建立,但是从现实的适用性考虑,我国职业体育相关法律、法规有待进一步完美。

我国现有的职业体育法律、法规与实际需求相差较远,可操作性差,涉及职业体育权利的相关规定比较模糊。例如,《中华人民共和国体育法》于1995年颁布实施,标志着中国体育工作进入法治化阶段。但是,它只把体育作为一种事业、一种纯公共产品来管理。从体育法的内容看,并没有提到职业体育,体育法仍将职业体育作为"竞技体育"的一部分,与实际情况严重脱节。中国职业体育的法制建设远远落后于现实发展的需要。

（四）我国职业体育俱乐部及联赛的产权关系模糊

中国职业体育的发展在主观上难以摆脱计划经济的影响,在客观上也受到市场经济法律法规的约束。中国职业体育俱乐部及其联盟的所有权关系尚不明确。

中国职业体育诞生于计划经济向市场经济发展的转轨时期,职业体育产权制度改革是在以政府为主导和市场为辅助的共同作用下产生的。然而，与其他制度改革类似，举国体制下形成的职业体育产权制度一直带有"路径依赖"的特性。长期以来，职业体育的产权结构单一、产权主体缺失，职业体育的经营管理在很大程度上仍然受制于政府部门的行政干预。职业联赛的产权不归属于职业体育俱乐部，然而俱乐部却要承担投资的风险。职业体育组织只在名义上享有产权的权能却难以完全按照市场规律办事，它们既没有完全的所有权，也没有完全的收益权以及应有的经济实体权益。同时，基于各种历史原因，中国职业体育产权制度改革面临着两难困境。一方面，市场经济的逐利性要求职业体育通过产权制度改革来真正理顺产权关系、实现产权明晰；另一方面，政府部门的管理需求则要求职业体育组织通过牺牲部分生产效率和经济利益来换取政治和社会利益。

（五）职业体育联赛产品规划并不完善

第一，我国职业体育的总体规模较小，尤其是职业联赛的赛程较短、比赛场次过少等问题存在，联赛金字塔架构尚未建成。联赛内部呈现规模倒置，低级别赛事无法有效支撑高级别联赛，各级别联赛之间缺乏有效衔接。第二，科学化的职业运动员培养体系尚未建成，部分俱乐部的人才梯队建设力度不足，我国职业体育的后备力量亟须加强。第三，我国职业体育监督和惩罚机制的引导力较弱，职业球员、教练等在赛场中的不理智言行时常发生，甚至屡次出现辱骂、殴打裁判等恶劣行径，极易造成不良的社会影响。第四，我国职业体育的裁判业务水平总体不高，职业精神培养与职业资格考评方式落后，导致裁判员出现败德行为不足为怪，不仅使职业比赛的质量下降，同时还降低了消费者的观赛体验。

（六）政府部门垄断权力

我国职业体育的业务由政府的专门机构进行管理。中国最权威的体育组织——国家体育总局是政府的职能部门，以推动我国职业体育的职业化发展。我国职业体育的发展离不开政府的行政管理，除了需要妥善管理运动项目的职业化之外，还需要加强运动项目的经营权运营。同时，运动项目管理中心对该运动项目的职业化管理拥有垄断权。

第四章

中国特色职业体育政府治理状况

第三节 中国特色职业体育发展中政府与市场的关系

随着改革的深入与改革措施的出台,职业体育政府治理将触及深层的问题。2017年1月22日,习近平总书记在中共中央政治局第三十八次集体学习中指出:"要处理好政府和市场的关系。使市场在资源配置中起决定性作用和更好发挥政府作用。"① 这一重要论述为职业体育的政府治理提供了新的思路,在当前背景下,职业体育政府治理需要协调处理各类关系,其中政府和市场关系是基点问题,也是推进职业体育政府治理的前提性问题。政府和市场是我国职业体育进行资源配置的两大手段,两者的组合关系直接影响着我国职业体育发展的未来和规模。显而易见,实现从体育大国向体育强国迈进的目标,既要充分发挥政府作用,又要使市场在职业体育政府治理中起决定性作用,两者犹如车之两轮、鸟之双翼,缺一不可。因此,如何根据职业体育的特点和规律,理顺政府和市场关系,发挥两者的协同促进作用,实现双轮驱动,推动具有公共产品性质的职业体育发展,既是我国职业体育政府治理需要解决的理论与实践难题,也将是全面深化体育改革面临的重大挑战。

关于政府与市场的关系,西方经济学界一般可以分为两大派系。一派是主张政府不干预或尽可能少地干预市场,以"看不见的手"和"守夜人"理论为代表;另一派是主张政府干预市场的凯恩斯学派,该学派以政府可以弥补"市场失灵"为理论基础,系统地提出政府干预市场的理论和政策,强调政府在市场中具有不可替代的作用,解决市场失灵只能依靠政府监管。但凯恩斯学派也认为,由于市场不完善、信息不完整和竞争不充分,政府的市场行为也会产生"政府失灵"。而且由于政府的特殊地位和作用,"政府失灵"比"市场失灵"更加危害社会。不难看出,政府与市场关系理论在不断发展和完善。②

---

① 《习近平主持中共中央政治局第三十八次集体学习》,见中华人民共和国中央人民政府网(http://www.gov.cn/xinwen/2017-01/22/content_5162360.htm),发布日期:2017年1月22日。

② [英]亚当·斯密:《国民财富的性质和原因的研究(上册)》,郭大力、王亚楠译,商务印书馆1972年版。

中国特色职业体育的政府治理与路径选择

经济发展过程中,既不存在万能的市场,也不存在万能的政府,一个健全的经济体系由市场和政府共同配合。这在学界已然形成共识。

一、政府与市场关系模式

"经济体制改革仍然是全面深化改革的重点,经济体制改革的核心问题仍然是处理好政府和市场关系;职业体育市场建设不是要建立全能型市场,而是要合理解决政府机构代表的理性建构与市场代表的自发力量的切合机制,充分发挥政府机制理性与市场社会理性的整合效用。"[①] 实质上,我国职业体育是在强政府主导下转型的。在职业体育改革前,竞技体育领域中,政府表现出无所不能的形象。职业化和体制转型的改革本身就是让政府退出部分权益,并将其转移到市场。事实上,职业体育的发展若离开政府的参与和推动是不可想象的。因此,政府主导机制将在中国特色职业体育治理实践中发挥重要作用,以解决目前市场缺乏的问题。

政府与市场的关系直接影响着市场治理的状况,多年来,学者一直在探讨政府与市场之间的理想关系,以达到职业体育政府治理的有效性。如刘祖云运用博弈论的框架、伙伴关系的视角分析政府与市场的关系,认为"政府与市场是双重博弈的关系,政府与市场是'看得见的手'与'看不见的手'之间的博弈,并且形成'强政府-强市场''弱政府-弱市场''强政府-弱市场'和'弱政府-强市场'四种组合模式。其中,前两种组合因为无法达成协议,合作无法进行,所以是不合作博弈;后两种组合是合作的博弈,如果'看得见的手'力量更强,会形成政府全面干预的经济管理模式,反之就会形成完全市场自由的制度安排方式"[②]。

进一步分析可以看出,在上述四种模式中,最糟糕的情况是"弱政府-弱市场",而"强政府-强市场"是最理想的目标模式,在世界各国的历史上几乎没有这种类型。如果说"强政府-强市场"是市场治理的最

---

① 《关于〈中共中央关于全面深化改革若干重大问题的决定〉的说明》,见中国共产党新闻网(http://cpc.people.com.cn/xuexi/n/2015/0720/c397563-27331312.html),发布日期:2015年7月20日。

② 刘祖云:《政府与市场的关系:双重博弈与伙伴相依》,载《江海学刊》2006年第2期,第106~111页。

第四章

中国特色职业体育政府治理状况

佳模式,那么对于任何一个国家来说,从其他三种情况中的一种可以实现"强政府-强市场"的最佳模式。这种转变过程可以被看作是市场治理现代化的过程。无论是理论还是实践,中国都表现出典型的"强政府-弱市场"的特征。从国外经验来看,从"强政府-弱市场"到"强政府-强市场",以及从"弱政府-强市场"到"强政府-强市场"转变的经验对中国尤其有研究与借鉴价值。①

计划经济时代的"强政府"在特定的历史时期有其自身的时代需要,也具有一定的优势。通过举国体制来分配体育资源,以便通过有限的资源完成既定的任务。但是,由于"强政府"是以牺牲市场要素为代价的,经济和市场发展不能成为持续增长和开放的源泉。一旦"强政府"制度的弊端加剧,改革政府与市场关系的旧模式就是必然的选择。

在"弱政府-强市场"的概念下,政府管理的事务范围越小越好,市场接管更多原来由政府管理的事务。在市场领域,不可能获得政府的有力推动和指导。"弱政府"和"弱市场"的存在与循环变化将导致政府和市场资源的不合理配置,难以形成工业化、现代化所需的秩序和环境,不得不延长现代化的进程。回顾一些新兴工业化国家和地区,能够在较短时间内实现经济腾飞的原因,也是"强政府"倡导、引导和发展"强市场"的客观过程。

"强政府-强市场"所要达到的治理目标。成功和有效的治理意味着政府和市场之间能够良好合作和良性互动,有效地完成公共事务的治理。治理的根本特征是政府和市场在共同治理过程中建立了良好的合作关系。治理是政府作为单一实体的理性运作,有效治理是两个实体之间的积极互动。政府和市场治理的实现意味着政府和市场选择以"强强联合"的模式共同合作和共同发展。在实现治理目标的过程中,政府需要完成两项任务:一是培育市场自我调节能力,二是进行有效的市场管理。

中国职业体育的发展基本上是通过强政府形式,由上而下推动的;随着职业体育的发展,是否有必要退出强政府主导机制,改由市场自主运作?答案应该是否定的。原因有三方面:首先,这里强政府主导机制

---

① 参见曾志敏《强政府、强社会:社会治理现代化的新加坡与美国经验》,载《社会治理》2018年第2期,第39~49页。

并不意味着政府在微观领域强大，政府在宏观政策领域的主导机制对于建设中国特色的职业体育是必要的；其次，强政府主导理念基于有限政府的理念，偏离有限政府理念的强政府是偏激的，其后果是可怕的；最后，在职业体育的微观运作中，与"政府不是万能的"一样，市场机制也可能存在缺陷，特别是在构建的早期阶段更是如此，构建一个强政府是必要的。

事实上，在建设中国特色的职业体育的过程中，强政府主导机制的作用应该重视提高职业体育的效率。一方面，强政府表现在政府强大政策驱动上。如偏离政策驱动，利益集团很难让渡既得利益，特别是利益集团本身就是缺乏约束的政府本身。另一方面，它体现在制度构建的强化上。细致深入的制度体系是有效市场运行和可持续发展的保证。在建设中国特色的职业体育过程中，强政府推动的内容主要是宏观上建立市场竞争机制和政府职能治理结构变化等。当然，强政府意味着政府行为的弱约束，必须防范机会主义行为的发生。

二、职业体育治理中政府与市场关系的演变

事实上，自中华人民共和国成立以来，学界对职业体育发展过程中关于政府和市场的关系及其演化问题有长期研究。梳理该领域学术史可总结，从时间特征上来看，政府与市场关系的演变可以划分为四个阶段。

第一阶段是政府统治阶段（1949—1977年）。此时期我国处于高度集中的计划经济体制阶段，一切事业由国家包办，政府包揽了体育事业各个方面的工作。"政府和市场高度一体化，政治和经济中心高度重叠；政府逐步对市场全面控制，将市场纳入政府的权力体系，政府权力空前扩大，市场力量缩小；政府和市场的权力结构显然具有'强政府-弱市场'的特征；政府对市场拥有绝对控制权和干预力量；市场完全处于政府的权力之下。"[①] 在其中严重失衡阶段，更是"重"政府"无"市场，政府-市场关系模式是典型的"强政府-弱市场"模式。

---

① 张曼茵、王忠宏：《理顺政府与市场关系 科学促进产业转型升级》，载《中国发展观察》2012年第12期，第9~11页。

第四章

中国特色职业体育政府治理状况

第二阶段是市场出现萌芽阶段（1978—1992 年）。这一阶段国家提出了优先发展竞技体育，在保障国家发展竞技体育的前提下，群众体育要由社会承担，以弥补国家投资不足。"政府和市场之间的关系经历了近 30 年'强政府－弱市场'的固定模式，随着中国改革开放的发展而发生了根本性的变化；它从根本上改变了政府与市场的关系，改变了中国市场的权力结构。我国的政府和市场关系已经逐渐从国家模式中走了出来，政府已经开始还权于市场。政府的权力逐渐退出部分体育市场，市场力量开始积聚和壮大。"[①] 各体育部门广开财源，开始涉足市场，开展多种经营。此阶段表现为"重"政府"轻"市场，当时市场力量只是稍微加强，政府仍处于强势地位，对于体育的经济功能认识尚处于探索与起步阶段。

第三阶段是市场化的建立阶段（1993—2007 年）。在此期间，我国开始进入社会主义市场经济体制建设时期。"1993 年制定了《关于深化体育改革的意见》，提出要改革现有的体育体制和运行机制，我国体育逐渐走上了社会化、产业化的道路。市场化进程需要政府改革为先导，政府职能必须首先转变，政府与市场的关系需要新的调整。"[②] 此阶段职业体育治理中政府力量由强到"弱"，市场力量由弱增"强"，实现了互补。

市场经济的推进与政府职能的转变使中国竞技体育得到巨大的发展。市场力量的急剧增长，不可避免地与原先的政府管理模式产生矛盾，因此，政府与市场的关系也必须得到改善。

由于当时我国职业体育刚刚起步，完整的政策体系尚未形成，没有合理的政府分工和市场关系，这也导致政府和市场的作用都没有得到有效发挥。

第四阶段是市场力量壮大阶段（2008 年至今）。2008 年北京奥运会的成功举办，"百年奥运"梦想的实现和中国代表团的辉煌成绩，使竞技体育的作用与价值被发挥到极致，在竞技体育领域得到最大限度满足的国人，自然开始转移关注重心。职业体育作为朝阳产业开始发酵。2010 年国务院出台的《关于加快发展体育产业的指导意见》从宏观角度为职业体

[①] 庞明川：《中国政府与市场关系：从"强政府－弱市场"向"强政府－强市场"转变》，载《经济研究参考》2014 年第 12 期，第 27 页。

[②] 郑法石：《改革开放 40 年的中国体育》，载《中国体育报》2018 年 12 月 17 日。

育的深化改革指明了方向。① 2014 年，国务院发布《关于加快发展体育产业促进体育消费的若干意见》，标志着职业体育发展和促进体育消费的政策措施的落地，也是实施职业体育改革的指导性意见。2016 年，国务院发布《关于加快发展健身休闲产业的指导意见》指出，实施过程中要坚持"市场主导、创新驱动，转变职能、优化环境，分类推进、融合发展，重点突破、力求实效"的原则。此阶段职业体育政府治理中政府和市场职能朝向均衡发展，在"健康中国"国家战略的背景下，职业体育已成为我国体育改革中的突破点，迎来发展的新时期。

职业体育的运作要求政府治理以适应市场经济体制为切入点，进行政府治理改革，最终实现有限政府和有效政府的战略目标；职业体育发展带来的新变化有助于职业体育市场的成长，有利于市场力量的积累。然而，职业体育规则对于市场的要求可能会使市场无力承担而陷入困境。

三、职业体育发展中政府与市场角色定位

政府与市场是资源配置的两种手段，对两者关系与职能划分的思考引起了学界的重点探讨。沈太基、杨文进的研究着眼于"政府在市场经济中的经济职能"，探讨政府为什么要管、管什么以及怎样才能管好经济活动的问题。并建议在相对规范政府行为和经济主体行为的前提下，放松对企业的约束，尽量缩小政府管理的范围，市场机制应尽可能自发地发挥作用待内部矛盾和缺陷暴露后，再在运动中寻求应对措施，逐步定位政府、市场和行为主体，进而建立完善的社会主义市场经济体制。② 吴周礼指出，在我国体育经济发展过程中，政府和市场都有其各自的优势与不足，两者在运行中应相互弥补。在转型阶段，体育市场尚未发展成熟，政府应该加大力度培育和完善市场，但又不至于干预过度。体育产权是体育市场化改革的核心问题，只有明晰产权，给以激励和约束机制，才能更好地推进体

---

① 《关于加快发展体育产业促进体育消费的若干意见》，载《中华人民共和国国务院公报》2014 年第 30 期，第 5～10 页。

② 参见沈太基、杨文进《论市场经济中的政府经济职能》，载《学术界》1992 年第 5 期，第 46～48 页。

育市场化进程。① 沈定珠通过对社会转型的特征分析，提出"正确处理政府和市场的关系非常重要，而市场是资源配置的基础机制，但市场不是万能的。政府对市场的干预是必不可少的，但如果政府的干预不适度，也会产生失灵，并强调随着职业体育的不断推进，政府也要在这一动态变化中不断调整自己的职能和角色"②。石岩指出，"在中国特色社会主义市场经济背景之下，政府和政策的作用仍然是职业体育发展的决定因素"③。这些政策的出台凸显了推动职业体育发展的国家意志，明确了职业体育未来发展的方向，同时也坚定了职业体育投资者的信念，增强了体育消费者的信心。

四、职业体育治理中的政府与市场关系

源于计划经济的初始设计，我国职业体育政府治理"体现了中国特定社会经济转型期特有的现象，这一现象的突出表现在'官、协、商'主导下的竞技体育管理方式。换句话说，我国职业体育的治理中，政府、协会和企业的角色定位模糊。虽然在这个过程中政府的角色是不可或缺的，但政府的介入往往形成'诺斯悖论'现象"。④ 然而，就其实质而言，主要体现为政府权力与投资主体权利的博弈。⑤ "毋庸置疑，职业体育作为市场经济的具体形态，不仅取决于市场的存在，还取决于市场体系的完整性，市场不完善是产生职业联赛问题的重要原因之一，其中'资本与权力错配'是导致市场不完全从而进一步使得'市场失灵'与'政府失灵'

---

① 参见吴周礼《政府职能与体育市场化问题分析》，载《浙江体育科学》2004年第5期，第51～53页。
② 沈定珠：《论我国社会转型期中政府体育职能的分阶段转换》，载《体育与科学》2007年第6期，第45～47页。
③ 石岩：《体育产业新政背景下中国体育产业发展的机遇与挑战》，载《体育学刊》2014年第6期，第13～18页。
④ 参见文雁兵《中国经济发展中政府行为及作用研究——基于诺斯悖论的解构与实证》，载《社会科学战线》2017年第7期，第44～54页。
⑤ 参见黄晓俊、刘玉琴《新制度经济学视域下中国竞技体育职业化"诺斯悖论"分析与对策研究》，载《天津体育学院学报》2011年第4期，第360～363页。

的重要根源之一。"① 王玉珍在分析政府与市场关系之前,首先确定政府与市场的边界及其各自职能,其次得出政府与市场存在相互替代、相互补充、完全排斥、共同失灵的四种关系,最后提出建立合作互补的政府与市场关系的具体措施。② 吴周礼认为"对于我国体育市场化改革来说,改革的实质要在不完善的市场与不完善的政府之间,建立一种有效的选择与协调机制,使人们根据政府与市场作用功效大小,在不断试错中找到政府与市场的均衡点。"③ 曹可强等指出,"有效的政府治理,就是要转变政府职能,进一步简政放权,最大限度减少政府对微观事务的管理,让市场机制有效调节经济活动。加强政府宏观调控、市场监管、社会管理、公共服务和环境保护等职责和能力"。这样的政策规定预示着政府将加快治理方式改革与创新,重点解决政府干预过多和监管不到位,职能上"越位""缺位""错位"等问题。④ 徐开金认为,"在体育公共服务体系中,应使用除主管政府、营利企业(市场)之外的政府非主管部门、社体组织或个人力量即'第三方'"⑤。"第三方"具有扩大资源、提高效率、全面收效的作用,在"第三方"参与体育公共服务体系建设中,西方形成了三种典型治理模式:社团指导型、政府指导型、政府与社团合作型。政府的重要治理措施是构建体育公共服务体系和发展与时俱进的措施。总之,第三方参与体育公共服务体系建设,将促使政府管理模式转型,强化政府服务理念,其本身就是促进政府执政能力的提高。

尽管近年来职业体育改革正在积极推进,但是,"以中超联赛为代表的职业体育仍然面临着'管办不分'与'政企不分'的问题;作为中超联赛的国有控股公司法人的中超联赛有限责任公司,其董事会是企业(联赛)治理的核心,然而占股份最多的中国足球协会负责人则出任董事长,

---

① 樊纲:《市场机制与经济绩效》,上海三联书店1999年版,第4页。
② 参见王玉珍《正确处理政府与市场关系的几个关键元素》,载《改革与开放》2013年第19期,第1~2页。
③ 吴周礼:《政府职能与体育市场化问题分析》,载《浙江体育科学》2004年第5期,第51~53页。
④ 参见曹可强、兰自力《经济体制改革与我国体育产业发展》,载《体育科研》2014年第1期,第14~16页。
⑤ 徐开金:《"第三方"参与体育公共服务体系建设过程中政府治理模式及治理措施分析》,载《管理学刊》2014年第3期,第66~70页。

第四章

中国特色职业体育政府治理状况

可能进一步加重'管办不分、政企不分、监督乏力'等病症;中国足球协会作为一个监管机构来行使联赛的运营控制权,还通过非生产性的寻租活动谋取各俱乐部的利益,为公共权力'创租'增加了空间。因此,这种职业体育运转方式极易破坏市场规律并诱发腐败行为,进一步加重市场与政府的双失灵。"[1]

学界对两者关系的研究也是重点之一。史兵等认为"如果未来体育改革取得成功,政府角色的重新定位是体育改革的关键,政府机构的缩减和调整是我国体育进一步改革的出发点和落脚点"[2]。吴周礼指出,在计划体制下,政府包办体育事业,运用计划手段调配体育资源,政事不分、管办结合,使体育事业处于结构性失衡状态。政府垄断体育事业,社会力量难以介入,排斥体育的产业价值,体育的经济功能难以实现。组织体系的条块分割,强化了体育系统的封闭性,抑制了资源的流动,使体育资源呈现高度分散、高度分割的局面,造成资源浪费,使体育事业的运行只能处于高投入、低效率状态。传统计划体制结构刚性的影响,以及政府职能的缺位和越位,阻碍了体育经济的发展。[3] 蒋锦蓉等认为,政府面临着双重问题,不仅需要运用政策去弥补或修正市场在体育资源配置中的固有缺陷,而且更要运用政策去调节因不完善的市场所带来的资源配置的不合理状况,"经济体制转轨时期的一个重要特征是市场机制的局部完善和局部不完善,这一特殊背景决定了转轨时期我国政府的调控力度必定大于西方国家的政府干预"[4]。刘远祥等通过对体育经济成长历程中政府和市场关系变化轨迹的分析,认为随着我国职业体育刚刚起步,一个完整的政策体系还没有形成,国家和市场的规范和边界没有合理划分,致使国家和市场的作用都没有得到有效的发挥。政府的工作是满足人们对体育日益增长的

---

[1] 梁伟:《基于资本权力错配与重置的中国足球超级联赛股权官办分离研究》,载《体育科学》2013年第1期,第17~22页。

[2] 史兵、张鲲、张西平等:《职业体育改制中的政府角色定位》,载《体育文化导刊》2001年第5期,第8~9页。

[3] 参见吴周礼《政府职能与体育市场化问题分析》,载《浙江体育科学》2004年第5期,第51~53页。

[4] 蒋锦蓉、方正、吴周礼:《我国体育资源配置及相关问题的研究综述》,载《浙江体育科学》2005年第6期,第5~8页。

需求，但结果却是消费供给方面的牺牲、延迟和短缺；在市场机制下，以利益驱动的市场力量旨在提供市场上缺乏的体育产品和服务，以获得垄断利益，但其结果还是形成了购买力不足，经济增长过剩和普遍的乏力，出现了缺乏有效需求和有效供给并存的局面。① 张瑞林从产业发展规律角度对职业体育发展机制进行研究指出，我国职业体育发展机制存在政府职能不明确、社体组织发展职能不健全、市场主体参与职业体育管理渠道不畅通等问题。②

鉴于此，党的十八大以来，特别是党的十八届三中全会以来，重申"把权力关进笼子里"，加快"简政放权"和"转变政府职能"，将限制政府权力和简政放权视为转变政府职能的突破口，逐渐打破政府在职业体育管理中潜在的行政垄断，并将政府职能定位为"加强和优化公共服务、维护公平竞争、加强市场监管、维护市场秩序、纠正市场失灵"；明确政府职业体育管理权力清单，扎实推进运动项目协会实体化改革进程，推进职业体育联赛的治理现代化，释放职业体育改革红利，逐步构建中国职业体育的升级版。③ 职业体育政府治理要想突破低效率制约的瓶颈，就应该确定政府的职能以及职业体育俱乐部的主体地位，改变现有的权力结构或致力于保持权力均衡，保证职业体育政府治理的方向。

根据政府和市场在职业体育中的作用以及职业体育与竞技体育的关系，国外职业体育的发展路径主要可以分为四种模式。一是市场开放模式，这个模式主要以美国为代表。职业体育的发展主要依靠市场的作用和机制，由市场规范职业体育的发展。政府在宏观调控中的作用薄弱，主要发挥宏观战略规划作用。④ 二是政府调控下的市场主导模式。这个模式主要以英法和其他西欧国家为代表。这些国家职业体育的发展取决于更加发

---

① 参见刘远祥、田雨普《政府与市场博弈下的体育产业结构优化》，载《山东体育学院学报》2009年第4期，第1~4页。

② 参见张瑞林《我国冰雪体育产业商业模式建构与产业结构优化》，载《体育科学》2016年第5期，第18~23页。

③ 参见戴永冠、林伟红《中国体育改革红利研究》，见中国体育科学学会《第十一届全国体育科学大会论文摘要汇编》，中国体育科学学会2019年版，第3页。

④ 参见朱铁臻《提高城市竞争力是走向城市现代化的主要对策》，载《理论参考》2002年第7期，第18页。

第四章

中国特色职业体育政府治理状况

达的市场经济和市场机制,市场在发展过程中起着主导作用。政府主要在宏观调控中发挥作用,重点运用经济、法律等手段引导和推动职业体育的发展。这种模式充分发挥市场手段和机制的作用,着眼于政府的宏观规划和调控来弥补单纯的市场机制的缺陷和不足,以此减少职业体育发展中的问题和障碍。三是政府积极引导下的空间集聚模式。这个模式以日本和韩国为代表。通过政府的积极作用,以职业足球的发展为核心,促进其他项目职业体育的发展,以此形成集聚发展模式,这个模式对于推动职业体育发展具有重要的参考意义。四是"举国体制"模式。这一模式以中国等社会主义国家为代表,其职业体育发展以计划经济体制为基础。它主要体现在保持原有制度优势进行的局部体制改革中,职业体育的发展滞后于竞技体育的发展,属于"举国体制"模式。这些研究总结了不同国家职业体育发展的道路和经验,为了解政府与市场在职业体育发展中的关系奠定了基础,并通过对职业体育发展的政府作用和功能的分析,揭示了政府在不同的职业体育发展条件下需要发挥不同的作用。

五、政府与市场的作用

这体现了学界对政府和市场职能的进一步深入研究。有代表性的研究成果如下。刘远祥等"以博弈论的理论视角和方法,通过对体育经济成长历程中政府和市场关系变化轨迹的分析,认为有效的政府和较为完善的市场机制是职业体育发展中'两只手'的博弈。政府作为'看得见的手'对职业体育的发展施加影响,而市场作为'看不见的手'通过体育产品和生产要素的交易活动完善市场机制,形成一种动态平衡的关系,最终达到和谐平衡的价值取向"[1]。郝晓岑等通过比较美国等体育发达国家的发展态势,指出当前我国职业体育发展的"关键就在于处理好政府和市场之间的关系,二者并不是相互排斥的关系,而是一种相互补充和交替关系"[2]。

---

[1] 刘远祥、田雨普:《政府与市场博弈下的体育产业结构优化》,载《山东体育学院学报》2009年第4期,第1~4页。

[2] 郝晓岑、刘亚林:《我国体育产业发展中的政府行为探讨》,载《沈阳体育学院学报》,2012年第3期,第38~39页。

舒宗礼认为"政府和市场之间是相互补充、相互协调、相互促进、有机统一的关系，'政府失灵'与'市场失灵'的现实共存，需要政府和市场（企业、社体组织、公众）之间建立起多元化协同调控机制；政府的优势在于规划，通过参与、引导、监管、调节来发挥主导作用；市场的优势在于生产，通过供求机制、价格机制、竞争机制来发挥决定性作用；只有'有效的市场'和'有为的政府'的协同治理，防止政府市场关系失位，才能实现公共体育资源的优化配置。"[1] 张瑞林从冰雪体育产业发展的情况分析，认为"政府"与"市场"是构成冰雪体育产业发展的两大主体，双方共同投入、共同治理是冰雪职业体育发展的根本途径。[2] 在这一研究方面，我国学者在讨论政府和市场的作用问题时，都认为政府和市场力量将在体制转型中对体育资源发挥作用，但对于哪种力量应起主导作用存在不同的看法。

理论与实践表明，政府与市场在促进经济和社会发展中发挥着重要作用，有效的政府和完整的市场机制对促进经济发展不可或缺，过分强调任何一方面的作用都可能造成灾难性的后果，要辩证地思考政府与市场的关系，进行政府与市场的沟通合作，以平衡两者的作用。政府的责任在于把握市场经济发展的方向，实现公平正义的使命和目标，市场工作的推进应由市场主体来进行。

市场经济追求的利益驱动模式和效率优先机制，在一定程度上强调政府治理必须以提高效率为基础。对于政府而言，效率并不是其追求的最终目标，社会公平和正义才是政府治理的理想目标。如果过度追求效率，可能会损害公平性。政府必须有公信力，创新的政府治理模式必须建立在不违反机会均等和公众监督原则的前提下。一方面，要充分发挥市场在资源配置中的决定性作用，提高经济发展的效率和效益；另一方面，要坚持社会主义制度，确保社会公平正义，特别是保护社会弱势群体的合法权益，为他们创造一个公平和公正的社会环境。要注意完善政府机关的监督检查

---

[1] 舒宗礼：《有效的市场与有为的政府：公共体育资源优化配置的关键》，载《成都体育学院学报》2015年第6期，第55～61页。

[2] 张瑞林：《我国冰雪体育产业商业模式建构与产业结构优化》，载《体育科学》2016年第5期，第18～23页。

第四章

中国特色职业体育政府治理状况

手段，消除对公众利益和公众、法人和其他组织合法权益的威胁。中国共产党"以人民为中心"的社会发展思想引领下，打造共建、共治、共享的社会治理格局，必须从群众最关心、最现实的问题入手，努力维护群众的根本利益，让弱势群体得到社会和政府的更多关心，不断让群众得到更多来自经济和社会发展的实惠。

由此可见，国内学者专家多年来一直进行着关于职业体育中政府和市场关系的研究，并就政府和市场的重要作用达成共识，即普遍认为政府与市场之间关系不顺已成为制约职业体育发展的主要瓶颈。一方面，在职业体育管理中，政府替代市场配置资源的现象比较突出。政府对职业体育经济活动的直接干预，行政干预和微观干预时有发生。部门间为了自身利益、相互扯皮情况普遍，市场主体作用发挥不够，存在着把过多的精力放在获得政策支持上，影响了对提高自身能力的关注。另一方面，在一些地区，职业体育转型升级取决于市场力量，政府作为不够，专业体育赛事产品供应和服务不足。政府的"越位""错位""缺位"，均制约着职业体育治理的作用。关于职业体育中政府和市场关系的研究多数是在文献资料中作为其中一部分进行论述，至今还没有一项真正意义上从整体上对职业体育中政府和市场关系的研究成果。已有研究多是从宏观角度进行考虑，内容不够深入，缺乏系统性。另外，关于职业体育中政府和市场存在的问题与对策等研究过于表面化，缺乏可操作性和突破性，需要根据实际情况进行分析。此外，对职业体育中政府与市场关系的研究需要突破以往的理论基础，并广泛借鉴政府经济学、制度经济学、市场经济学等理论分析工具，重新研判政府与市场关系，揭示其发展的本质，打破传统的分析框架，建立政府与市场的界限，并在此基础上提出关键对策，使职业体育中的政府与市场关系研究更加真实和符合理论上的解释。

第五章　中国特色职业体育政府治理机制

第一节　中国特色职业体育政府治理的一般框架

一、中国特色职业体育的政府治理

从公共经济学的角度来看，政府治理就是向社会提供公共产品的过程。政府治理是"政府在解决公共问题的过程中与许多利益相关者进行沟通、协商与交流的过程，也是交换信息，获得信息和提供信息的过程"[①]。政府治理的核心就是提供公共产品以满足社会的需要。

中国特色职业体育的政府治理主要由政府主导、领导和指导，政府职能部门、俱乐部、社体组织和公众参与的职业体育管理活动。政府作为职业体育管理的主体责任者，承担着政府的一切事务；政府成为职业体育治理的主体，担负着领导和指导职业体育治理的主体责任。政府与俱乐部、社体组织和公众共同参与到职业体育的治理体系之中，形成政府主导，市场、社体组织和公众参与的多元主体治理；其政府治理的目标是构建中国特色职业体育治理体系，满足社会公众的需求。

要实现职业体育政府治理，首先要明确各治理主体的角色定位。政府体育管理部门具有较强的行政操作能力，要做的主要工作是协调引导，在国家行政框架体系内组织各方力量完善相关体育事务，既要促进体育相关企业赢利，又要使体育相关社会组织共享互补，当然还需要社会体育参与个体真正获得收益。同时也要建立起激励机制与利益保障机制，充分激发

---

① 柴茂：《洞庭湖区生态的政府治理机制建设研究》，湘潭大学博士学位论文，2016年。

第五章

中国特色职业体育政府治理机制

和调动社会方方面面的有生力量参与到职业体育治理体系中，提高职业体育治理成效。

二、职业体育政府治理的总体框架

职业体育政府治理的总体框架包括政府治理主体、治理边界、治理客体以及主体作用于对象的政府治理机制。其框架如图 5-1 所示。

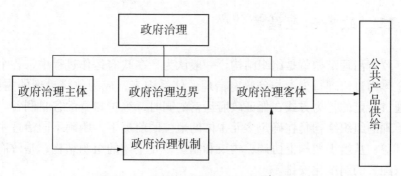

图 5-1　职业体育政府治理的总体框架

职业体育政府治理主体不局限于政府，还包括政府职能部门、俱乐部、社体组织和公众等在内的多元主体。他们在治理体系中彼此互动，以不同的角色工作。这种治理结构可以有效地克服传统官僚式管理模式下"政府失灵"的现象，又能超越和克服"分散化"治理的弊端，形成协同治理架构。

第一，政府治理主体，是指在政府治理过程中，政府职能部门、俱乐部、社体组织和公众等。这些都是政府治理的参与者。

第二，政府治理边界，是指政府治理作用的范围以及行使权力、责任的边界。

第三，政府治理客体，是指中国特色职业体育政府治理的对象，包括两个：一是政府职能部门，监督其是否妥善地进行了管理，是否供给了令人满意的公共产品；二是多元主体，主要是政府职能部门、政府、俱乐部、社体组织和公众。因此，政府具有双重身份，它不仅是政府治理结构中的主要治理主体，还是被治理的对象。

第四，政府治理的范围。广义上的政府治理边界与政府治理范围有关。因此，应从政府治理与政府管理的区别，以及政府治理问题的产生两方面进行考察。就治理与管理的区别和联系来看，管理是内部的活动，侧重的是业务经营管理，主要是政府行使指挥权；而治理则是外部性的活动，侧重的是治理主体是否被恰当地决策以及监督、控制管理活动。政府治理任务就其本身而言不在政府职能上，而是对多元主体予以制定、监督和控制管理的行政措施。职业体育政府治理机制见本章第四节。

三、政府治理结构

政府治理结构就是组织结构。一般认为，在政府运作过程中，各个治理主体通过治理行为参与到政府治理的体系中来，成为政府治理的主体，并通过特定的行为方式在保证政府运营的同时，维护自身的各自利益。政府治理的组织结构是在确定多元主体的地位的前提下，明确不同治理主体的利益，从组织架构上协调、约束和制衡多元主体的组织结构，是政府所有权配置的制度化安排。

作为公共产品供给者的政府组织，多元主体是政府治理具体的实施者和执行者，政府治理的每一项成绩都离不开它，所以他们会选择利益最大化。作为政府、俱乐部、社体组织以及公众，他们将通过一定的手段和方法对政府施加影响，以便可以满足自己的目标选择要求。

政府多元协同治理是一种发展趋势，由于政府规模的限制，多元主体之间存在利益冲突在所难免。因而，合理的政府治理结构安排是确保政府运作乃至实现政府治理目标的基础，而且政府的治理结构具有典型的层次性特征。全面把握政府治理结构模式，有助于更准确地探讨政府治理的特征以及政府治理实现的途径。

政府治理机制与政府治理的组织结构密切相关，是政府治理不可分割的一部分，是不可或缺的。其中，政府治理的组织结构着眼于多个主体的权力制衡，为治理机制的作用提供了组织架构，是政府治理机制作用的前提和基础；政府治理机制的重心在于多个实体主体的制度安排，政府治理机制是政府治理组织发挥作用的灵魂。没有政府治理机制，政府治理组织机构不能有效运行，也会缺乏对运营的动态支持和制度保障。

第五章　中国特色职业体育政府治理机制

政府治理可以分为内部治理和外部治理。内部治理包括政府政策和监督机制、制度的决策机制、市场的激励约束机制、多元主体利益平衡机制四个组成部分；外部治理是由各种市场力量和社会力量构成，其治理机制还包括决策机制、监督机制和激励约束机制三个方面。实际上，如果从"结构－功能"关系的角度去分析，我们也可以把政府治理分为结构性治理与功能性治理。所谓结构性治理是由政府职能部门、俱乐部、社体组织和公众组成，其实就是前面讲的内部治理；所谓外部治理是指政府在与市场、社会的互动中受到外部市场和社会过程的制约，即通过市场因素和社会因素，如政府、俱乐部、社体组织和公众等对政府治理施加影响，使政府产生自我控制和自律行为。职业体育政府治理结构如图5－2所示。

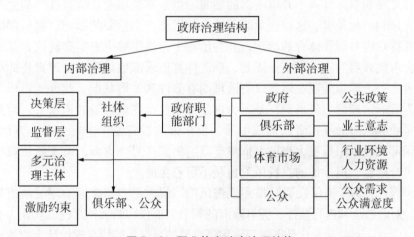

图5－2　职业体育政府治理结构

多元主体治理一般由党和国家作为委托人，相应的职能部门代表党和国家履行职责，负责各种公共事务并提供公共产品。在这种情况下，政府与多元主体之间建立了委托代理关系。因此，这些组织将受到政府更多的限制，其外部的功能性治理更强；其内部的治理结构也遵循一般治理模式，并建立了行业协会的治理结构。由于政府的特殊性，政府治理结构中的政府一般由政府职能部门组成。它们进行治理的目的是平衡多元主体的实力，从而维持政府治理的目标。

四、多元治理主体利益需求的内容

政府治理的主体是寻求自身效用最大化的理性人。由于他们在政府内外的地位不同,关心的权利和所承担的风险不同,所以利益需求也不同。一般来说,俱乐部的利益要求是追求利润并实现其他战略目标;社体组织不断寻求扩大影响力;公众追求价值产品的购买并获得更多的消费者剩余;政府希望有更多税收,希望满足人民群众对职业体育的消费需求。

(一) 职业体育俱乐部的利益追求

发展职业体育离不开俱乐部的参与。俱乐部是职业赛事服务产品生产的直接利益相关者,这也会对职业体育的发展产生重要的影响。俱乐部既会支持政府对职业体育的治理,并为治理工作提供解决方案和建议,又可能会对抗政府的政策措施。因此,职业体育俱乐部也是政府治理责任的承担者之一,影响着职业体育政府治理的有效性和发展状况。此外,俱乐部作为政府治理的力量来源,是因为俱乐部不仅是剩余收益的追求者,而且也是业务风险的承担者。形式上看,俱乐部的投资是个人行为。一方面,俱乐部的投资回报更大程度上依赖于政府组织;另一方面,由于物质资本的可分离性,俱乐部的投资风险也是不可避免的。

因此,为了确保投资回报和规避风险,俱乐部参与政府治理的动机最大,对政府运营进行监控,拥有政府的剩余索取权和剩余控制权也就成为必然。所以,利益最大化是俱乐部业主最重要的目标。即使在现代社会物质资本地位弱化的情况下,俱乐部业主仍然是政府治理主体中最为重要的主体。

(二) 社体组织的利益要求

社体组织是民间性质的单项体育协会,归属政府的民间组织管理局管辖。社体组织在政府治理中具有举足轻重的地位,起到承上启下的沟通和桥梁作用。由于社体组织的性质,他们必须依托政府的支持来施展自己的才能。因此,他们与政府的关系比俱乐部业主还要密切。此外,社体组织是行业管理者组织,有义务和权利对行业的规范和行为进行监督和检查;作为独立的治理主体,其利益要求主要是对权力、声誉、地位的追求,它对政府的职业体育治理也承担风险。因此，社体组织主观上具有参与政府治理的强烈愿望。

（三）公众的利益要求

公众作为政府公共产品的接受者和消费者，在很大程度上受政府提供的公共产品的质量和价格所影响。政府将通过提供公众需要的公共服务产品来实现经济和社会效益。公共利益要求包括提供高质量的服务产品。尽管政府提供的赛事服务产品已通过采购活动转移到公众，但赛事服务产品还包括消费者需求和投诉等其他权利。因此，公众希望职业体育联盟能够公平公正地发展，以满足他们长期的体育需求；对公众来说，参与政府治理能够增加对政府责任感和利益的分享。而政府也因此提高了未来需求的可预测性和可控性，从而提高了政府的竞争力。因此，公众参与治理是有益的补充。

社会公众作为治理的主体。社会公众参与政府治理的方式受到政府越来越多的关注。公众参与政府治理也是表达公众利益诉求的过程，这为公众参与政府互动提供了一个有效的平台。只有公众积极参与政府治理，政府才能实现多重治理目标。公众参与政府治理，更能体现政府治理的成绩；公众作为职业体育产品的消费者和接受者，无疑也是职业体育服务的对象。因此，政府应疏通渠道，让公众能够参与到职业体育的政府治理中去。

（四）政府的利益追求

政府作为职业体育的治理主体意味着使用行政权力维持秩序。政府的作用主要是通过制定职业体育的政策和措施对政府治理施加影响，通过实施各种法规来规范职业体育的行为。无论职业体育的发展状况如何，政府都是职业体育治理的主体，通过市场手段配置资源并实施监督职能，通过公共约束行为发挥管理者和监督者的作用。

综上所述，我们详细分析了政府、俱乐部、社体组织、公众等的利益需求，可以看出，多元治理主体的利益需求各不相同。对于政府来说，它所面临的多元治理主体的利益追求是不一样的，有的治理主体重视经济效益，有的则重视社会效益。所以对于不同的治理主体，政府必须采取不同的规制策略和治理手段；面对多元治理主体的不同利益，政府应合理配置资源，以实现多元治理主体之间的平衡。

第二节　职业体育治理模式及其选择

依据职业体育领域中政府的权力和政府在职业体育治理中的作用，职业体育的治理模式可分为政府治理型、社会治理型和中间型三种类型。中美两国分别是政府治理型与社会治理型的典型代表。本节基于治理理论探讨政府治理的方式和路径，试图分析影响治理的因素，从中分析我国职业体育政府治理的方向和目标。

一、职业体育治理模式的类型

（一）政府治理型

政府治理型主要由政府主导，政府权力高度集中，以行政方式管理和控制职业体育的各个层面。政府管理体制有利于集中有限资源，在体育领域达到一定的预定目标；其不足之处是不利于调动社会各界积极因素共同推动体育事业发展，有时甚至限制社体组织的支持和参与；其结果往往不利于体育事业健康和全面发展。政府治理型主要存在于古巴、朝鲜、越南等国家，中国的职业体育体制也是典型的政府治理型体制。

政府治理型体制的显著特点是在预算约束条件下，对体育产值追求最大化，即追求金牌数量的最大化，主要表现为追求胜场（金牌）最大化以及追求职业体育的政治利益方面的功能。

（二）社会治理型

社会治理型由各种社体组织直接管理。政府通常不设立专门的管理机构来控制体育事业的发展，很少介入和干预体育事务，即使涉及干预，通常也采用市场导向的管理机制，运用法律和经济手段进行间接调控。在采用社会治理型的大多数国家，其管理权力相对分散，主要分布在社体组织

第五章

中国特色职业体育政府治理机制

中。因此，这类治理模式也被称为分权型。美国的体育管理体系是典型的分权型。

在一些采用社会治理型制度的国家，政府通常委派一到两个社体组织来行使体育管理权。这样的体育管理权力相对集中，行政管控更为独立。虽然行使权力的组织具有半官方性质，但它本质上仍然是一个独立的社体组织，并且具有法人资格，如日本的财团法人、体育协会，新加坡的体育理事会，西班牙的最高体育理事会，等等。

由于社会治理型没有统一的政府规划和目标，而且具有一定的盲目性和自发性，可能会导致大量资源被分配到优势不大或者奖牌密度低的项目中，但大众体育往往会得到较为全面的发展。

（三）中间型

政府和社体组织共同参与管理的体系就是中间型体育治理体制，这种体制普遍被大多数国家采用。在这种体制下，政府的角色、定位以及分工明确，管办分离。政府的职能主要是"掌舵"，并不参与具体的体育事务。

具体来说，政府重点在于制定和实施政策法规和体育发展规划，协调控制体育过程、运行维护体育场馆设施、沟通协调不同体育组织。体育事务性工作，如专业人才培养与发展、体育活动组织与规划、体育产业拓展与发展等均由社体组织承担，形成分工合理、高效的综合管理体制。世界上大部分国家实施这种管理体制，如法国、德国、英国、加拿大和韩国等。这种体制的优势在于有利于发挥政府的主导作用，鼓励社会各界支持和参与体育活动，缺点在于权力分配和利益分配存在一定的问题。

实际上，中间型是一种处于中间过渡状态的类型，在这种类型中，有的体制对政府治理有偏好，有些则强调社会治理型。不同体制之间有很大的差异。目前体育管理体制呈现出从两极向中部集中发展的趋势。过去使用政府治理型的国家现在逐渐鼓励社体组织参与体育事业管理，如东欧和中国；过去采用社会治理型体制的国家，现在建立了体育管理机构专门管控体育运动，逐渐使其管理体制演化为中间型体制，如加拿大、韩国等。

中间型职业体育克服了社会型组织发展的盲目性，强化对政府组织的高效率，与政府组织型相比，提高了管理透明度和协调力度，有效地避免了科层官僚主义，大大节约了政府部门内的管理成本。

综上所述，现今各国职业体育制度都是由复杂的历史进程演化而来，它们之间并没有绝对的孰优孰劣之分，也无形式上选择的严格界限。正如市场经济并不只属于资本主义一样，竞技体育举国体制也不仅仅限于计划经济，资本主义国家也可以发展适合市场化经济运作规则的举国体制，不同的只是发展制度的组织形式选择问题。

二、治理模式的效率比较

从经济学的视角来看，政府治理型模式在财政预算约束条件下追求竞技体育产值最大化，也即追求金牌数量最大化。这种约束条件下的必然结果是职业体育变成了竞技体育。而社会治理型和中间型的职业体育的治理主体则在预算约束条件下致力于成本最小化或利润最大化。因此，社会治理型与中间型职业体育服务供给形式以经济利益最大化为前提。

政府治理型模式可以有计划、有目的地集中有限资源培育本国的优势项目，因而在群众基础差、市场需求小、金牌密度大的竞技体育项目上具有比较优势。但由于经营者作为行政政府机关、成本意识较为淡薄、没有予以足够的重视，他们对体育资源投入的热情可能没有那么高，所产出的效益可能相对较低。

政府治理型模式下，职业体育治理在追求获取金牌数量最大化的条件下，可以集中一切可以利用的资源追求金牌数量最大化，但这可能造成资源不足与浪费并存的局面。因此，从这个角度而言，政府治理型模式的绩效低，社会的整体效益没有得到提升。随着我国经济实力的显著增强，靠金牌数量突显政治制度优势，忽视投入和产出的经济学规律，忽视社会绝大多数群体利益的做法已经明显不适合社会发展情况。因此，必须重视大众的体育权利和社会效益，将有限的职业体育资源投入到大众群体是我国职业体育可持续发展的根本之路。

社会治理型模式充分利用了社会一切可利用资源，节约政府搜集信息成本以及大量的人力物力，但由于其没有政府统一规划与发展目标，往往具有一定的盲目性，结果可能导致大量的资源被配置到不必要争取优势的项目上去。但此种模式有利于保障大众群体的体育权利，社会总体福利效益较好。

三、中美职业体育治理体制的特点分析

由于社会制度不同,中美两国现行的职业体育治理主体是完全不同的。中国职业体育治理模式是政府治理型,而美国职业体育治理模式则是社会治理型。通过对现有文献的梳理,对比中美职业体育治理体制,两种治理体制在诸多方面都存在较大的差异,见表5-1。

表5-1 中美职业体育治理体制对比

项目	中国职业体育治理体制	美国职业体育治理体制
治理模式	政府治理型	社会治理型
制度起源	政府强制性安排	自然演化
制度历史	约60年	约120年
组织属性	事业单位、社体组织	社体组织
资金来源	财政拨款为主	市场
组织特征	政府集权	松散
人事关系	人事编制	聘任制
绩效主要目标	为国争光	大众的发展
管理方式	行政命令	合同、协议
运行方式	行政机制	组织协调
资金使用监督	不透明	透明
绩效评价	上级考核	社会评价、组织成员评价

(一)职业体育治理的组织形式

1. 中国职业体育治理的组织形式

中国的职业体育治理是由国家体育总局的运动项目管理中心来进行统一运作管理的。运动项目管理中心是由国务院批准设立的事业编制单位,其上级主管行政部门是国家体育总局。从实质上讲,运动项目协会是一个社会化组织;但从逻辑上来看,一个社会化组织管理一个事业单位有些不

合情理。它是中国从计划经济向市场经济转型过渡时期的产物，是一个特殊社会转型过程中的表现形式，具有明显的官办特征。按照公共选择理论，政府作为特殊的利益集团及公共产品的主要供给者，明显具有"经济人"的特点，也追求自身效用和收益的最大化。也就是说，出于自身最大化利益的追求，政府与真正的社会化组织和广大群众的利益在某种情况下可能并不完全一致。按照此种假定，政府在某些情况下并不能完全以社体组织和群众利益的角度看待问题，这种非一体化的群体利益体系容易导致管理成本和社会成本的提高，进而导致交易费用上升，政府权力设租和寻租的动机依然存在。

受中国传统的科层制体制的影响，运动项目管理中心在行政管理上实行垂直型的分层分级管理，上下级的隶属关系明显，对职业体育实行高度的掌控集权，对人、财、物等各种职业体育资源进行垄断把控，主导全国性的职业体育运动竞赛活动，亦管亦办，关系较为复杂。中国运动项目管理中心实质上身兼"官、民、商"三种角色于一体，各种资源都经其垄断，掌控着一切可以利用的权力。此种体制的组织形式导致中国职业体育运动项目管理中心的权力极大，但对其权力难以有效的监督，因此极易滋生腐败，无法保障各俱乐部的合理权益。

2. 美国职业体育治理的组织形式

美国职业体育治理的组织形式是在法律的政策框架下，政府对职业体育组织进行监管，同时为职业体育的发展创造各种有利条件，并由各种职业体育社体组织进行自我管理、自我运营的组织形式。其主要的职业体育组织归口美国奥林匹克委员会（简称"美国奥委会"）统一管理，它们之间的关系仅仅是一种协调、服务与合作的关系，而不是上下级的监管。在法律层面，它们处于一种合同协议的契约关系，上下级之间隶属关系不明显，实行的是一种扁平化的松散式管理。各职业体育社体组织相对独立，此种组织形式可以确保各组织群体的主动性地位，保障各群体的有效利益，充分发挥各组织的主动性。但美国的职业体育组织机构十分繁杂，相当一部分职业体育组织并不在美国奥委会的管理范围之内，政府对其采取自发式管理。

第五章
中国特色职业体育政府治理机制

（二）体育经费来源

我国职业体育的资金来源主要有三种途径，包括政府的财政拨款、社会的赞助和职业联赛的收入。其中职业联赛资金主要来源于市场，但就目前国内的情况来看，职业联赛的收入额度和资金使用流向仍然不透明。这使得联赛的资金流向仿佛成为一件不可公开的事情，各俱乐部根本无从知晓联赛资金的去向，也就更加无法监督资金的流动情况。而足球运动管理中心有很大的支配权，决定着这些资金的分配和流向，并且存在个人效益最大化的动机，比如导致资金使用的经济效益和社会效益在很多情况下难以达到集体的总体利益目标，即集体的利益目标与社会大众的利益目标出现偏差，有时甚至出现较大的差异。再如足协为了完成职业足球联赛发展中的目标，往往没有考虑到资金的有限性和使用效率，导致有限资金在该项目上大量投入。

美国政府对于职业体育事业的管理则不需要将此项开支列入财政预算，而是借助多种渠道的社会资金来发展体育事业，包括各种基金会、有社会责任感的公司、社会团体和个人等。这样一套完善的监管体系使得职业体育组织的资金来源规范，使用目的明确而严谨。

（三）政府的职能

政府对在职业体育的发展过程中应该发挥何种职能，起到何种作用并不清楚，这是制约职业体育发展的关键问题。从经济学的视角看，对于关乎大众利益问题的体育，本质上属于一种准公共产品，在其生产和供给上，政府必须发挥其主导的地位和作用。

当前，我国各级政府在职业体育事业的发展过程中的角色定位大体表现为以下三个特征：一是政府包办体育，行政化一体管理，管办一体；二是政府垄断，一方面对体育事业的财力资源、人才和物质资源的垄断和独有，另一方面是行政垄断，主要表现在竞技体育，包括职业体育比赛领域；三是政府对体育社团组织的垂直直接领导，限制了体育民间力量的发展和崛起，绝大部分的体育社团几乎都在政府行政部门的掌控之中，民间社团根本无法真正独立发挥作用。当前，体育体制的改革必须依托整个社会政治、经济、文化等领域改革的社会大环境，紧随政府职能转变的发展趋势，打破体育系统内部长期形成的公共资源垄断和部门利益保护格局，使中国体育事业发展中的问题通过进一步加快体制创新获得有效解决。①

长期以来，在我国实行的行政管理体制中，"重政府、轻社会"的现象严重，政府在社会管理中独断一切，机构繁多分工不明，管理效率低下，轻视或忽视了民间组织独特的作用，不利于调动民间组织参与社会管理的积极性。在我国目前的职业体育管理体制中，国家体育总局及其下属的足球运动管理中心是主要行使管理全国职业体育的主体。隶属于民办非企业单位的足协，却因为历史原因带有明显的官民二重性，它们对职业体育的行政管理和资源垄断，导致职业体育资源的不足与浪费并存，同时这种垄断也容易导致小团体利益产生。为避免这种现象，政府应该在政策制定、监督管理及资源配置方面发挥其特有的作用，切实转变政府职能，避免出现政府在权力行使与分配过程中的"越位"和"缺位"并存的局面。同时，政府应充分下放权力，充分发挥民间组织的本质属性，在政府的有效监督、协调下，真正实行管办分离，充分发挥其民间独特作用。

美国政府在职业体育事务的管理中，充当"协调者"的角色，政府既不设立专门的部门来管理，也不拨付专门的经费预算来支持。政府做的仅仅是为职业体育的发展提供软硬条件，如出台相应的法律、政策来支持和保护职业体育事业的发展，在公共社区修建并提供相应的场地、器材，也就是政府提供职业体育发展所必需的公共产品。而职业体育的具体事务（如训练、竞赛、组织管理、培训、经费筹措等）则交由社体组织（如各种职业体育协会、奥委会、体育俱乐部、基金会等）统一控制和管理。

四、中美职业体育治理模式比较的启示

通过对中美两国职业体育治理的历史特征、社会背景、大众体育等方面的梳理，笔者认为在治理模式选择上，可以结合现阶段我国发展的阶段和特点借鉴并充分吸收美国的体制优势，以此来完善我国职业体育治理的路径和方向，具体表现在以下三方面。

---

① 谭建湘、胡小明、谭华等：《"十二五"我国体育事业改革与发展研究》，载《体育学刊》2011年第4期，第3页。

第五章

中国特色职业体育政府治理机制

第一,任何一种制度模式都有其局限性,并不存在一种完美的、适合所有国家的制度模式。从中美两国的情况看,两种模式在公平公正、效率、改善社会福利等方面都分别存在缺陷和不足。要保障制度发挥积极的社会效益和经济效益,实现全体大众群体的利益最大化,即追求治理绩效,是治理模式选择的根本原则。

第二,中美两国分别实行的政府治理型和社会治理型模式在保障公平公正以及效率高低方面有较大的区别,但是在现实中并不能简单地根据哪种制度模式更公平公正、效率更高而进行照搬或取舍别国的职业体育制度的理想模式,其原因就在于治理模式的选择标准是由经济社会等多种变量共同决定的,其他变量的影响也应当给予考虑。美国的经济发展水平较高、社会保障及法律制度比较完善、体育文化传统也比较深厚,这些社会背景对美国的社会型治理模式有较大的促进作用;而根据我国的国情实行政府主导、充分发挥社体组织作用的中间过渡型模式,是我国职业体育制度改革的现实选择。

本书通过理论分析和实证论证,认为职业体育治理由政府单一主体治理转化为政府、市场、第三部门多元主体治理,可以提高帕累托效率、改善社会福利,这种多元治理模式实质是一种中间过渡型治理模式,选择这种治理模式的实施路径具有非常重要的政策指导意义。

第三,在社会发展过程中,既要重视社会效率,又要注重维护公平公正。公平公正是社会人平等的基础,是社会和谐的基石。建立在公平公正基础上的制度,有利于维护社会的和谐健康,并能充分调动人的积极性,从制度上来讲,这也必然是高效的。虽然公平公正与效率在本质属性上是一致的,但当二者在发展过程中出现矛盾时,有时需要强调效率优先,有时则要兼顾公平公正。就我国目前的国情而言,要在保障公平公正的基础之上兼顾效率。

第三节 中国特色职业体育政府治理的职能

政府职能是指政府依法管理职业体育的职责、角色和作用,是提升政府治理能力现代化的主要因素。职责意味着管理的内容以及管理的程度,而角色是指管理的定位，作用是指功能和有效性的状态。政府的有效运作应明确政府职能的问题。政府的职能和角色定位构成了政府治理的依据。

一、职业体育政府治理职能的定位

在不同的社会经济发展阶段，治理主体不是固定不变的。它既可以是公共治理主体、社会治理主体，也可以是公共主体和社会主体的组合。根据我国职业体育发展现状，构建政府主导的职业体育多元治理主体是现阶段必然选择。政府的职能和作用主要表现在以下四个方面。

（一）制定职业体育发展规划

根据职业体育对经济社会发展的影响来做好顶层设计，制定职业体育发展规划，加强职业体育的整体布局和逐步开发，提高职业体育规划的科学性和合理性，规范和引导职业体育发展。

（二）政策法规制定者

职业体育的政策法规是规范职业体育发展的保障条件，也是实施有效治理的关键。目前我国职业体育的相关政策法规严重滞后于实践发展，导致职业体育发展改革中的很多问题得不到有效解决。因此，应通过政府的政策法规的制度安排，确保所有治理主体共同参与政府治理，推动职业体育的健康有序发展，满足公众日益增长的职业体育需求。

随着社会经济的转型升级，政府和其他治理主体也应该正确区分职业体育发展中的法律法规。政府应该更多地关注宏观管理和宏观政策制定，明确政府义务和其他治理主体的权利和义务；而行业规则应当由具体的研究机构、企业或者社体组织等治理主体研究制定。

（三）专项奖励提供者

基于职业体育具有的公共产品性质，政府应该为优质公共产品生产者提供必要的专项奖励金。通过政府财政设立专项奖励金，奖励职业体育俱乐部运营和发展，支持社会力量投入职业体育俱乐部，提高社会力量对职业体育投入的积极性。

（四）市场监管者的角色

发展职业体育需要政府的扶持和监督，两者是相辅相成的。政府作为市场监管者的作用主要包括建立规范化的管理体制，实施市场准入和退出机制，制定职业体育发展的标准，规定职业体育监管内容、方式及违约责任认定，明确职责，确保公共利益的实现。

此外，政府还应采取措施积极鼓励市场、企业和社体组织等参与职业体育的产品供给，为所有供给主体发挥效率创造必要的条件。协调各供给主体之间的关系，共同完成职业体育产品的合作供给。

二、政府治理职能发挥作用的领域

在计划经济时代，职业体育赛事作为准公共产品，主要通过政府供给。随着经济体制改革的进展，政府职能逐步转变，政府提供准公共产品的方式也逐渐改变，由单一主体供给转变为与市场结合的供给方式。相应的职业体育的治理也发生变化，由起初的单一政府治理，逐渐转变为政府主导，市场、社会、公众参与治理的形式。这种形式不仅弥补了政府单一治理的不足，也满足了公众对职业体育赛事的需求。赛事服务产品是职业体育发展的核心，职业体育的发展都是围绕赛事服务产品的生产而进行组织管理、制度建设、商业运作等。依据政府职能理论和中国国情与体情的状况，在构建中国特色职业体育政府治理中，应从以下四个方面着手。

（一）发挥政府的决策作用与职能

1. 职业体育政府治理的决策作用

在现代社会，职业体育产品的供给已经成为体育产业的大行业。随着政府职能的转变，准公共产品由市场或社会供给成为公共产品供给的一种趋势，为企业利用市场机制提供赛事产品提供了机遇。

因此，作为准公共产品的职业赛事产品可以通过市场实现有效供给。然而，由于市场上职业赛事的服务产品的提供可能存在着私人利益、社会利益甚至国家利益之间的不一致性，仍然需要国家对市场机制实施宏观调控，确保职业赛事服务产品公共利益实现。在当前情况下，职业体育的治理仍然需要政府发挥主导作用。

2. 职业体育政府治理的职能

对于我国职业赛事产品的生产，在市场经济体制不断发展和完善的情况下，职业赛事产品所需的市场体系和规章制度并不完善。政府的作用是维持职业赛事产品的生产的正常运行。然而，政府职能部门在赛事产品生产活动中出现"越位""缺位""错位"等现象，严重阻碍了职业体育市场机制的充分发挥。

根据当前我国职业体育的现状，政府治理应在市场失灵和市场机制不健全方面定位于政府职能。一方面，政府应该为职业体育私营提供者提供制度激励，如界定职业联盟的产权以及实际的激励奖励，以良好投资环境吸引私人提供赛事服务产品；另一方面，政府应规范职业体育市场秩序，确保职业体育市场的价格机制、竞争机制和供需机制，必须通过法律法规切实维护职业赛事服务产品市场的正常运行。此外，政府还要培育和完善职业体育市场体系，积极推动赛事服务产品市场发展，大力发展我国职业体育中介市场，加快发展我国体育中介组织和经纪人队伍的建设。

（二）职业体育治理主体的保障机制

政府和市场在职业体育供给方面有不同的供给动机和利弊，各自扮演着不同的角色。因此，要妥善处理好政府与市场的关系，建立成熟多样的联合治理机制，构建多元协同治理保障机制，实现有效供给。

1. 供给主体创新

理论上，准公共产品应该充分调动生产和社会力量来提供援助。目前，社会经济正处于转型发展时期，职业体育竞赛从最初的公共产品转向准公共产品。因此，一方面，需要转变政府职能，从"全能政府"向"有限政府"转变，从"权力政府"向"服务型政府"转变。另一方面，鼓励市场参与者形成多元化的供给结构，积极实施税收优惠政策，鼓励市场化的企业进入职业体育领域，明晰供给主体的产权，使所有供给主体可以获得利益。大力培育发展社体组织。实施管办分离，剥离政府体育管理部门的职权，转给国有产权和其他权益的委托代理人负责经营管理。此外，还需要整合职业体育运营商，搭建协作合作模式，使俱乐部、社体组织和政府共同参与其生产、管理经营和监督。建立利益协调机制和监督机制,平衡供给主体之间的利益关系,约束和监督各供给主体的行为,防止寻租行为。在合作供给架构下,职业体育中的多元供给主体的整合与主体间的交流和协作密不可分。

2. 建立有效的激励机制

不管以何种机制供给赛事服务产品,没有激励就没有动力。在职业体育多元主体协同治理保护机制中,只有建立有效的激励机制才能促进各主体之间的协同。在职业体育多元主体共同治理保护机制中,作为赛事服务产品的提供者,无论是政府还是市场均要承担职业赛事服务产品供给中的责任。

3. 建立民主监督机制

由于我国职业体育法律体系尚不完善,鼓励社会力量参与职业体育的供给很难避免"暗箱操作"的现象,使本来正常运转的职业体育遭到破坏,出现各种丑闻。由此可见,为减少投机事件发生,有必要建立规范的监管机制,确保所有供给主体之间的平等合作。一方面,"市场失灵"需要强化政府监督职能,但政府也应该加强自身内部和外部的监督。政府应该从维护公共利益的角度出发,对供给主体进行约束和监督。另一方面,加强对供给过程的监督,引入市场导向机制在提高赛事服务产品效率的同时,也为权力寻租和腐败提供了方便。因此,可以在整个供给过程中建立一个多层次的监督体系,对供给主体实施全面监督,如公众监督、舆论媒体监督等,确保职业体育健康有序发展。

本质上,俱乐部的最终目标都是盈利。在职业体育治理多元化的市场导向机制发展中,俱乐部必须迎合消费者需求,政府也应转变职能,满足公众的需求。因此,民主监督机制尤为重要。一方面,建立赛事服务产品消费者需求表达机制,尊重和重视消费者对赛事服务产品的意愿和需求,打通表达渠道;另一方面,建立职业体育"自上而下"和"自下而上"的决策机制,消费者需求偏好的实现其影响因素较多,需要政府、企业和社体组织间的密切合作。

(三)发挥政府的规划职能

由于我国职业体育具有准公共产品的特点,所以政府在提供赛事服务产品时必须发挥其规划作用,科学合理地制定职业体育的标准等,确保所有赛事产品生产者的合法利益得到维护。此外,政府合理规划设计场馆周围的交通，以解决赛事产品提供中可能出现的问题。

（四）发挥政府的运营职能

一方面，职业联赛产权的明晰对职业联赛的运作具有重要意义。由于我国职业体育的公共产品特点，政府在职业联赛产权中仍占有一定比例。另一方面，由于历史原因，我国赛事服务产品生产者（俱乐部）的产权相对复杂，国有企业普遍对其进行投资。因此，它们都属于国家公共支出的共有产权资源。在俱乐部运作过程中，政府应该积极发挥职能，明确俱乐部的产权归属，防止国有资产流失，同时避免与民争利。

总之，中国特色职业体育的建设离不开政府职能，政府在职业体育治理中发挥着主导作用。要加强政府的领导作用，应从以下三个方面着手。第一，在提供产品的过程中，职业体育相关政策法规是实现赛事服务产品有效供应的关键条件。政府制定的政策法规确保行业发展的方向，如制定战略，确保职业体育赛事场馆周边运输畅通，确保赛事安全运行。第二，政府为职业体育运营商提供必要的支持以维护经营主体的合法权益。第三，在提供职业服务产品的过程中，政府应加强市场监管，确保职业赛事生产者根据行业自律，评估主要赛事服务产品的质量，确保公共利益的实现。

第四节 中国特色职业体育的治理机制

一、职业体育的政府治理机制的内涵

要理解职业体育的"政府治理机制，首先要准确把握'机制'的内涵与特征。从词的意义上说，机制是指'机器的构造和工作原理'或'机体的结构、功能和关系'。"[①]《牛津词典》将机制解释为"机械装置"或"机体结构"。《新华词典》将机制解释为"机器的构造和工作原理"。

---

① 霍春龙：《论政府治理机制的构成要素、涵义与体系》，载《探索》2013年第1期，第81~84页。

第五章

中国特色职业体育政府治理机制

机制一词在医学、生物学和其他自然科学中被广泛使用。此后,"机制应用于社会科学领域,指社会系统中各个组成部分的基本结构、功能和作用。而这种机制在社会制度或社会活动中反复出现,并呈现规律性,可以说机制是一种稳定的运作模式"[①]。

职业体育政府治理的本质是政府对职业体育的管理过程。因此,对于职业体育,政府治理可以理解为:政府是职业体育治理的主体,负有主体责任,其治理对象是职业体育;政府采用政治、经济和法律的手段对职业体育进行保护、监督和治理的过程。

作为职业体育的治理主体,政府面临内外部环境的干扰,需要依靠一系列制度设计来维护系统各个组成部分之间的关系,并确保其正常运行。因此,科学合理的政府治理机制是保证政府治理顺利进行的重要基础和根本条件。这对政府治理提出了更高的要求。作为公共产品的主要提供者,政府应创新政府治理机制,提高公共产品的供给能力。

鉴于以上思路,构建职业体育政府治理机制应实现机制与政府治理的结合,形成一个整体的逻辑关系和内容架构。基于机制的内涵和政府治理的解释,职业体育政府治理机制是指政府通过制度安排或结构设计,形成的职业体育治理体系内的治理主体、治理结构、治理模式等相互关联和互动的操作模式及行动方式。职业体育的治理机制本质上是一种基于治理机制的一般操作原则,对职业体育治理过程中的主体协调、资源整合、结构设计和运行模式具有宏观调控作用。职业体育政府治理机制的内涵体现在以下三个方面。

第一,职业体育政府治理机制的主体是政府,政府作为治理的主要责任和职能部门是占主导地位的。但是,政府不是单一的个体,它既有上下级政府、地方政府,也有政府各职能部门。因此,在职业体育治理过程中如何实现其他主体的参与以及各个主体之间的合作与协调,需要建立政府与政府之间、政府与其他社体组织之间的主体协作机制。

第二,职业体育的政府治理机制主要体现在治理过程中的权利义务、资源配置与责任分工之间的关系,以及如何通过权力分配与结构关系来确保治理过程中,政府行为的有效运作和其基本目标的实现,而且这种结构

---

① 沈荣华:《政府机制》,国家行政学院出版社2003年版,第2~3页。

既有内部结构也有外部结构。

第三，职业体育政府治理机制一般是指政府在履行职能时采取的具体措施和方法。通过实现职业体育政府治理模式的选择与优化，包括治理主体的整合（如政府主导的多元治理模式的实施），从而实现科学有效的治理运作和行动方式。

二、职业体育政府治理机制的分类

政府治理机制是一个复杂的制度体系。从机制作用角度看，它包括内部治理机制和外部治理机制。职业体育内部治理机制是通过政府、俱乐部、社体组织和公众等多元主体的参与，以及依据内部组织结构实现的治理。其外部治理机制主要是指通过政府以外的其他治理实体形成的外部市场和环境来约束和监督政府治理。

政府外部治理机制是通过政府外部治理主体之间相互作用实现的。在政府治理过程中，各外部治理主体都不同程度地间接参与政府治理或者受到政府治理的影响。

首先，政府作为旨在实现公众利益最大化的治理主体，其主要目的是实现社会效益和经济效益。因此，政府必须适应当前职业体育发展的需要，职业体育政府治理与其他利益相关者的关系是整个政府治理的重要保证。适当的监督机制是有效的外部治理方式。

其次，当政府内部治理主体不愿意或者不能够实现有效的内部治理时，政府外部治理主体可以通过有效外部市场环境来约束、监督政府多元主体内部治理。

最后，政府的外部治理也应适当地涉及内部和外部治理实体之间的协调和利益平衡。总之，政府的外部治理机制不仅是政府其他外部治理主体的利益诉求的识别，还包括责任划分、权力和利益分配，建立相应的治理机制以协调各方利益，以及对政府内部治理实体的有效限制和监督。

政府治理机制能最大限度地创造政府价值，政府治理主体作用于治理对象，发挥治理职能的机理、运行方式和途径。政府治理机制是建立一系列制度安排，以符合多个主体的责任、权力和利益。在满足社会和公众利益的条件下，实现帕累托最优，保证政府治理的顺利进行，进而最终成功达到政府目标。

政府治理过程是由多元主体通过某种方法形成的各种经济关系,是一个由多个主体相互作用而形成的系统。可以看出,政府治理机制是由多个主体通过一定的参与方式形成的各种责任和权利关系,是由多个主体相互作用形成的治理体系,是在界定多个主体的地位,并充分考虑多个主体的不同利益的前提下确定的。它是一种有关政府与多元主体相互之间的利益冲突的协调激励约束机制,即通过运用多种有效手段和方式,整合政府的内、外部资源,从制度层面来协调由多元主体相互之间利益诉求差异导致的多种冲突,并通过相应的有效利益协调激励约束机制实现多元主体的合作,保证政府治理的顺利进行以及最终实现政府治理的目标。

职业体育政府治理机制不仅是互补的,而且在一定程度上是相互替代的,其体系如图5-3所示。

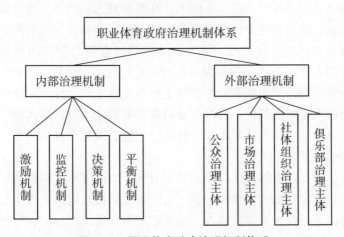

图5-3 职业体育政府治理机制体系

三、职业体育政府治理机制的功能

构建职业体育政府治理机制的根本目的,是确保职业体育治理的科学性和有效性,并完善职业体育的政府治理。对于政府治理机制的功能主要体现在以下四个方面。

第一，利益平衡功能。在职业体育治理体系中，虽然影响治理结构的因素很多，但权力配置和利益诉求是影响治理机制的最直接和最本质的因素之一。一般来说，在职业体育治理中，往往涉及政府职能部门，或政府治理主体和相关参与者。每个治理主体参与治理实践中的治理活动，并享受治理带来的利益，治理主体都希望治理能够朝着利己的方向发展。因此，职业体育治理的关键问题是确立政府利益相关者之间决策权的分配及其运作。"本质上，职业体育政府的治理中存在责任不明、相互推诿或者无为等现象，这主要是由于利益失衡造成的，治理机制可以有效解决利益相关者之间利益失衡的问题。因此，在职业体育治理中，由于效率低下带来的收益不平等，我们可以利用体系和机制协调各利益主体之间的关系，形成均衡的利益结构，进而实现协调统一治理。"[1]

第二，行政监督功能。对政府行政权力实施监督和有效规制是国家治理能力现代化所必不可少的。实际上，在政绩观念影响下，加之缺乏必要的治理监督，政府在职业体育治理中的部分职能和责任不能落实，有时使职业体育治理成为一种口号。要改变缺乏治理监督的制度困境和功能困境，根本的出路在于"构建和完善职业体育政府治理机制，从制度层面和规范层面对政府治理职能和治理责任进行制度性规制。作为职业体育政府治理机制的重要组成部分，行政监督机制主要是指政府治理体制中各种制度因素以具体规则和具体职责相互作用，主要表现在责任的界定、严格制度和结构稳定等"[2]。

因此，建立职业体育政府治理机制有利于以制度形式对政府治理的权力和政府行为实现有效监督和控制，甚至可以依据政府的治理责任机制开展对政府治理不作为等责任调查，确保政府治理的严肃性和有效性。

第三，资源整合功能。职业体育政府治理的可持续发展需要有效的资源支持和协作。在职业体育政府治理体系中，涉及政府政策、制度、资金、技术、人才等各方面的资源需求。虽然随着建设体育强国进程的推进，国家和社会日益支持政府对职业体育的治理。然而，就社会公众对治

---

[1] 石杰琳：《论利益协调的制度建设》，载《人民论坛》2011年第26期，第244～245页。

[2] 蔡林慧：《试论中国行政监督机制的困境与对策》，载《政治学研究》2012年第5期，第18～22页。

第五章

中国特色职业体育政府治理机制

理的期望而言，职业体育治理仍然相对不足，如职业体育治理中的产权关系不明确现象普遍存在，也导致职业体育治理难以深入和彻底。因此，如何在有限的治理条件下，最大限度地发挥职业体育政府治理的效益，关键在于实现政府治理的优化。作为统一协调、结构完整的治理体系，职业体育政府治理机制有利于各类治理资源整合以及各种资源配置机制和方法的完善，有效处理整体与局部、长期与短期、重点与一般的关系，提高行政资源、财力和技术资源的使用效率，实现治理质量和效益的科学统筹规划。

第四，绩效提升功能。政府治理职能是否能够持续或有效发挥作用，关键在于政府治理效果是否持续改善。政府治理的有效性主要指政府对职业体育治理的投入与职业体育改善的贡献之比。随着建设体育强国的推进，职业体育治理日益受到重视，中央和地方政府逐步将更多的资源投入治理。如何合理配置和优化有限的资源，以最少的资源成本获取治理的改进是政府面临的一个重要问题。治理机制的根本目的是实现有效的治理，从治理机制的组合和配置来看，这是多元主体协同治理的结果。它寻求治理结构最优和最大化治理效益。因此，构建职业体育政府治理机制也应在既定的政策和法律等框架内，以提高职业体育政府治理效率为目标，完善治理结构等途径，着力实现职业体育治理的科学性与有效性。

四、职业体育政府治理机制的分析要素

职业体育政府治理机制是一个相对复杂的系统，要对职业体育政府治理机制进行科学分析和把握，有必要明确分析过程中的关键要素和核心内容。具体而言，主要包括建立合理的治理体系，建立科学的治理结构，选择科学的治理模式，建立合理的治理评估机制。

（一）职业体育政府治理主体

职业体育政府治理体系是在职业体育治理过程中利用相关者以参与、协商、沟通等原则实现对职业体育的治理。政府作为职业体育治理的主体，担负起职业体育治理的决策者、领导者、监督者和执行者的核心作用。政府作为职业体育治理的主体主要有三个考虑因素。

1. 职业体育治理本身的内在要求

职业体育是一种典型的公共产品，具有公共性、非排他性和无偿性的特点。这些特点导致社会主体无限制地获得体育资源，只注重眼前和局部的利益，而忽视了职业体育系统本身的规律。假如不遵守职业体育的发展规律，则会破坏职业体育发展态势。职业体育治理系统还是一个复杂的系统工程。由于职业体育的特点，其治理的难度较大。在正常情况下，职业体育治理需要政府、俱乐部、社体组织和公众参与。职业体育治理的上述要求和特点，要求治理主体具有公共性，具有较强的公共权力和社会动员能力，以实现有效治理。作为公共权力的代表人物，政府可以通过其独特的行政结构和行政权力编织一个"政府网络"，以行使治理的主要职能。

2. 政府履行职业体育治理职能的要求

作为社会公共事务的管理者，政府是社会公共行为规则的制定者和执行者，它在职业体育治理方面发挥主导作用和监管作用。政府是职业体育发展的引领者和推动者，把握职业体育的发展方向，决定其能否健康持续协调发展。离开政府的指导、政策支持和体制保障，职业体育治理将举步维艰。但随着政府职能转变，职业体育治理将成为政府职能的核心内容。政府有责任构建职业体育的治理体系，作为职业体育治理的第一责任人，组织和引导其他社会主体积极参与治理。

3. 为职业体育治理提供强有力的组织保障

政府的有效治理可以有效协调各主体利益，实现多元治理、多赢局面。要做好职业体育治理工作，必须在统一的原则、政策法规和标准的指导下进行，这只有政府才能做到。

尽管职业体育政府治理的主体是政府部门，但国家治理体系和治理能力的现代化要求将民主与协同纳入职业体育治理，形成多个主体参与的运作机制。例如，在政府的引导下，充分发挥俱乐部、社体组织、市场和公众的积极性，可以最大限度地实现职业体育治理的效益最大化。

（二）职业体育政府治理结构

从竞技体育发展的角度看，政府治理是由政府主导、多方参与形成合力的综合治理体系。要求涉及职业体育治理的各部门职责明确，且拥有权责清晰的政府职能评估体系。各部门之间的分工合作是有效的，形成有利于促进治理的协同治理机制，实现治理的整合效应。

1. 治理的顶层设计

职业体育治理应以满足公众需求为导向，调动社会各方参与职业体育治理的积极性，变政府主导为政府服务，简政放权。协调政府有关部门的利益，改变相关部门现有的管理体制，统筹规划，实现全方位、多层次的职业体育治理布局，提高政府治理绩效。

2. 治理职能安排

统筹规划和系统推进，强调政策法规的指导作用，实现职业体育治理的制度化和规范化。一是遵循职业体育建设的宏观战略，按照中国特色制定体育赛事产品的能力，科学处理全局与局部的关系；二是统筹体育项目中职业体育的发展，并根据体育项目的差异加以实施，分类指导和治理；三是加强职业体育治理体系的有效性，提高职业体育实践的应急处理能力；四是注重政策法规的推进，提高职业体育政府治理的积极性。

3. 治理机制的运行

当中国特色政府治理需要创新政府治理模式时，也对职业体育治理职能提出了相应的要求。政府应突破以往职业体育政府治理模式的垄断，认识到社体组织治理的潜力，培育和完善社体组织，搭建社会力量参与职业体育建设平台，充分发挥职业体育组织的整合作用，构建政府主导的多元主体共同参与的治理新格局。

（三）职业体育政府治理模式

我国职业体育的治理模式还有许多需要改进的地方。尽管职业体育发展的政策在很多方面都有所改善，但仍未脱离职业体育本身的圈子，不能从根本上制约不利于职业体育发展的各种因素。要实现职业体育政府的治理，应建立多元化的激励约束机制，整合相关利益群体，建立科学合理、全过程的参与机制。

第一，政府主导的模式。首先，政府治理应以科学为基础，掌握我国职业体育发展规律和未来发展趋势，制定职业体育治理的目标，以此制约政府部门的决策和行为。其次，要把握职业体育发展规律，尊重职业体育发展的科学性与规范性，统筹治理职业体育与竞技体育发展，在根本上将职业体育建设作为约束性指标。最后，应全面改革和完善职业体育治理体制,组建职业体育治理机构,强化职业体育政府职能部门治理的考核标准,细化职业体育政府治理的考核内容。

第二,市场引导模式。充分发挥市场的导向作用,通过市场化手段,结合职业体育治理和职业体育发展,实现职业体育治理效益最大化。在职业体育的建设中,针对职业体育治理的问题,完善职业体育治理政策体系,以落实职业体育制度为途径,克服职业体育发展中"管办一体"的弊端。

第三,公众参与模式。目前,职业体育管理中的利益冲突主要来自两方面:信息不透明、决策过程不公平。这些都可能导致公众对职业体育的发展反应过度强烈或冷漠,偏离政府的期望。如何构建合理的公众参与模式已成为治理面临的重要课题。要建立社会信任体系、科学透明的决策程序和信息披露机制,构建社区公众参与的新机制,为多元利益群体形成科学合理的、全程的参与机制,是提升公众满意度的有效方法之一。

第五节　中国特色职业体育政府治理的实现路径

一、职业体育的政府治理的运行机制

职业体育政府治理机制是由职业体育治理体系中政府治理的各个要素、环节共同构成一个生态治理流程的完整、相对稳定的系统结构。为了确保政府治理的顺利进行和政府治理目标的实现,需要科学合理有效的政府治理机制。对于多元主体共同参与的治理,激励机制和监督控制机制是提高多元主体治理效率的基础和保证。

职业体育的政府治理机制,是在现行体育管理体制下,联结并规范政府职能部门、俱乐部、社体组织和公众等多个主体之间相互权益关系的机制和运行体系。通过这些机制运行,解决政府多个主体之间的利益冲突和协调激励等问题。

政府多元主体治理机制作为一种有效的制度安排,规定了多元主体参与治理的责权利,规范了多元主体的行为,并在运行机制的保障下,政府治理形成了有效的激励约束制衡关系。政府具有兼顾经济效益和社会效益

的特殊属性,其多元主体治理机制是一个新的命题,也是提高政府治理效率的一个新的途径和挑战。

在政府众多治理主体中,政府职能部门、俱乐部、社体组织和公众等都通过不同的方式参与政府治理,形成了特定的组织结构,然后通过直接参与政府的运营,主导政府的治理,促进政府目标的实现。政府治理的状况直接关系到其切身利益。科学、合理有效的治理机制有助于规范多元主体的行为,平衡多元主体之间的责、权、利关系,协调相互之间的冲突并降低风险。

二、政府治理的实现路径

在实践中,政府对治理主体的关注可以通过不同的层面来实现。

第一个层面,是通过政府对治理主体的利益维护,合理修正政府治理行为和治理主体利益的偏差来实现,如社体组织、俱乐部、社会公众等。

第二个层面,是在职业体育的政府治理中把治理主体作为治理对象,通过治理主体对政府治理来实现利益维护。政府治理强调的多元主体参与是一种积极的行为。多元主体的治理行为可以有效降低运营成本,并最大限度地提高投入者的收益。依靠政府主导的多元治理主体共同参与的治理,构建多个主体的协同治理的机制,是实现这一目标的有效方式和路径。

(一)政府治理主体的治理

治理主体参与治理具有不同的动机和愿望,其中最直接动力是实现自身权益、追求利益以及回避风险带来的监控动力。具体来说,他们为了实现各自的相关利益,都会积极参与政府治理、分享政府的剩余索取权。

(二)政府治理主体协同治理的实现方式

与单边治理模式一样,多元协同治理模式仍需要政府的存在。不同的是,协同治理模式把政府看作是政府物质资本所有者和人力资本所有者的共同代理人,而不仅仅是物质资本代理人。这样一来,协同治理模式下的多元主体从形式上看与原有制度安排并无二致,但在本质上却发生了根本性变化。这一变化是除政府之外,其他职业体育发展利益相关者均参与了职业体育的治理。

1. 多元治理主体协同治理

也就是为所有的治理主体找到各自最适宜的治理方式,这种治理方式要满足以下三点要求。

第一,确保各方利益的实现。治理方式的选择应能够保证治理主体各方利益的实现,使得与职业体育发展有关的治理主体能顺利参与到治理体系中,避免相关治理主体因机会主义行为而被剥夺其权利,确保多元治理主体与政府保持良好的合作关系,优化政府和多元治理主体的激励,促使多元治理主体的目标达到最优化。

第二,多元主体利益的制度安排。"多元主体协同治理并不是让多元主体都分享政府的利益,因为这样会使多元主体利益难以平衡,最终导致没有人负责结果。所以,多元主体、层次越少,协调的可能性就越大,集体决策的成本也越低,使得这一制度安排越具可行性。"[1]

第三,降低治理成本。在确保多元主体利益得到实现的同时,治理成本应保持在较低水平。治理成本包括:①交易成本,与政府存在利益关系的治理主体所发生的交易成本;②监控成本,包括对管理者及其他治理主体进行监督和控制的成本;③机会成本;④集体决策的成本,当多元治理主体的利益出现冲突,为达成决策共识会产生较大的成本。总之,在选择治理方式时应在保障治理主体权益实现的同时,把相关治理成本保持在可控范围,以确保所获得的收益可以弥补该治理方式所带来的成本。

2. 多元主体治理方式

该治理方式的选择取决于多元主体与政府之间的关系特征。按照治理主体与政府是否存在有效契约,可以把治理主体分为两大类。

第一类,有合同的治理的主体,如俱乐部、社体组织等,它规定了主体的权利和义务。由于合同的法律约束力,其经济利益关系是通过合同形成的。然而,由于合同完整性程度不同,这些治理主体对政府采取不同的影响方式,或通过不同途径影响职业体育运作。具有不完全契约的治理主

---

[1] 刘美玉:《企业利益相关者共同治理与相互制衡研究》,东北财经大学博士学位论文,2007年。

体，需要通过政府的内部治理来保护自己的利益和约束管理者的行为；具有完全契约的治理主体，主要通过间接的市场方式，法律法规等间接途径影响治理决策。第二类，没有合同关系的治理主体，但其利益受到政府影响，如公众。

基于此，我们将治理主体参与政府治理的方式划分为交易合同型治理和公共合同型治理。交易合同型治理分为参与内部治理的交易合同治理和不参与内部治理的交易合同治理。换句话说，如果各种有效合同能够用来实现自己的利益，他们将采取交易合同的形式参与治理。如果他们不能通过有效合同实现自己的利益，他们将通过公共合同的形式参与治理。具有不完全合同的治理主体，可以通过参与政府内部治理的方式实现自身利益；具有完全合同的治理主体，可以通过外部市场治理的方式实现自身利益。当然，各种形式的治理并不是分散的，而是相互关联和有机整合的。例如，具有完全合同的治理主体通常使用基于交易的合同来参与治理，但由于其收益的实现取决于政府的最终运营结果，所以其实现利益不确定性较大，为确保自己的利益，在利用交易合同规定双方行为的同时，还可以派代表进入政府，以更好地发挥监督管理职能，并实现内部治理与外部治理的有机结合。

（三）政府治理的实现路径

有意识地将多元治理主体整合到政府治理中，确保多元治理主体有参与政府治理的平等的权利，并采取最合适的方式来实现各自的利益，是提高政府治理效率的必然要求。多元治理主体根据各自的能力与优势，确定其在政府治理中的地位，从而决定实现自身利益需要用不同的治理来保护。因此，多元主体治理的协同治理不仅要确定参与者的治理方式，还要找到实现各种治理方式的路径。

1. 政府内部参与式治理

政府内部参与式治理是通过政府内部设立的专门机构，如政府体育职能部门等影响政府决策，这种治理方式主要发生在政府内部，并通过体育职能部门的权力来行使。治理主体协同治理强调多元治理主体共同参与，但是，并非每个治理主体都参与政府内部治理。事实上，多元治理主体对政府的影响只能通过政府的制度设计和双方的沟通协调机制来实现。多元主体协同治理并不是要把政府变成一个与社会混淆的概念。否则，这将是一个不具操作性的制度框架。

从治理理论来看，参与职业体育治理的多元治理主体都应参与政府治理。但是，组织的实际交易成本不容忽视。随着治理主体数量的增加，组织成本将会增加、总收入下降。根据边际成本分析方法，当治理主体增加给政府带来的收益等于增加的组织成本时，决定了有效治理结构的最优数量。如果多元主体太少而未能有效发挥其他主体的作用，会导致社会福利损失，而多元主体过多反过来会造成组织成本大于治理收益。因此，由政府职能部门、俱乐部、社体组织和公众参加政府内部治理是合适的。

俱乐部是具有不完全合同的治理主体。对于俱乐部而言，投资俱乐部是期望获得投资回报，而不是可以指定产品或服务。未来投资收益的不确定性，使得政府与俱乐部之间的关系在获得收入之前难以确定。虽然法律可以规定俱乐部根据投资额承担风险的义务，但不能明确界定俱乐部的利益。对于俱乐部的管理者来说，在签订合同前，政府和俱乐部对管理者能力、道德标准等方面存在着严重的信息不对称，以及管理过程中的非程序性决策和商业环境的不确定性，这也使得双方的权利和义务难以明确。因此，俱乐部和管理者与政府之间的合同是不完整的，应该通过政府治理结构赋予其控制俱乐部运营的权力。

俱乐部和管理者参与政府内部治理是非常自然的。作为剩余风险承担者和盈余收入的所有者，俱乐部有权参与职业体育联赛；经理人作为代理人，有权经营和管理职业体育联赛。俱乐部参与政府治理有一系列直接的途径和方式，例如参加职业联赛会议、选举联赛董事和监事，以及任命联赛运营经理人参加董事会。

2. 交易合同式治理

公众参与政府治理，是通过对公共产品的接受与消费来实现的。公众是政府治理的支持者。根据与政府关系的紧密程度不同，公众与政府的关系更多地表现为公共产品的消费者与接受者。通过市场的价格机制进行资源配置，也让公众充分了解政府的实力，培养公众对政府的信心。公众需要充分理解政府的治理意愿和政府与公众之间的互利关系，政府要维持正常的公共产品供给需要依靠公众的支持，良好的公众关系有助于政府摆脱经济效益与社会效益不稳定的困境。公众在与政府的互动中逐渐熟悉政府

第五章

中国特色职业体育政府治理机制

治理。目前，公众将会提出改善政府治理和降低治理成本的措施。当政府采纳公众建议并付诸实施时，就会促进政府治理效率和职业体育水平的提高，政府与公众之间的共同利益得以维护。因此，公众参与治理的方式，由职业体育的市场结构以及专用性投资状况和交易频率共同决定。

职业体育政府治理的最终力量来自市场竞争，公众的购买体育赛事服务与产品的行为最终决定了职业体育的繁荣与衰落。产品市场竞争赋予公众权力，公众直接利用竞争性的产品市场参与政府治理。虽然政府在和分散的公众博弈中占有绝对优势，但在赛事服务产品市场竞争日益激烈的情况下，公众变得更具竞争力，公众对职业体育发展的影响力正在增加，谈判能力逐渐增强。因此，公众已经能够影响职业体育的重大决策。为此，政府应密切关注公众对职业体育要求，自觉维护公众的利益，与公众沟通互动，引导或鼓励公众参与政府治理，并增加公众对政府的认同度。

通常，在购买赛事服务产品时，公众与政府只是一次性的交易关系，但实际上，这种交易关系在某种意义上可以长期存在。虽然赛事服务产品的所有权通过购买转移给公众，但为维护自身权益，公众客观上产生了参与政府内部治理的迫切要求。政府可以通过建立公共信息披露制度，改进服务方式和水平，疏通意见和反馈渠道，通过消费者权益法保护公众的权利，与公众建立长期的信任关系。因此，公众通过合同式交易参与政府治理是合适的。

总之，公众是政府产品或服务的消费者，政府与公众有着密切的关系。在政府正常经营的状态下，它们可能与政府相安无事。但是，一旦他们的利益得不到满足或受到损害，他们的反应可能会非常强烈。这将直接影响政府的信誉。正因为如此，政府已经认识到与这些治理主体建立长期合作伙伴关系的重要性，并且政府管理实践逐渐采用了网络关系管理和公共关系管理。从理论分析和实践发展的角度来看，有必要直接在政府内部治理结构安排下成立专门的委员会来协调与这些治理主体的矛盾和冲突，并与公众保持良好的沟通，促进政府经营持续健康发展。

3. 公共合同式治理

在政府治理主体中，政府具有特殊的地位和作用，无论政府的状况如何，它都是政府事务的积极参与者。

一方面，政府有参与政府利益，如政府征收的税收和所有权享有的股权收入分配的要求。另一方面，政府的许多社会目标都需要政府达成或实现。政府治理等问题对政府绩效有直接影响。

政府对职能部门主要通过职能约束其行为，运用经济、行政和法律手段对政府进行监督，而规范政府运作，发挥政府制度的价值功能。但是，政府也应处理好政府监督与行为自由之间的关系。在保护社会交易安全的前提下，有必要最大限度地提高政府治理的效率，不能由于严格的监管而扼杀政府的治理效率。

职能部门作为政府的主要治理主体，以两种方式影响政府：一是职业体育发展规划，主要来自顶层设计；二是通过运用法律手段、行政手段和经济手段对职业体育的运营实施监督，向政府职能部门施加压力保护关联方利益。其中，政府制定的市场机制是主要的外部治理方式。因此，政府职能部门与政府之间没有直接的契约关系，其主要是通过对政府各部门职能约束，以及法律法规等公共合同的形式进行治理。这种公共合同是强制性的，政府必须按照规定执行。

4. 法治化和制度化治理

要实现职业体育的政府治理的模式，应建立起与之相适应的、反映职业体育发展的文化基础，而职业体育的制度化和法治化正适应了这一需要。

职业体育的法治化和制度化建设所倡导的法律至上的信条，有助于职业体育的市场治理的进一步发展和社体组织的有序运作。职业体育规制建设，要求治理主体在处理和决定职业体育事务中都必须以法律为依据，任何治理主体不得凌驾于法律之上。法治化所倡导的是法律至上精神，无疑这与市场治理内在的规范性和秩序性要求相吻合。

从宏观上讲，政府依法治理职业体育是法治国家、法治政府、法治社会的必然要求，依法治理就是在宪法、法律、法规和行业规范下对职业体育工作开展有效治理。依法治理的水平既反映了职业体育政府治理的水平和能力，也反映了政府对职业体育体制进行改革的敏感性和适应力，而这种依法治理的治理模式，是职业体育政府治理现代化的一个重要标志。在遵循我国当前的法律体系的前提下，加强职业体育法规的制定和实施。同时，推行体育政府部门的权力清单制度，依法公开权力运行流程，推进职业体育领域的决策公开、管理公开、服务公开和结果公开，杜绝以"命

第五章

中国特色职业体育政府治理机制

令-控制"为特征的职业体育治理模式,避免因行政权力过度干预而导致职业体育相关领域螺旋式"管制陷阱"的产生。只有推进依法治理,才能把权力关进制度的笼子里,才能发挥市场在资源配置中的决定性作用,俱乐部与社体组织的发展自主权才能得到保障,职业体育政府治理方式和手段才能充分发挥,职业体育政府治理的目标才能达成。在此基础上,依靠职业体育法治化治理才能开创中国特色职业体育治理的新路径。

综上所述,与单边治理模式不同的是,协同治理模式把职业体育政府治理看作多元治理主体之一。多元治理的主体是一个与政府有着密切关系的群体,虽然它们在短期利润分配上存在矛盾,但在职业体育发展中有着共同的利益和要求;它们共同促进职业体育的长期繁荣与发展,有足够的动力和能力参与政府治理。对治理主体的关注会给政府带来无法衡量的长期收益,良好的信誉也可以提高政府赛事服务产品的溢价,或提供更多更有选择性的机会。因此,政府应将多元治理主体纳入政府治理,并通过多种方式和手段实现职业体育治理主体的协同治理。

第六章　中国特色职业体育的政府治理个案分析

近年来，中国职业体育的发展表现出两种不同的模式。一种是政府开展的自上而下的职业体育发展模式；另一种是来自社会驱动的发展模式。前者主要由政府主导，后者则主要由地方社会民间体育组织在发挥作用。在一定的条件下，地方职业体育发展环境的改善吸引了投资的增加，使职业体育得到迅速发展，民间性职业体育由此形成。从职业体育发展的动态来看，政府驱动是职业体育发展的重要因素和推动力量。政府主要通过外部政策和财政支持手段治理职业体育。

人民对职业体育的需求日益增长，引起了治理模式的变革，导致政府治理模式的发展变化。随着我国市场经济体制的不断完善、居民收入的快速增长及消费观念的逐渐转变等，人们欣赏高质量的职业体育赛事的需求日益强烈。正是这种需求和呼唤，引致举国体制下政府与俱乐部合作以维护职业体育发展，与民间社体组织合作保障市场的公平竞争，从而促使政府职能重新定位与政府职能发挥。

第一节　广东宏远篮球俱乐部与政府关系分析

我国的体工队是职业体育的早期形式，是在中华人民共和国成立初期建立起来的专业运动队组织，由国家独自出资承办，在原有体制内运作发展，发展受制于体制的弊端。目前，全国各省、区、市都建有体工队，是我国实现"奥运争光计划"的中坚力量。

第六章

中国特色职业体育的政府治理个案分析

在传统的三级专业队训练体系基础上，体工队的后备力量输送模式已经挤占了职业俱乐部的生存空间，或者说这是一种功能性替代方案。由于体工队模式的垄断力量和路径依赖的现实存在，职业俱乐部无法发挥提供国家精英体育人才的作用；随着社会经济和竞技体育的发展，这种体工队体制正需要进一步深化改革。由于目前存在的后备人才培养途径已经不能适应我职业体育发展的需要，以致足球、篮球等项目的后备人才出现了断档、断流等问题，严重影响竞技体育水平的发展。

通过将举国体制的优势与俱乐部的优势相结合的方式，宏远篮球在多年实践中不断检验，形成了符合国情、体情的职业体育发展道路。这种模式就是政府与民间力量合作，形成比较完善的人才培养体制，从运动员在全国选材、专业化训练程度及比赛频度较高、退役安置有保障等方面，均使政府与俱乐部达到了双赢。

一、研究方法

本节遵循案例分析的步骤和规范[1]，采用案例分析法，主要有两个原因。一是着眼于宏远篮球与政府合作的模式，探索现象背后的潜在规律，寻求背后的逻辑[2]；二是解决问题可以通过案例分析进行探讨[3]。如：政府与市场发挥作用的机制不同，如何发挥政府的主导作用又能发挥市场的配置作用，政府如何从主体地位转变到引导地位，是我们必须面对的问题；职业体育俱乐部面临的主要问题是在现有体制下如何提升竞技能力。因此，本节采用案例研究方法，期望通过职业体育俱乐部的发展与政府的职能转变来剖析政府治理特征及路径选择。

---

[1] EISENHARDT K M, "Building theories from case study research," *Academy of Management Review*, 1989, 14 (4), pp. 532 – 550; YIN R K, *Case study research: Design and methods* (CA: Sage Publications Inc., 2008).

[2] 黄江明、李亮、王伟：《案例研究：从好的故事到好的理论——中国企业管理案例与理论构建研究论坛（2010）综述》，载《管理世界》2011 年第 2 期，第 118～126 页。

[3] EISENHARDT K M, MELISSA E G, "Theory building from cases: Opportunities and challenges," *Academy of Management Journal*, 2007, 50 (1), pp. 25 – 32.

（一）研究对象

选取全国首家民营职业篮球俱乐部——宏远篮球作为研究对象。选取宏远篮球作为研究样本，原因主要有两个：第一，宏远篮球转型前，属于广东省东莞市的地方篮球俱乐部，在与广东省体育局合作中逐渐发展壮大，与本书的研究问题有高度的契合性；第二，广东省体育局与宏远篮球的合作方式和路径形成了较好的模式，互利双赢，在全国产生了广泛的影响，堪称职业体育政府与企业合作治理的楷模。

（二）案例概况

宏远篮球成立于1993年12月，由广东宏远集团有限公司（以下简称"宏远集团"）创建，经过20多年的努力和发展，逐步走向成功，形成了比较完整的培训和后备人才培养体系，球队实力不断增强。至2020年，总夺得了10次CBA（中国男子篮球职业联赛）总冠军、两届全运会男篮冠军。[①] 成为CBA第一家有赢利的俱乐部，也是第一家公开宣布赢利的职业体育俱乐部。[②]

1995年4月，宏远篮球赢得了全国乙级联赛的冠军，首次晋升甲级队伍行列，并参加1995—1996年度全国男子篮球甲级联赛。[③]

宏远篮球作为国内俱乐部的领先者，在国内率先摸索出一套适合CBA的人才培养体系。自1997年以来，宏远篮球与广东省体育局合作共建宏远二队。广东省体育局利用体制优势和资源优势在全国范围内选苗子进行培训，经过两年的训练，有潜质的运动员被选拔进入宏远篮球，未被选入的运动员安排到宏远集团工作。这是宏远篮球最吸引人才的条件，在全国首屈一指。运动员解除了后顾之忧，训练比赛斗志旺盛，青春活力四射。杜锋、朱芳雨、易建联、王仕鹏等选手，均是通过广东省体育局招募而

[①] 参见《俱乐部简介》，见广东宏远集团有限公司官网（http://www.winnerway.com/index.php/content/club.html#set），访问日期：2020年10月27日。

[②] 参见《搞篮球赚钱了——中国首家赢利篮球俱乐部报告》，见新浪网（http://sports.sina.com.cn/o/2003-12-19/1402704873.shtml），刊载日期：2003年12月19日。

[③] 参见《"宏远篮球"价值一个亿？夺冠盈利双喜临门的背后》，见新浪网（http://sports.sina.com.cn/k/2004-05-01/1852868385.shtml），刊载日期：2004年5月1日。

第六章

中国特色职业体育的政府治理个案分析

来。而且由于宏远篮球在 CBA 中的优异表现，使得宏远二队成为追梦者的最佳平台，大部分好苗子被吸引到宏远篮球，从而形成人才良性循环。

在与广东省体育局合作前，后备人才不足是制约宏远篮球发展的关键因素。在竞技体育职业化改革之前，篮球运动员主要实行三级专业队训练体系，也就是说，所有省市专业队都有不同年龄段的篮球队。在职业化改革后，来自各省市的专业队纷纷转变成为职业球队，职业俱乐部的后备人才培养迅速成为制约职业球队发展的问题。职业球队人才的储备处于两难境地（两种体制都不管），因此，当时篮球后备人才的极度缺乏，也影响了宏远篮球的发展。

二、研究的现状

20 世纪下半叶，举国体制和运行机制是我国体育独特的基本国策，是当代中国竞技体育快速发展的制度保障和基础。它把国家利益作为最高目标，政府体育行政部门动员国内相关资源和权力，国家拨付资金配置优秀的教练和软硬件设施，并集中选拔、培训和培养有才能的运动员参加奥运会等国际体育赛事，在比赛中争取优秀的运动成绩，力求破纪录和夺金牌。其特点是通过政府的行政手段调动国内资源，重点发展国家需要的重大项目。[①]

吴劲松认为"举国体制是我国独有的体育特色，符合我国的国情、体情。它能够整合国内资源，成为体育事业发展道路上的引领者与保障者"[②]。梁晓龙也认为"根据目前我国体育事业的发展情况，举国体制对运动员训练模式的影响仍占主导地位；举国体制具有明显的优势，当然也存在不足之处。它可以宏观调控各种资源投入体育事业的发展。缺点是很容易造成一些资源浪费，管理机制不健全，国家调控的集权严重，易发生腐败现象，后备运动员的选拔方式单一，运动员的全面发展被忽略，大众

---

① 孙汉超：《中国竞技体育的巨大进步得益于五大管理对策》，载《武汉体育学院学报》2005 年第 1 期，第 1～5 页。

② 吴劲松、韩会君：《举国体制改革研究的理性思考》，载《沈阳体育学院学报》2011 年第 1 期，第 31～33 页。

体育和学校体育的发展受到阻碍，等等。因此，加快发展中国体育事业，关键在于优化和完善我国的举国体制"。①

随着经济社会转型发展，举国体制的发展已引起各界的广泛关注和争议，其焦点有两个。第一，在经济社会转型中如何进一步完善举国体制，发挥政府由管理到治理的作用，以加强体育后备人才的培养。第二，如何发挥市场的资源配置作用、提高职业体育的效率、落实运动员培养政策。

（一）资料收集

本研究对案例进行了持续的调查和访谈。其中，2014年7月—2015年4月，对广东省体育局进行3次实地调研，对3位主管领导和教练访谈6人次，对主管该合作项目的篮球运动管理中心领导访谈3人次。省体育局访谈总计11人次，时间21.5小时，整理访谈文本1.3万字。2014年10月—2015年6月，先后对宏远篮球进行4次实地调研，对3位中高层管理人员访谈5人次，对运营总监访谈2人次，时间13.5小时，整理访谈资料1.2万字。

为保证访谈资料的充分性具有针对性，笔者在访谈前对访谈资料进行了充分讨论，并及时整理资料；访谈后，及时收集和开展内部讨论，整理访谈要点，确保收集的信息充分、准确。在访谈结束后，课题组成员完成了访谈内容的整理工作，对内容数据进行了检查。除正式访谈外，本研究还利用其他方式进一步收集宏远篮球的相关信息，包括：①二手信息资料。俱乐部官方网站信息、书籍、文件、报刊、宏远在线直播平台的报道，以及对经理的采访。②档案。从广东省体育局获取宏远篮球发展简报、组织结构、宣传推广PPT文件、宣传视频等相关信息。③非正式交流。课题组又与宏远篮球总经理进行了沟通，并与宏远篮球（男队）教练进行了非正式访谈，以加强对宏远篮球的直观了解。通过以上途径，对受访人回答内容的真实性进行验证。宏远篮球与广东省体育局合作特征见表6-1。

---

① 梁晓龙：《竞技体育举国体制运行中存在的问题及完善对策》，载《体育科研》2006年第3期，第9~19页。

第六章

中国特色职业体育的政府治理个案分析

表 6-1　宏远篮球与广东省体育局合作特征

项目	宏远篮球	广东省体育局
合作前模式	以市场为导向，采用市场模式招募运动员，以自有资金投入运营，运动员退役安置有保障	按照三级训练网招募运动员，按照广东省项目布局与资金投入运营篮球专业队。资金有限，按照运动员退役安置政策执行
合作后模式	借助广东省的行政体制招募运动员，青训体系完备，训练竞赛自主化，以CBA为平台开拓市场	以体制优势为宏远篮球输送运动员，成为其人才梯队建设的主力军。在篮球运动资金有限的情况下，获得宏远集团资助得以保障三级训练网的发展
发展特征	获得10次CBA冠军和两次全运会冠军，竞训体系完善，竞赛优势明显。既可参加职业比赛，也可代表广东省参加全运会	宏远篮球代表广东省获得两届全运会冠军，青训体系健全，保持了原有竞训体制优势

（二）资料分析

课题组成员将不同来源的资料整理成文本文件，审查并验证了所有文件。本书遵循探索性研究方法的要求，采用开放式方法分析案例。[①] 阅读并分析文档以优化主要观点，通过梳理广东省体育局与宏远篮球合作的主要因素进行比较分析。通过文献指引，分析两者之间合作关系的形成过程，并根据两者的角色定位，分析形成政府与俱乐部合作的框架。

三、研究发现

（一）三级训练体系的状况与存在的不足

1. 竞训目标

竞训目标是提高人才输送质量和竞赛能力。针对日益激烈的竞赛环

[①] YIN R K, *Case study research*：*Design and methods*（CA：Sage Publications Inc.，2008）.

境，通过三级训练体系，提供人才培养效率。

2. 主体职责

在传统体制中，三级训练体系的运作主要是"三级网"的模式，即由业余体校—省市运动队—国家队组成。业余体校负责选材与训练，输送到省市体校，再由省市体校输送到国家队。在这种模式体系中，主要问题是各层级运动员的退役安置困难，导致较多运动员看不到前途，训练效率不高，对国家队整体训练影响较大。

3. 培训成本

在传统竞技体育训练中，广东省专业队代表广东省参加全国赛事，特别是全运会项目，一旦全运会结束，运动队休整，运动员也面临着退役问题。由于运动员缺乏退役安置的渠道，运动员待业以及再就业成为难题；而运动员退役安置问题成为运动员培养的难题，这种训练成本使面向市场的俱乐部难以承担。因此，在这一体系下，原有竞技体育训练体制效率较低，训练成本居高不下。

（二）广东省体育局面临的困境

竞技体育体制改革使得广东省体育局在项目布局上与经济社会发展相适应。财政资金的有限性使得运动项目的资金投入受到一定的制约，广东省体育局只能采取"扶强不扶弱"的政策，对于在全国比赛中较为弱势的项目减少资金投入。长此以往，对三级训练网体系造成很大的冲击，既缺乏资金和人才梯队，运动项目发展受到严重影响，甚至有些运动项目到了要关闭的程度。如何面对形势的压力，进一步优化竞训体系，是广东省体育局发展竞技体育面临的一大难题。随着改革开放的不断深入，以及竞技体育体制改革的不断推进，加大了竞技体育与社会合作的力度，使得多种形式的合作有了发展空间，广东省体育局与宏远篮球的合作得以顺利进行。

广东省体育局与宏远篮球的合作是我国竞训体系的一次创新式的改革，合作的结果使广东省体育局改变了竞技体育的发展方式，以往以行政主导的模式转变成以政府与市场相结合的共同治理的模式。因此，为满足不断增长的大众对高质量职业体育赛事的需要，只有原有竞训体系进行转型，才能适应职业体育市场的要求。广东省体育局与俱乐部合作形成的新的竞训体系与原有的竞训体系有着本质的区别。这是本书案例分析的重要发现之一。

政府与俱乐部之间的合作本质是政府与社会力量联合治理。宏远篮球的人才梯队建设借助广东省体育局原有的竞训体系进行招募培训，运动员退役安置由俱乐部所属的集团公司承包，绩效考核主要面对市场；而原有竞训体系面对的是广东省体育局的绩效考核，是在体制内部的运转和交换，与市场无关。后备人才培养成为两者合作的主要内容。具体来说，与俱乐部合作的新的竞训体系由三部分构成。第一部分是省体育局竞训体系内部运动员的关系。广东省体育局作为主体进行评价成绩，优秀的运动员有很好的发展空间。第二部分是成绩一般的运动员面临着被淘汰的风险。俱乐部根据需要设置和配套二队和三队运动员，实行优胜劣汰的模式，成绩落后的可以选择去俱乐部的集团企业工作，从而形成俱乐部与广东省体育局的合作共识，并且这种关系不断加强。第三部分是俱乐部与运动员的合作。运动员被选拔到俱乐部，进行训练竞赛，俱乐部通过竞赛不断扩大影响力，有效满足俱乐部的发展需求。宏远篮球后备人才的培养体系如图6-1所示。

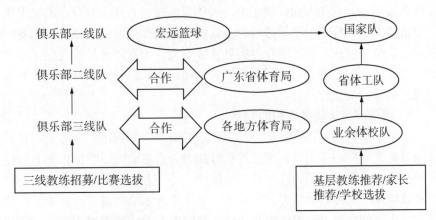

图6-1 宏远篮球后备人才的培养体系

1. 训练质量

在原有竞技体育体制内，运动员的招募、训练比赛都是省体育局的职能之一。同时，每个球队都可以通过运动员的特征信息来分析运动员的特点和潜力，以此促进训练比赛任务的完成。竞争力强的运动员有更大的发展空间以及可以优先退役安置。广东省体育局与宏远篮球两者的合作优势在训练质量方面主要体现在三点。①训练质量高，运动潜力大，比赛成绩好。以竞赛为导向，强化训练的质量，提升竞争力。②基于竞赛的状况，面向市场进行运动员的选拔。做到以竞技能力为核心的评价标准，根据运动员的特征进行分类，据此进行人才梯队建设。同时，通过比赛交流的互动，挖掘潜力大的运动员进行有针对性的训练，提升个人竞技能力的提升。③从人才梯队建设到构建竞训体系，省体育局与俱乐部紧密合作，协商进行，提升相互间的关系。

2. 人才梯队建设方面的合作

在俱乐部面向市场的发展中，省体育局能够及时、充分支持俱乐部的需求以及回复俱乐部在竞训中的意见反馈，不仅能有效满足俱乐部对人才的需求，而且有助于俱乐部人才梯队建设，从而促进其实现竞训的目标，具体表现在三点。①对于市场需求的应对，俱乐部和省体育局将通过协商共享成果，实现俱乐部对竞技能力的需求。省体育局根据俱乐部的要求进行运动员的招募，通过与俱乐部的合作培训，直接输送给俱乐部，实现直接快速输送。②竞赛方面，俱乐部与省体育局通过合作，对竞赛的状况进行分析预测，并将预测结果进行分工，协助俱乐部提前准备以满足竞赛的需要。③双方技战术训练联合，提升竞技能力。如省体育局参与俱乐部的集训，在训练中教练之间相互合作、分工明确，从而进一步强化人才梯队建设，提升后备竞技能力。

3. 俱乐部与运动员之间的关系

在俱乐部运作过程中，运动员是俱乐部最重要的资产。一方面，运动员通过提高素质训练提高俱乐部的竞技能力，竞赛成绩影响俱乐部与省体育局对人才梯队建设和训练的计划与策略。另一方面，俱乐部和运动员进行有效协商，支持运动员多元化需求，全面提升运动员需求，解决其后顾之忧。在这种情况下，俱乐部与运动员之间的关系主要表现在三点。①通过把握运动员的状态，不断提高竞技训练的条件。俱乐部可以有针对性地为运动员制订训练计划，从而提升其竞技能力。②通过竞训条件的改善，提升运动员的竞技能力。③省体育局与俱乐部通过协商进行招募、集训和竞训计划制度，不断提升双方之间的合作水平，在每一个竞训环节上实现

第六章

中国特色职业体育的政府治理个案分析

深度合作。关于此项，宏远篮球总经理在访谈中表示，"我们与省体育局合作互利共赢，合作得非常愉快。增强了我们进一步合作的信心"。

（三） 从体制内的运作到面向市场的运作转型

广东省体育局与宏远篮球是体制内、外的两家不同单位。广东省体育局受体制内的各种限制和约束，省体育局篮球队面临着竞技水平低而被边缘化的境地。宏远篮球是社会企业举办的以篮球运动为主题的俱乐部，早期运作主要依靠企业自身的资源，与体制内的篮球发展没有关系。因此，宏远篮球的发展也经历了从单一企业运作到与广东省体育局合作的过程。

通过案例分析我们发现，广东省体育局与俱乐部走了两条不同的转型道路。由于体育体制改革，广东省体育局被迫选择与企业合作，而广东省体育局篮球队由于竞赛成绩差面临解体，此时要发展篮球运动必须找到新的路径，急需有实力的单位提供支持和帮助。俱乐部主动选择与省体育局合作，因为俱乐部缺乏广东省体育局所具备的行政资源，如招募、培训的三级竞训体系。在此背景下，两家单位的合作一拍即合，俱乐部找到了可持续发展的新路径，广东省体育局有了企业资助可以发展弱势项目。

访谈调研显示，两家单位的战略选择都是遵循以人为本的思路，以提升竞赛成绩为己任。广东省体育局重新建立发展路径，主要考虑两点：一是政府的资源优势。省体育局的资源只适合系统内部的运作，不适应市场化的运作机制，必须进行根本性改革，才能使男篮出现转机。二是体制惯性。省体育局在体制内形成了强大的体制惯性，如果不进行改革，就无法在篮球运动上立足。俱乐部选择了与省体育局合作的战略，主要原因在于，俱乐部本身是一家民营企业，进入篮球运动领域具有一定的偶然性，而且其本身的资源都是市场导向型，主要问题是缺乏可持续发展的后备人才培养。因此，俱乐部通过自身的资源和优势，与省体育局合作，实现从单一的竞训到立体的竞训体系转型。职业体育转型发展的框架如图 6-2 所示。

1. 广东省体育局与俱乐部的合作

双方合作前，广东省体育局主要依靠体制内的资源开展篮球运动，全国比赛成绩较差，面临着篮球队被解散的潜在风险。当宏远集团捕捉到省体育局的竞赛状况以及发展趋势时，决定与广东省体育局合作共建广东省

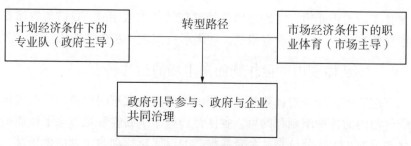

图6-2 职业体育转型发展的框架

篮球队。对俱乐部而言，合作的首要任务就是获取广东省体育局的竞赛资源以及体制内的优势资源，包括教练、运动员和省体育局的政策支持等。在俱乐部主导下，广东省体育局跟随俱乐部向市场转型。面对全新的市场特征，广东省体育局需要进行整体运作的调整，其原有的教练、运动员有丰富的训练经验，但对市场缺乏了解。在经历了体制改革的困境后，只有通过与俱乐部合作来改变包括后备人才培训、选拔等多方面的现有运作模式，才能快速适应市场发展的需求。

第一，运动员招募能力的提升。对俱乐部竞训状况、竞技能力进行有效分析，以篮球队的需求进行运动员招募。此外，以三级训练网为主的运动员招募体系改变了俱乐部的发展基础，为俱乐部竞训能力提升提供了必要的支持。高水平的运动员和教练是省体育局的主要资源。为了适应俱乐部的要求，省体育局采用招募与培训相结合的方式，并与俱乐部签署合作协议，加强运动员竞技能力提升。在广东省体育局的引导和帮助下，俱乐部进行了竞训体系建设，保障了俱乐部后备人才储备，完成了俱乐部的人才布局。

第二，广东省体育局合作方式的创新。省体育局与俱乐部合作的重点是后备人才的选拔机制，广东省体育局根据俱乐部需要进行有针对性的人才招募，解决了俱乐部招募难以及省体育局退役安置难的问题。省体育局只专注于竞训，不需要面对市场，专业的队伍干专业的事。俱乐部面向市场以竞赛为核心，加强与省体育局的合作，这种模式使得广东省体育局的运动员发展有了空间和平台、俱乐部有了依靠，从而加强了竞训体系建设，提升了俱乐部竞技能力。广东省体育局还不定期地进行协商沟通，有针对性地研讨俱乐部提出的建议等。

第六章

中国特色职业体育的政府治理个案分析

从以上分析可以看出，人才资源是提升俱乐部竞技能力的基础，与广东省体育局的合作则使得宏远篮球实现了从单一竞赛队伍到获得广东省体育局的保障的转型。

2. 俱乐部战略转移

俱乐部升级到 CBA 之后，面临着竞技能力的提升问题，俱乐部仍然按照旧有模式运作，严重阻碍了其竞赛水平的持续提高。因此，俱乐部探寻与广东省体育局充分合作，在利用和整合现有资源的基础上，充分拓展原有能力，借助省体育局的体制优势，实现了战略转移。

俱乐部合作的重点在于人才资源的利用与储备，以弥补俱乐部人才资源劣势，俱乐部与广东省体育局合作，就运动员竞训体系建设增加各层次的人才。举国体制使得广东省体育局拥有体制优势，在招募运动员以及教练储备上具有优势。广东省体育局可以帮助俱乐部在竞训上进行整合，保持俱乐部的可持续性发展，特别是教练人才的配置，通过合作提高了广东省体育局运动员以及教练的竞技能力，实现俱乐部的快速发展；在俱乐部需求导向的思路下，广东省体育局增加了竞训体系的安排和与俱乐部的沟通频率，旨在提升合作效应。

总之，为寻求俱乐部竞赛能力的提升，保持俱乐部的竞赛优势，广东省体育局充分利用其政府的优势资源，逐步整合篮球协会等相关资源，以提高俱乐部的竞赛能力，实现了从体制改革困境向市场转型发展的战略。

四、讨论

探索推动俱乐部治理转型的主要因素、治理路径、政府与市场合作治理共三个维度。

（一）推动俱乐部治理转型的主要因素

案例研究表明，推动俱乐部从面向市场转向面向与省体育局合作，主要体现在三个方面。

第一，篮球联赛提升了宏远篮球的竞争实力。广东省体育局与俱乐部的合作降低了运动员进入俱乐部的难度，强化了其在招募运动员时的政府优势，提高了俱乐部的竞争力。使得招募方式从面向体制内部向俱乐部转变成为省体育局篮球队转型发展的必然结果。

　　第二，广东省体育局改变了运动员招募的运作方式。俱乐部将省体育局的体制优势纳入俱乐部发展运作体系，打破了原来由广东省体育局组成的运动员招募体系。在俱乐部运作中，俱乐部从竞赛主体中转变为与广东省体育局的合作者，俱乐部成为广东省体育局招募运动员的起点和终点。同时，在省体育局的体制内部，省体育局通过合作融入俱乐部竞训体系中的培训运营以及赛事交流等各个环节。因此，省体育局的运作方式由原来体制内的招募变为省体育局与俱乐部之间的合作。

　　第三，俱乐部改变了省体育局招募的成本。省体育局招募运作模式的改变，降低了俱乐部和政府的竞训体系建设成本。招募成本结构的改变使省体育局能以较低的渠道成本为俱乐部发展提供保障，这是省体育局以俱乐部为核心的基础条件。

（二）省体育局（政府）职能的转型分析

　　目前，学界对竞训三级训练网体系在改革过程中的状况从不同视角进行了较多的研究，但是，仍然缺少对具体的发展过程和发展路径的论述。本研究表明，在市场经济体制下，省体育局职能由面向体制内的单位向面向市场的俱乐部转型，可以通过更新政府职能与市场关系来实现。其中，政府职能与市场关系转型发展主要通过政府职能转变的方式进行，也有的先通过政府资源整合实现俱乐部能力拓展，再通过能力拓展实现高层次合作。

　　对于缺乏运动员资源的俱乐部，要实现突破必须首先寻求新的运动员资源，以实现竞赛能力的提升，依托自身的资源优势，俱乐部整合内外部资源，充分发挥优势，逐步完善和提升俱乐部的综合能力。一方面，通过分析运动员的行为特征来指导俱乐部提高招聘效率。另一方面，改进招聘流程，提高运动员培养和成材的效率。省体育局通过招募和拓展，扩大业务能力和协作能力，实现政府主导式到政府引导式转型。

（三）面向省体育局（政府）与面向俱乐部（市场）的合作

　　面向省体育局的本质是强调政府的管理职能，重点在于满足政府主导的事业需求。但是，对于俱乐部如何与省体育局合作，并得到省体育局支持是俱乐部发展面临的难题之一。因此，本研究提出俱乐部与政府竞训体

第六章

中国特色职业体育的政府治理个案分析

系协同合作，实施前后端协调运作以及互动，这种模式不仅保留了原有系统的优势，而且在市场上也发挥了作用。这是从政府管理到政府与市场共同治理的转型发展。

首先，俱乐部的核心竞争力主要是竞赛能力的提升，其核心价值在于通过招募运动员为俱乐部创造价值。而在传统竞赛中，俱乐部的核心竞争力主要在于提高效率和降低成本。因此，省体育局的核心价值是通过降低招募成本和提高效率来带来价值。

其次，创新的合作模式提升了俱乐部的运作效率。在传统竞赛中，俱乐部招募运动员的渠道成本高昂；而省体育局具备更大的行政权力和资源，凭借其大量的运动员与竞赛信息库，省体育局常常是拥有最多运动员的主体。合作的结果使得俱乐部的竞技能力不断增强；省体育局的政府管理职能不断弱化，与俱乐部联合治理能力却在不断提升，从而提升了政府治理能力。

再次，在传统竞赛中，俱乐部与省体育局的联系极少，俱乐部的影响力微乎其微。而俱乐部通过与省体育局（政府）协作降低了与政府的交易（沟通、协调）成本，提高了效率。但在竞赛市场上，俱乐部对运动员的需求使省体育局成为满足需求的提供者。因此，面向俱乐部（市场）的协同主体是省体育局。

最后，在竞赛市场中，省体育局与俱乐部之间的信息交互较多。一方面，俱乐部竞训体系都要基于省体育局的布局开展训练；另一方面，俱乐部需要有竞争力的运动员及教练等来应对竞赛市场的发展。因此，省体育局招募运动员是其与俱乐部合作发展的核心要素。

案例分析表明，为了保证我国竞技体育人才培养的可持续性，为了适应传统体工队方式和俱乐部方式的协调发展，一线专业运动队可以转移到市场去经营，而二线运动队和三线运动队的建设仍由省体育局负责，通过法律约束和市场合同等完成各层级运动队之间的人才转移。在这样的体系下，不仅二三线运动队人才梯队建设得到加强，而且人才市场供应也在增加，俱乐部可以更加集中精力建设一线运动队伍和开发市场，有助于提高竞技体育水平。因此，传统体工队模式的成功经验不仅没有过时，相反，它可以在继承传统培养模式的基础上，对传统人才培养的梯队模式进行创新转型，提高人才培养方式的社会适应能力。

五、研究结论

职业俱乐部的市场化和社会化是一种发展趋势，而且这种发展趋势无法摆脱政府职能部门对运动员培训的整体控制。宏远篮球与广东省体育局的合作是运动员人才培养的创新，是运动员市场化、社会化的有益尝试。它改变了传统体工队人才培养的单一结构，评价合作方式成败的核心指标不再是运动成绩和竞赛排名。该合作方式的本质是政府职能由管理到共同治理的转变，而不是独立于政府之外的新型方式。因此，政府仍然是专业队合作和管理的主体。鉴于政府与市场新型关系的定位以及政府职能的转变，仍然有必要强调"市场在资源配置中起决定性作用，但更应发挥政府的作用"[①]。宏远篮球与广东省体育局的合作充分体现了政府与市场关系的内涵。

职业体育可持续发展的核心要素就是职业体育的人才培养。梳理宏远篮球的人才培养方式的脉络，其快速发展的原因就是在人才培养方式上的创新——宏远篮球以市场机制运作俱乐部，与广东省体育局的三级训练网紧密结合。宏远篮球正是依靠这样的合作，才有了强大的后备竞技人才，为其可持续发展提供保障。

宏远篮球的后备人才培养体制，与原培养竞技体育后备人才的"三级训练网"模式相结合，在很大程度上弥补了原有后备人才培养体制的不足。宏远篮球与广东省体育局合作进行后备人才培养，宏远篮球的三线队与东莞体校合作培养，其中有竞争力的优秀人才被推荐到俱乐部的二线队；二线队由广东省体育局负责培训，广东省体育局提供场馆设备、医疗、教学和管理等，俱乐部是主要的投资者。俱乐部的二线队既可参加全国青年联赛，也可代表广东省征战全运会；二线队又为广东宏远一线队输送人才，实现俱乐部与省市体育局的合作双赢的局面。这开创了新时期职业体育俱乐部与政府合作的新局面。

---

① 人民出版社编写组：《〈中共中央关于全面深化改革若干重大问题的决定〉辅导读本》，人民出版社2013年版。

第六章

中国特色职业体育的政府治理个案分析

第二节 广东珠超、粤超五人制足球联赛的案例分析

广东省珠超、粤超五人制足球联赛（以下简称"珠超、粤超联赛"）采用自主经营、自负盈亏、完全市场化的模式进行运营，这与政府主导的职业足球联赛完全不同，它既不受政府职能部门的管理和约束，也不受市场运营的限制，具有较大的灵活性和主动性，显现出较强的生命力。在当前职业体育体制改革的背景下，如何发挥政府部门的职能作用，引导而又不干预这一联赛的市场运营，是摆在政府面前的关键问题。本案例主要采用比较研究法、文献研究法、访谈法、个案研究法等研究方法，从政府治理的视角出发，以珠超、粤超联赛的运营发展为切入点，分析珠超、粤超联赛的市场运营与政府治理问题，合理界定政府与市场职能，为职业体育的政府治理提供参考。

一、珠超、粤超公司与联赛简况

（一）珠超、粤超公司成立

2009年5月，广东珠超联赛体育经营管理有限公司（以下简称"珠超公司"）由毛为民、王军、刘孝五三人组建成立，它是经广东省足球协会（以下简称"广东省足协"）批准、授权组织比赛，在工商局注册登记的经营实体。它是国内第一个体育职业联赛管理公司。珠超公司的成立开创了职业体育联赛公司化运作的先河，珠超联赛也成为中国第一个"企业化"运作的职业体育联赛。

珠超公司是在广东省工商局正式注册的有限责任公司，纯粹属于市场型主体，受省工商局的管理和监督。珠超公司是管理和运作珠超联赛的营利性主体，与广东省足协没有任何利益关系和管理关系。广东省足协是民间协会组织，法律也没有赋予其管理公司的权利。珠超公司各俱乐部也是以公司的组织形式成立的，每个俱乐部都有冠名赞助商。

2009年7月8日，广东省足协与珠超公司签订了《新广东省室内五人

制足球联赛协议书》（以下简称《协议书》），约定珠超公司实行自主经营、自负盈亏，在广东省境内投资、组织、管理、运营和举办广东省室内五人制足球联赛；制定联赛的规章、规则、标准和制度，决定参赛球队的数量和加盟球队的资格；授权该公司独家拥有广东省室内五人制足球联赛相关的知识产权和一切商业经营开发权利。同年8月17日，广东省足协向珠超公司发出《举办广东省室内五人制足球联赛批准书》（以下简称《批准书》），以批准书形式确认珠超公司享有上述权利。

2009年11月，广东省启动了中国首个区域性职业体育联赛——珠三角职业五人制足球联赛。第一届珠超联赛历时8个月，进行了18轮90场比赛，在广东省内的影响非常大，中央与地方媒体的争相报道。

珠三角珠超联赛是一种区域性的商业性体育联赛，是在珠三角范围（广东省范围内区域）内兴起的，以"草根"五人制足球俱乐部为基础，在每周末进行双循环比赛的五人制足球联赛。广东省职业五人制足球联赛组委会与珠超公司是两块招牌、一套班子，珠超公司由资深职业足球经理人刘孝五担任首席执行官。

（二）组织内部意见不一，分裂成竞争态势

2010年11月，由于在处理早期参赛俱乐部提出公司股权分置改革的诉求以及在吸收新俱乐部加盟的问题上，各方意见未能达成一致，矛盾重重导致原本关系密切的两位大股东态度严重对立，最终关系破裂，刘孝五被公司董事会罢免总经理一职，但仍保留公司董事职位。被免去珠超公司职务后，刘孝五与参加第一届珠超联赛的9家俱乐部共同出资1000万，成立广东粤超体育发展股份有限公司（以下简称"粤超公司"），并亲自担任董事长兼总经理。粤超公司在2010年12月举办粤超联赛，和珠超公司形成竞争关系。2011年3月，粤超公司成立。

珠超由此一分为二。原珠超13支（参加首届珠超联赛的有10支，另外3支是新加入的）俱乐部足球队，有9支跟随了刘孝五参加粤超联赛。

粤超联赛由粤超公司开发和运作的。粤超联赛与珠超联赛的运转框架和基本经营理念大致相同；与珠超不同的是，每个俱乐部拥有粤超公司的股份，粤超公司是出资人和各俱乐部共同拥有的公司。粤超公司注册资金为1000万人民币，比珠超公司的50万人民币具有更强的市场责任能力，

开发和运作更加专业，俱乐部的专职球员和高水平球员更多。两个公司各自吸引了两批俱乐部，但粤超俱乐部的球员水平更高、拥有资金更多、运作和营销的模式更专业。

（三）粤超公司股权改革，形成市场竞争力

为避免发生股权之争的弊端，粤超公司注册为股份有限公司。俱乐部的大部分投资者都是股东身份，从而最大限度地提高了参与者对联赛发展的热情。粤超公司每位投资者的投资都大于其在珠超公司的投资，使首届粤超联赛取得圆满成功。2010年的珠超联赛由于受到9家俱乐部退赛而受到严重打击，再加上第二届珠超联赛冠军宣布退出珠超联赛并加盟粤超联赛，珠超公司雪上加霜，这也是珠超公司的其他两位股东决定起诉刘孝五的原因。2011年6月29日，珠超公司状告刘孝五既是珠超公司董事，同时任粤超公司董事长兼总经理，这属于同业竞争，违反了《中华人民共和国公司法》。2012年3月23日，广州市白云区法院作出一审判决，判处刘孝五败诉。

粤超联赛的规模越来越大，专业化程度越来越强，赢利空间也越来越大，粤超公司已经把粤超联赛打造成一个在国内外具有影响力的品牌赛事。粤超联赛受到的关注越来越大，对地方经济、文化和体育的推动作用更明显，值得在全国范围广泛开展。而粤超联赛各俱乐部支撑着更高水平、更专业的运动员的薪水和各项高额的引进费用，势必会增加联赛经济压力和联赛的风险系数，也会削弱当地本土球迷的忠诚度。目前，粤超已经启动了培训机制，聘请高水平教练为当地球员提供有偿服务，以提高本地球员的技术水平和培养本地足球明星。

二、研究方法

1. 文献资料法

通过中国知网、广东省体育局官网、粤超公司、中山大学图书馆查找相关资料，掌握国内外关于体育联赛政府治理的文献。

2. 专家访谈法

访谈了广东省体育局领导、粤超公司董事长刘孝五，以及体育学相关

专家教授。

3. 个案研究法

以珠超、粤超联赛为分析对象，讨论政府与市场关系。

三、研究状况

作为中国第一个区域性民营五人制职业足球联赛，珠超联赛在全国引起了广泛的社会关注，已成为近年研究的热点。丘乐威等研究指出，珠超是第一个由民间资本推动的以企业形式全面负责组织、管理和运营的体育职业联赛，它一种自下而上的运行模式，改变了以往我国一直沿袭下来的自上而下的体育竞赛组织模式，相对独立于政府职能部门，与政府不存在上下级隶属关系。[①] 许十文等认为，近年来广东所发生的足球职业化、产业化，纯粹是由私人资本推动的，从联赛的设计到俱乐部采用公司化经营，五人制职业足球联赛都由社会力量推动。粤超联赛与中超、中国足球协会甲级联赛（以下简称"中甲联赛"）的主要区别在于低成本、区域化和公司化。[②] 丘乐威等认为广东地区足球联赛发展引起广泛关注，也暴露出一些问题，如政府、足球协会和联赛运营公司之间的关系还没有得到理顺，俱乐部急于求成，忽视后备人才的培养，依法办赛意识薄弱，对联赛的持续发展缺乏保障，这些问题阻碍了地区足球联赛的健康发展。[③] 吴香芝等人对珠超、粤超联赛的运作模式进行分析，认为两个联赛给予我国区域性职业体育联赛的主要思路是体育联赛的市场化和联赛运作的专业化，这对我国区域性体育联赛的稳定、有序和可持续发展都具有借鉴意义。[④] 许明浩等人认为，阻碍广东省区域性足球联赛发展的问题有：①政府、足协和联赛运营公司三者

[①] 丘乐威、黄德巧、温志勤：《广东五人制足球联赛发展现状调查研究——以"运营模式研究""珠超联赛"和"粤超联赛"为例》，载《当代体育科技》2013年第16期，第9～12页。

[②] 许十文、黄燕仪、姬东：《刘孝五的足球"乌托邦"》，载《21世纪商业评论》2012年第19期，第58～63页。

[③] 丘乐威、许明浩、龚建林：《阻碍广东区域性足球联赛发展的问题与对策》，载《体育学刊》2013年第4期，第31～34页。

[④] 吴香芝、张林、张颖慧等：《我国区域性体育联赛运作模式分析与研究——以五人制足球珠超联赛和粤超联赛为例》，载《沈阳体育学院学报》2012年第2期，第46～49页。

第六章
中国特色职业体育的政府治理个案分析

之间的关系尚未理顺；②俱乐部急于求成，缺乏后备人才的培养规划；③承办赛事的法律意识淡薄；④缺乏联赛可持续发展的保障措施。[①] 李佳在《五甲赛事品牌理论的构建与实证研究》中指出，粤超联赛作为中国第一个区域性的职业体育联赛，正在逐步走上正轨，影响力逐年提高，并且正在尝试真正的管办分离，探索一条完全职业化的中国职业体育联赛之路。[②] 陈运来在《江苏省业余足球联赛经营与管理研究》中指出，多年来我国的业余足球随着整个职业联赛的停滞而不前，也暴露很多的问题。中国体育是举国体制，而业余足球的发展在整个足球发展体系中没有摆到很重要的位置；政府及职能部门对业余足球的重视程度偏低，对其投入的精力和财力都达不到业余足球本身发展的需要。[③]

综上所述，我国对五人制足球联赛的相关研究已经取得了一定成果，关注联赛的运营与管理较多，对联赛运营的环境以及与政府的关系、定位方面涉及较少，随着广东省五人制足球联赛的不断发展，更需要政府的政策支持与行政支持。如何把握联赛运营的环境以及与政府的关系问题，是职业联赛可持续发展的重要问题。本节以广东省珠超、粤超运行的现状以及存在的问题进行分析，为五人制足球的发展模式提供参考。

四、珠超、粤超联赛的运营环境分析

（一）市场失灵需要政府引导与监管

2011年6月，珠超公司起诉刘孝五同时担任珠超公司和粤超公司的高级管理人员。因两间公司的主营业务一致，这种做法涉嫌违反《中华人民共和国公司法》中有关商业竞争禁令。珠超公司要求法院判令刘孝五停止担任粤超公司的董事长兼总经理职务，并赔偿珠超公司的经济损失。2012年3月，广州市白云区法院对该案作出一审判决，判令被告刘孝五立即停

[①] 许明浩、丘乐威、龚建林：《阻碍广东区域性足球联赛发展的问题域对策》，载《体育学刊》2013年第4期，第31～34页。
[②] 参见李佳《五甲赛事品牌理论的构建与实证研究》，四川师范大学硕士学位论文，2014年。
[③] 参见陈运来《江苏省业余足球联赛经营与管理研究》，扬州大学硕士学位论文，2010年。

止与原告珠超公司的同业竞争行为，停止履行其在粤超公司的职务，赔偿珠超公司的经济损失。一审判决后，被告方不服判决并向广州市中级人民法院提出上诉。经过3年多的审理，2015年10月，广州市中级人民法院对"珠超状告刘孝五同业竞争案"作出终审判决"（2012）穗中法民二终字第1316号"：驳回刘孝五和粤超公司的上诉请求，维持原判。根据广州白云区法院的一审判决"（2011）穗云法民二初字第841号"，刘孝五被判令停止担任粤超公司董事长及总经理的职务，赔偿珠超公司经济损失14.73万元。至此，中国足球界纷扰了5年之久的"珠超、粤超之争"，最终以粤超老总被免职而盖棺定论。

该案判决后，珠超公司再对被告方的侵权行为发表声明：虽然法院已经判令被告立即停止同业竞争行为，停止履行其在粤超公司的董事长和总经理职务，但被告方转而担任广东省五人足球协会（以下简称"粤五足协会"）会长，并通过该协会继续举办粤超联赛、粤甲联赛和中国五人制足球分省联赛，实质为换个"马甲"继续对珠超公司实施同业竞争。珠超公司要求被告立即停止一切侵权行为，否则将继续对粤五足协会采取进一步的法律行动。该案既涉及体育产业市场竞争，又触及体育的体制改革，虽然只是一个五人制足球比赛项目的市场行为，但同业之间的不当竞争扰乱了市场，造成不良的社会影响，作为政府的职能部门应该如何加强监管确实是要解决的重要问题。

2015年12月，针对粤超公司与广东省足协、珠超公司的垄断纠纷案，最高人民法院进行了民事裁定，广东省足协与珠超公司签署新的协议书。根据这份协议，珠超公司获得了在广东省境内投资、组织、管理、运营和举办广东省室内五人制足球联赛的独家专有权，并拥有相关知识产权和所有业务开发的专有权，而该专有权的期限长达十年；同时，珠超公司每年须向广东省足协支付10万元劳务费。由于该案涉及体育协会的性质，如行政垄断、滥用市场支配地位、限制竞争等诸多与中国体育体制改革有关的问题，本书只分析政府与市场的关系。

作为行业组织的广东省足协，为什么可以批准这样的"独家协议"，其主要职能应该是什么？有关中国足球协会（以下简称"中国足协"）职能的相关信息。根据《中华人民共和国体育法》规定："全国性的单项体

第六章

中国特色职业体育的政府治理个案分析

育协会管理该项运动的普及与提高工作。"① 根据中国足协的章程:"协会旨在统一组织、管理和指导全国足球运动发展,推动足球运动普及和提高。"② 广东省足协作为广东省的一个地方协会,肩负着促进广东省足球普及和提高足球运动成绩的使命。当广东省足协签署"独家协议"时,实际上它已相当于具有广东省体育局足球运动管理中心的政府身份。

根据 1997 年 11 月原国家体委颁布的《国家体委运动项目管理中心工作规范暂行规定》,"运动项目管理中心是承担运动项目管理职能的国家体委直属事业单位,是所管项目全国单项运动协会的常设办事机构,负责所管项目的各项工作";从中国足协的立场来看,按照该文件规定,足球运动管理中心只能是中国足协决策的执行人,但是又赋予了足球运动管理中心"负责所管项目的各项工作"的行政权力。③ 事实上,该项行政权力超越了足协的所有职能,并将其列入原来的行政管理体系。民营联赛本是市场行为,理应由政府相关职能部门工商局进行协调解决,而不是体育局通过行政方式解决,而体育部门的政府行为明显越位,这也是导致民间联赛出现纠纷的症结之一。

(二) 民间社体组织与政府关系

"珠超联赛"创办之时,正值国内足坛打击"假、赌、黑",足球成为社会广泛关注的焦点。一直以来,职业足球联赛都是由政府职能部门主导,因其在责、权、利等方面存在的种种弊端,已到了严重制约足球事业发展的地步,各方呼唤改革的呼声一浪高过一浪。广东作为改革开放的排头兵、先行地、实验区,素有"敢为人先"的改革创新精神,珠超联赛新的办赛模式,恰在此时此地出现。珠超联赛虽然只是区域性的五人制足球联赛,但因其在恰当的时候,选择在了恰当的地方,采用了新的办赛方式,立刻引起了体育主管部门的关注,受到了从中央到地方媒体的大量报

---

① 《中华人民共和国体育法》(2016 年修正版),见国家体育总局官网(http://www.sport.gov.cn/n10503/c774845/content.html)。
② 中国足球协会:《中国足球协会纪律准则 (2019 版)》,见中国足球协会官网(http://www.thecfa.cn/qttz/20190226/26399.html)。
③ 参见张兵、仇军《管办分离后中国职业足球改革的路径选择与机制依赖》,载《体育科学》2016 年第 10 期,第 3~9 页。

道，吸引了各界人士的眼球。一批有实力的企业赞助商，如广州市一汽巴士有限公司、广州白云山制药股份有限公司①（以下简称"白云山制药"）等纷纷找上门来，俱乐部的冠名企业也都有了着落，许多企业纷纷要求组建足球俱乐部并参加珠超联赛。珠超公司的成立开创了职业体育联赛公司化运作的先河，珠超联赛也成为中国第一个"企业化"运作的职业体育联赛。

珠超、粤超联赛作为职业足球联赛的补充，对完善中国足球体系起到了示范作用，更是体制下足球推广的有益补充和支持。虽然在西方发达国家，职业体育联赛已经相当普遍，但是以珠超、粤超联赛为代表运作的职业体育联赛在中国还是首次，市场环境与经济环境是否可行还需要实践检验。英格兰比广东省的面积还小，却拥有92个职业足球俱乐部；阿根廷的GDP远低于广东省，但有8个职业足球联赛和400个职业俱乐部。相比之下，我国职业体育的发展规模有限，截至2020年4月，广东省有21个地级市、20个县级市、34个县、3个自治县、65个市辖区以及超过1600个乡级区划，具有巨大的职业体育发展市场；但是国情、省情不同，广东省不能复制英国、阿根廷等国的联赛模式。虽然广东省GDP总量大，但决定娱乐业和体育产业经济基础的恰恰是"恩格尔系数"，也就是食品支出总额占个人消费支出总额的比重，只有彻底解决了衣食住行的问题，体育消费才成为可能：2018年，英国的恩格尔系数是11.3%，而整个广东省的恩格尔系数高达33.5%。既没有英国那样的雄厚经济基础，又没有阿根廷、巴西那样的足球群众基础，仅靠一方富裕的珠三角，广东省不能支撑珠超、粤超联赛的发展。

粤超联赛运营模式属于企业主导型，联赛的管理组织是企业性质的组织。这就是民间足球联赛发展的模式，一定程度上反映了民间足球联赛市场的供求关系，在联赛的资源分配中，市场起着决定性的作用。广东的足球传统，扎实的市场经济基础和体制改革的环境是支持民间足球联赛发展的重要因素。从联赛已经运行8届的总体效果来看，足球作为我国体育改革的试验田，其群众体育的参与度解决了区域性足球联赛的生存基础。

但是，对于珠超、粤超联赛运行的行政环境和政策措施还存在问题，

---

① 原广州白云山制药厂、原广州白云山制药总厂。——编者注

第六章

中国特色职业体育的政府治理个案分析

还有进一步完善的空间。运营者认为，这几年在没有政府批文的体制外运作足球非常不易，他们与政府之间还需要一段磨合期。珠超、粤超公司作为企业，纯粹依靠市场运营。在没有政府的支持和资助、没有上级主管部门的条件下，联赛的日常运营困难重重。比如对于超过200人的赛事的安保审批时，审批程序上仍然要与行业挂钩，需要并非其主管单位的广东省足协的审核批准。这种市场化的运作需要政府的全方位的配套措施，如治安管理条例等很多相关条例都需要配套改革。再如"想办成品牌赛事，必须宣传，但是这笔宣传费用可能是'无底洞'"。珠超、粤超联赛需要俱乐部出资直播。"赞助商不信社会办赛的能力，不肯投资联赛广告。不仅没有广告收益，还增加了联赛运行成本，这方面需要政府的行政扶持。"粤五足协会会长刘孝五在协会宣告成立时坦言。

（三）政府与市场关系分析

广东省五人制足球联赛目前虽然是在现行的体制下运作的，但由于联赛运行过程中与政府部门交涉的业务仍需足协支持，特别是要把广东省21个地级市65支球队串联起来，没有省体育局出面协调很难办成。如有了广东省体育局的批准，组织起来省时省事、节省成本。珠超公司因获得了广东省体育局的批准，组织赛事便捷顺利；相反，粤超公司需要自己开拓，相关工作很难推进。这也正是两间公司诉讼的焦点问题。

2012年12月15日下午，第一个没有主管单位并且实行管办分离的省级足球协会——粤五足协会在广州成立。该足球协会是一个脱离行政体系的民间组织结构，是完全依托社会力量建立起来的组织，也是中国第一个去行政化的单项体育协会。粤五足协是独立于广东省足协和中国足协存在的，虽然与中国足协没有隶属关系，但中国足协可以给予指导和支持，甚至可以接受足协委托主办比赛。不过，中国足协的政策规定，其主办的所有比赛必须在当地体育行政部门（即足球运动管理中心）进行登记。这意味着想参加全国五人制比赛的球队必须在广东足球运动管理中心注册。

粤五足协会侧重于当地的五人制比赛的推广和普及工作。随着中国足球试点城市数量的不断增加，可能会有越来越多的非政府社体组织成立。在职业联赛发展的趋势上，中国足协也会逐渐倾向民间社体组织，以后所有与足球相关的活动，如普及、推广、竞赛、培训和交流等都应与民间社体组织相关。为了完善协会的体制建设，民间社体组织有独立的部门，下面的协会会员将按照中国足协的模式设立部门，以便把更多的力量整合起来促进五人制足球的发展。

在现有粤超和粤甲联赛基础上，未来粤五足协会将进一步推动粤乙和粤丙联赛的区域化发展。协会还把邻近的城市和地区串联起来，共同举办规模更大的足球比赛。

2017年7月1日，广东省足协五人制联赛开赛，先举行潮州、顺德、汕头、阳江、茂名、湛江六大分站赛，并于当年8月25—27日在惠州举行总决赛。成年组冠军惠州队获得了参加中国足协室内五人制甲级联赛（以下简称"五甲联赛"）的资格。

粤五足协会是一家民间组织机构，这是一个真正符合国际要求的机构。赢得政府的支持，意味着在中国举办体育赛事或活动上的顺利进行。那么，粤五足协会这个社体组织要如何赢得政府的支持呢？在赛事的举办过程中，粤五足协会可以完全独立；但在现有制度下，粤五足协会不可能绕开广东省足协。粤五足协会和省足球运动管理中心是管理与被管理的关系。根据有关章程，粤五足协会已经明确表示，自己与广东省足球运动管理中心无关，不接受广东省足协的管理，也不是它的分支；广东省足协可以对粤五足协会开展业务指导并协调相关工作。

根据中国足协的规定，参加五甲联赛的所有球队都必须向当地省级足球协会注册，否则将不被承认参赛资格。目前，广东已有4支球队参加全国五甲联赛。省五人制足协成立后，注册问题一直是关注的焦点。为此，我们应重视省足协和粤五足协会在新老体制中如何进行分工协作。

随着引进球员数量的增多，粤超联赛的职业性快速增强，逐渐成为一项专业性、高水平的联赛，上座率不断提高。粤超公司还聘请国内外高级足球教练开设足球培训班，为培养较高水平的运动员和保持俱乐部运动员的水平提供保障，也为喜欢足球的青少年提供了学习的机会。在运作五人制足球联赛的基础上，如何培养一些技术性的指导、教练、裁判员等，以及怎样衡量他们的级别、怎样去提高他们的级别，是珠超、粤超公司运营过程中必须解决的问题。在运营过程中，运动员和裁判员的级别仍然要依靠政府职能部门如国家体育总局、政府的机构来管理。也就是说，珠超、粤超公司举办具体的赛事以及相关工作时，其支撑体系依然依靠政府的职能部门。

珠超、粤超联赛的运营不仅要依靠政府规制治理，还要提高运营企业的自主性。一方面要求政府继续扩大宏观管理、弱化微观治理，科学合理地完善体育体制。在市场机制不健全的情况下，政府才发挥作用；在市场机制健全的情况下，要充分利用市场机制发挥作用。另一方面，珠超、粤超公司的自主治理主要体现在联赛内部治理，要自律规范。因此，珠超、粤超联赛的发展不仅要完善政府规制，还要完善运营联赛公司的自治机制。

五、结论与建议

（一）结论

第一，珠超、粤超联赛的案例说明，珠超、粤超公司是独立于行政体系之外的民间群众组织，它充当了中国职业体育发展先行者的角色。这是职业足球从民间发起的信号，是自发的市场行为，为整个中国职业体育创新发展发挥了示范作用。

第二，珠超、粤超联赛是民间组织办赛，管办分离，联赛产权清晰，属于市场行为。政府在珠超、粤超联赛治理中，要以不损害市场机制为前提。

（二）建议

第一，作为一个民间社体组织，在联赛运营中既要面对市场，也要面对政府。虽然这一民间社体组织与广东省体育局足球运动管理中心无关，也不接受广东省足协管理，但广东省足协可以对其开展业务指导和协调联赛相关工作。

第二，面对民间社体组织的崛起，作为广东省足球业务的管理机构，广东省足协应该研究新时期我国职业体育发展的新政策和指导意见。广东省足协应充分发挥政府的管理和监督的作用，正确处理政府与市场的关系，避免出现"政府越位""政府缺位"问题。只有政府加强有效监督、发挥其治理职能，才能避免此种问题的出现。

第三节　广州恒大淘宝足球俱乐部案例分析

本节通过分析广州职业足球的发展历程，探讨恒大集团入主广州职业足球过程中政府与俱乐部的关系以及俱乐部的产权问题，同时，运用罗纳德·哈里·科斯（Ronald H. Coase）的产权理论分析职业足球俱乐部的产权问题，为区域职业体育的发展、政府治理提供一些借鉴与参考。

自 2010 年以来，恒大集团投资足球俱乐部的"恒大模式"一直广为民众津津乐道。所谓"恒大模式"，学术上还没有相关定义，有人形容这是一个富足的砸钱模式，大资本、大投入，引进国内竞争力强的球员和国外明星球员，聘请著名教练，组建实力超群的阵容，并迅速取得成效，追求轰动效应。这样的运营模式也被称作职业足球的金元政策，简称"金元足球"。金元足球，就是不计成本，不考虑收入支出平衡，用钞票大肆投资足球运动，组建足球队，对取得成绩后的奖励也很丰厚。2013 年的亚洲足球俱乐部冠军联赛（以下简称"亚冠联赛"）赛季，恒大足球首次夺得亚冠联赛冠军，也成为中国第一支夺得亚冠联赛冠军的足球俱乐部；2015 年，恒大足球再次夺得亚冠联赛冠军。截至 2016 年 2 月，恒大足球已连续五次获得中超联赛冠军，也是中超联赛历史上夺冠次数最多的球队。恒大足球连续收获亚冠联赛冠军振奋了中国足球，满足了中国球迷的民族情结，更让中国人看到了中国足球的未来和希望。

在中国这样一个体育大国，足球总是肩负着"民族使命"，哪支球队能在亚冠联赛上击败日韩、击败西亚、登顶亚洲足球之巅，哪支球队就能达成"民族使命"，接受中国球迷的膜拜。2015 年 2 月 27 日审议通过的《中国足球改革发展总体方案》，是对足球资源的强力整合，所有和足球有关的资源都随之动员起来。2015 年 10 月，习近平总书记提出中国未来 5 年将建成 2 万所足球特色学校，为世界足球运动做出自己的贡献。[1] 足球已经上升为"政治使命"。所以研究职业足球，同时要兼顾到体育项目特

---

[1] 《习近平访英前谈足球：5 年建 2 万足校 盼国足崛起》，见搜狐体育（https://sports.sohu.com/20151018/n423531244.shtml），发布日期：2015 年 10 月 18 日。

第六章

中国特色职业体育的政府治理个案分析

殊的背景和赋予的感情。企业投资体育产业，不仅为了提升其品牌价值与品牌知名度，还为了承担社会责任和满足政治诉求，也为了企业长远的发展和俱乐部"百年老店"的培育。本案例的研究意义在于希望促进恒大足球的可持续发展，为体育产业职业足球、其他团体类体育项目的发展或振兴提供一个视野、参考。

一、恒大集团涉足体育领域与恒大足球的概况

恒大集团是 1997 年 2 月在广州注册的房地产企业，2000 年在广州房地产企业中位居第 6。该集团自 2004 年涉足体育领域，以广州为载体，相继赞助和协办了一系列国际大赛。这些举措奠定了恒大集团进入职业体育的基础。

2009 年 4 月，恒大集团成立广东恒大女子排球俱乐部（以下简称"恒大女排"）。随后集团董事长许家印邀请"铁榔头"郎平担任恒大女排主教练，年薪 500 万元。双方签约当日在恒大酒店举行的"郎平归来欢迎仪式"更是吸引了 100 多家媒体的 200 多名记者蜂拥报道。2010 年 3 月 25 日，恒大集团宣布再次斥资 200 万独家冠名第 23 届亚洲杯乒乓球比赛，并举行新闻发布会暨签约仪式。2010 年年底，由恒大集团投资的广州粤羽羽毛球俱乐部又高调表示，将引入陶菲克（Taufik）等明星球手，并对 2011 年 2 月份开始的中国羽毛球超级联赛加大资金投入。

恒大足球的前身是广州足球俱乐部。2009 年年底，由于中国足协对其在 2006—2007 赛季几场问题球的最终判罚，导致当时球队的大股东——广州医药集团有限公司（以下简称"广药集团"）正式退出。同时，广药集团与广州市体育局托管小组签订了协议，完成俱乐部的资产交接，托管小组开始完全负责球队的运作。广州足球俱乐部有限公司的真正东家是广州市体育局。从签署协议开始，球队的运营将由广州市体育局（足球协会）负责。

2010 年 3 月 1 日，广州足球俱乐部因假球事件被勒令降级。当天下午，恒大集团买断了其 100% 的股份，将俱乐部更名为"广州恒大足球俱乐部"，矢志打造国内一流高水平的职业足球俱乐部。2010 年年底，恒大足球获得中甲联赛冠军，晋级为中超联赛球队。

在买下广州足球俱乐部后，恒大集团继续自己的资金投入模式。自2004年初进入体育领域以来，恒大集团逐渐将重点从二线项目和二线赛事上转移到排球和足球等有影响力的项目上，规划了恒大集团的体育领域发展蓝图。到2012年，恒大集团在足球俱乐部的投资约45亿元，亏损约30亿元。如此大手笔的投资和扩张，不仅在中国即便在亚洲足坛也是少有的。

在这样一个砸钱模式下，至2020年，恒大足球赢得了10项国内顶级足球比赛的冠军，即8次获得中超冠军、2次获得中国足协杯冠军。从中甲联赛冠军到中超联赛冠军，两年时间恒大集团投入了7亿元。这是中国足坛的神话，也是企业利用砸钱模式在短时间内夺冠的成功案例。

更令中国球迷激动的是，以恒大足球国脚为主力的国家足球队，在欧锦赛开赛前与世界冠军西班牙的比赛中也打出了久违的漂亮足球，这点燃了不少对中国足球几乎绝望的中国球迷心中仅存的一丝希望之火。恒大集团日益成为体育界的焦点，而其被称为"恒大模式"的房地产企业体育营销策略，也越来越被人们所关注。

恒大集团继续以这种体育营销模式取得了更高的知名度，最终得到更多的收益，它对业界的影响力和吸引力是肯定的，而"恒大模式"引发一场连锁反应，也并非没有可能的。不过社会上从来不乏一种声音："恒大模式"所取得的竞赛成绩，实质上是用钱砸出来的，还缺乏一套健全的可持续发展的运作机制。此外，作为房地产企业，恒大集团的利润虽然实现了多年的增长，资金充足，但房地产受宏观政策调控影响很大，一旦出现资金短缺，"恒大模式"到底还能维持多久？

二、研究方法

（一）文献资料法

通过中国知网、广州市体育局官网、广州恒大淘宝足球俱乐部股份有限公司[①]、中山大学图书馆图书查找相关资料，掌握国内外关于职业体育

---

① 2014年7月，恒大足球更名为广州恒大淘宝足球俱乐部股份有限公司。——编者注

第六章

中国特色职业体育的政府治理个案分析

联赛政府治理的文献。

（二）专家访谈法

对广州市体育局领导、恒大足球的运营经理以及体育学专家教授进行访谈。

（三）个案研究法

以恒大足球为分析对象，分析在该足球俱乐部运营过程中政府与俱乐部关系。

三、"恒大模式"的市场行为分析

（一）恒大集团与政府关系

恒大集团入主广州足球之前，广州市体育局或市足协一直是广州足球运动的领导者，完全掌控着广州足球的话语权。回顾过去，主要有以下9个关键时间节点说明广州足球的发展轨迹。[①] 第一，1984年，广州白云山制药厂与广州市体委联合办队。由广州市体委管理的广州市足球队更名为"广州白云山制药厂体育协会足球队"，成为中国第一家由政府体育部门与企业合办的运动队。1989年，该队改制为"广州白云山足球俱乐部"。第二，1993年，广州太阳神集团有限公司（以下简称"太阳神集团"）和广州市体委联合组建"广州太阳神足球俱乐部"，成为中国首家职业足球俱乐部。第三，2000年，太阳神集团退出，浙江吉利控股集团有限公司（以下简称"吉利集团"）赞助球队，广州足球历史上第一次有外省企业进驻。第四，2002—2003年，广州市足球协会（以下简称"广州市足协"）托管球队，广州市香雪制药有限公司（以下简称"香雪制药"）投入1600万元取得广州足球俱乐部30%的股份。第五，2004—2005年，甲B联赛易名为中甲联赛，足协规定参加中国联

---

① 参见贾三刚《恒大足球俱乐部发展历程研究》，载《辽宁体育科技》2017年第5期，第14～16页。

赛的球队必须进行股份制改造，并规定地方足球协会不能再持有俱乐部股份。东莞日之泉集团有限公司（以下简称"日之泉集团"）以1元人民币获得广州市足协占有的广州足球俱乐部70%股权。第六，2001—2005年，广州足球队先后以赞助企业的名称冠名为"广州吉利""广州香雪""广州日之泉"等，而实际的俱乐部名称一直使用"广州足球俱乐部"。虽然广州市体育局尝试走市场化的发展道路，但它始终在广州市政府的主导下运作，政府控制着广州职业足球的发展方向。第七，2006年，广药集团与广州汽车集团有限公司（以下简称"广汽集团"）、原广州市萝岗区（现为黄埔区）政府和广州市足球发展中心4家单位合作成立股份公司即"广州医药足球俱乐部"，广药集团持股90%。第八，2008年，广州足球队首次参加中超联赛，广州市足协重新全面掌控广州足球。没有政府的主导和支持，广州职业足球不可能有效运营。第九，2009年，广州医药队被中国足协认定两次参与打假球，并因此而被中国足协处罚，降级到中甲联赛。其股权再次转让给广州市足球发展中心，广州市体育局别无选择，只能托管球队。

（二）借助广州足球乱象，恒大集团入主广州足球

2009年11月，中国足球"假、赌、黑"丑闻不断曝光，足球体制中"政企不分"与"管办不分"使得中国足球风光不再，打赌扫黑将规则推倒重建。在中国足球最低迷、广州足球队降级到中甲联赛的时候，恒大集团开始联系广州市体育局，以表明其投资足球运动的意愿。广州市体育局认为，恒大集团投资广州足球是一次对广州足球的拯救。于广州市足协而言，"国有"广州足球重新走回市场化，正担心恒大集团入主足球与之前的企业一样，几年后再让自己托管球队。①

恒大集团通过与国家体育总局、广州市政府有关部门沟通后获批，依照中国足协的法定程序，2010年3月2日，广州市足球发展中心与恒大集团正式签署了俱乐部股权转让协议。该协议约定："恒大集团收购广州足球俱乐部100%的股份，并在广州宣布了广州恒大足球俱乐部成立。首先，

---

① 唐元鹏：《广州足球的前世今生》，见网易体育（http://sports.163.com/07/1010/10/3QEFGIN00005227R.html），发布日期：2007年10月10日。

第六章

中国特色职业体育的政府治理个案分析

恒大集团必须立即拨付俱乐部经营资金;其次,该俱乐部第一年由广州市足协管理;第三,恒大集团必须报告所有团队的决议;第四,一切都必须通过集体决议才能通过。"[1]

(三) 恒大集团与广州市政府职能部门的关系

根据上述协议,2010年恒大足球的运营须由广州市体育局和足协安排,产权归属恒大集团,而管理权由广州市足协主导、恒大集团参与。中国足协一直强调"要在职业俱乐部中更大地发挥地方体育局和地方足协的作用"[2]。

随着恒大集团入主广州足球,恒大集团与广州市足协在引进高水平内外援和教练组的问题上矛盾不断激化。最终恒大集团推翻了当初与广州市体育局的约定,收回俱乐部的管理权,成为恒大足球的真正的管理者。2010年,广州足球俱乐部不再有广州市体育局涉及具体事务。恒大集团与广州市体育局的关系彻底破裂。恒大集团独立于政府职能部门之外,主导俱乐部参加足球联赛的一切事务。

2010年3月9日,国务院办公厅下发的《关于加快发展体育产业的指导意见》(国办发〔2010〕22号)中指出,"足球是体育产业中最活跃的因素",足球也是文件中唯一被提及的项目。根据该文件,体育事业发展还要坚持政企分开、政事分开、政社分开、营利性与非营利性分开的原则。[3] 广州市体育局和足协都意识到了恒大集团入主足球的真正意义,广州市体育局最终接受了恒大集团全面接管俱乐部的客观事实。根据上述国务院的文件精神,俱乐部要政企分开,职业联赛一线队伍必须走向市场;政府主导力量是搞青少年足球,地方体育局和足协应该加强这方面的管理。

---

[1] 参见贾三刚《恒大足球俱乐部发展历程研究》,载《辽宁体育科技》2017年第5期,第14~16页。

[2] 参见贾三刚《恒大足球俱乐部发展历程研究》,载《辽宁体育科技》2017年第5期,第14~16页。

[3] 《国务院办公厅关于加快发展体育产业的指导意见》,见中华人民共和国中央人民政府网(http://www.gov.cn/gongbao/content/2010/content_1565482.htm),发布日期:2010年3月19日。

（四）恒大集团高效市场运作显现

恒大足球的董事长刘永灼说："我们企业的一些经营理念和方式，是被市场证明了的，是能够迎合市场趋势的，我们也希望通过我们的方式，能给广州足球发展带来变革和新的思想，这都是对广州足球有好处的，如果说我们的进入不会给广州足球带来好处，广州市政府也不会把球队交给我们。恒大集团进驻管理广州足球是肯定的，不是时间早晚的问题，而是跟大家沟通的问题，只要沟通好了就不是问题。"

"恒大集团在一个月内违背了协议，直接从广州市足协收回了原属于他们的管理球队的权力，这反映了恒大集团的高效、果断和雷厉风行的风格"[1]。随着恒大集团入主足球，广州市体育局和足协掌管广州足球的时代一去不复返了。"在恒大没有进驻广州足球之前，很多人认为原广州市足协托管的管理方式很好，但恒大集团进驻之后，他们才觉得现在的管理方式对广州足球的未来有一定的影响力。"[2]

关于广州足球发展道路的一种思考，那就是政府的职能就是宏观主导，不参与俱乐部的具体事务，俱乐部由恒大集团独自运营管理。而在目前，很多地方如上海、北京和大连还不是这种管理方式，政府职能部门在当地俱乐部仍然参与和控制俱乐部的具体事务。随着恒大集团的进驻，恒大足球完全脱离了广州市体育局与足协的管理和控制，没有政府职能部门介入，恒大足球自己主导和管理球队的命运。这也是广州职业足球发展的经验，树立了中国职业体育发展的榜样。

"恒大模式"首先是一种金钱模式。许家印的强势投入买来了众多外援和内援，还有大牌主教练，并设立奖惩制度。凭借金钱的刺激，恒大足球迅速在中超崛起，打破原有秩序，此后各支球队纷纷加大投入。2015年，中超联赛的转播权卖出了5年80亿的天价，造就了中超联赛的繁荣局面。

"恒大模式"也是没有政府职能部门参与的专业的管理模式。恒大足

---

[1] 《恒大入主足球历程，讲述与广州足协的恩怨情仇》，见新浪微博（http://blog.sina.com.cn/s/blog_695faf4001012ujq.html），访问日期：2018年7月17日。

[2] 唐元鹏：《广州足球的前世今生》，见网易体育（http://sports.163.com/07/1010/10/3QEFGIN00005227R.html），发布日期：2007年10月10日。

第六章

中国特色职业体育的政府治理个案分析

球运作的思路已经遥遥领先于联赛的其他球队。在引援方面，总是凭借专业的眼光选到性价比高的外援；在球迷方面，组织球迷远赴客场看球报销路费；宣传海报总给球迷一种霸气外露的感觉；专业的后勤保障让球员专注于赛场；与媒体的良好互动更为恒大足球创造了良好的外部舆论环境。他们对于引进外援有一套严格的标准、一套清晰的思路，始终在正确的路上坚持着，管理也非常到位。国内球员方面，恒大足球从中甲联赛的时候就开始招揽国脚；进入中超之后，当其他球队还在放任自流的时候，许家印已经开始"扫货"。恒大足球用短短几年的时间就完成了其他球队很多年都无法完成的"伟业"。

从发展态势分析，恒大足球对足球运动的投入往往被视为双赢的举措。一方面，中国有无数球迷，足球迷几乎覆盖所有年龄组和所有的社会阶层，"恒大足球"的目的是保持公众持久的高度关注，达到广告的效果；另一方面，依赖国家力量维持中国职业体育的发展是远远不够的。中国职业体育要与国际接轨，采用更加有效的运作模式，提升职业体育竞争力，需要更多社会力量的支持。通过挖掘蕴藏的商业价值来促进职业体育的发展，以提高职业体育的关注度，反过来又会促进其商业价值的提升。

除了通过职业体育来吸引眼球，恒大足球也在为培育中国足球基础人才做了宏大和细致的规划。"建全球最大的足球学校"是恒大足球的目标之一。按照省级学校标准建校，拥有一流环境和一流教师，确保孩子学习、踢球两不误。2011年，恒大足球学校建成。恒大足球无论是在中国职业足球的发展，还是在对中国青少年足球的基础建设方面，都吸收了国际足坛很多先进的理念，这对中国足球从低谷中走出来起到了十分重要的作用。

目前来看，"恒大模式"在国内是独此一家，相信短时间内还很难有其他俱乐部可以模仿。近年来，国家针对足球界的"反赌打黑"系列行动，净化了足球市场和环境，使中国足球有了很多可喜的变化。国家大力扶持校园足球的开展，各级学生参与的足球比赛得以恢复，职业联赛的上座率也逐渐提升。恒大足球就是在这样的环境中迅速成长。

四、恒大足球的产权与管理权

广州职业足球俱乐部的发展与产权分配比例见表6-2。

表6-2 广州职业足球俱乐部的发展与产权分配比例

年份	球队名称	企业所占股份/%	政府及相关部门所占股份/%	冠名企业监管期总投入/万元
1994—2000	广州太阳神	50	50	8000
2001	广州吉利	90	10	1400
2002—2003	广州香雪	30	70	1600
2004—2005	广州日之泉	100*	0	不详
2006—2009	广州医药	90	10	20000
2010—2014年5月	广州恒大	100	0	170000
2014年5月之后	广州恒大淘宝	100	0	2200

*其中，日之泉集团占70%，香雪制药占30%。

从表6-2可以看出，广州职业足球产权可以划分三个阶段，对应各阶段的队名与时间段分析如下。

（一）第一阶段：广州太阳神、广州香雪（1994—2003年）

1. 甲A联赛（1994—1998年）

红山口会议的召开，使得中国职业足球改革步伐加快，第一家股份制职业足球俱乐部应运而生。1993年1月8日，太阳神集团与广州市体委签订合同，共同组建广州太阳神足球俱乐部，并成立了国内第一家股份制职业足球俱乐部。

广州市足协以球员和其他的无形资产入股，占50%股份，太阳神集团负责球队所需经费，同样占50%股份。双方经过第一个5年的合作之后，于1998年续签5年合约（至2002年到期）。合同规定，太阳神集团在第二个5年合同期内出资5000万元支持球队，平均每年出资1000万元。

2. 甲B联赛（1999—2001年）

广州太阳神队欲重返甲A联赛，但竞赛成绩一般，在1999年甲B联赛排名第8。由于经营俱乐部所需经费不断上涨，太阳神集团在1998—2000年中已经用去了约4500万元，大大超出了原来平均每年1000万元的计划。这也意味着在接下来的2001—2002年，广州太阳神足球俱乐部只

第六章

中国特色职业体育的政府治理个案分析

有约 500 万元的经费，这显然不足以维持俱乐部的正常运转。

太阳神集团当时是一家在香港上市的股份制公司，如果向俱乐部要追加投入需要经过董事会讨论同意后才能实施，但太阳神集团董事会多数成员对继续赞助足球兴趣不大。他们认为自身产品定位已比较清晰，足球这个载体对太阳神产品的推广作用已很难再进一步，有意将资金投入到其他的宣传载体上，无意再追加足球运动投入。因此，太阳神集团在新世纪准备调整自己的投资方向，如果有合适的企业愿意接手球队，他们愿意减持甚至全部让出自己所持有的股份。

广州太阳神队在联赛中不断失利，进军甲 A 联赛无望，随即太阳神集团在 2001 年年初正式宣布退出广州足球，广州职业足球重陷危机。太阳神集团原来是一家私营企业，后经改造成为一家在香港上市的股份制企业。8 年来，公司董事长怀汉新凭着对足球的热情共投入近 8000 万元支持广州足球，为广州足球曾经的辉煌做出了巨大贡献，太阳神集团也因足球运动这个载体而名扬全国。

3. 广州吉利（甲 B 联赛，2001 年）

陷入危机的广州足球，接下来由吉利集团接管，这是广州足球史上第一次有非本省企业进入。吉利集团以 1400 万元收购了广州市足协手中 90% 的股份，球队更名为"广州吉利队"，开始征战甲 B 联赛。

2001 年上半赛季，广州吉利队取得了"半程亚军"。但这时中国足球的大环境相当恶劣，阎世铎在 2000 年出任中国足协"掌门人"后，中国职业足球发生了"大倒退"——为了豪赌 2002 年世界杯，阎世铎决定 2001 年的甲 A 联赛取消降级。如此一来，只有两个升级名额的甲 B 联赛成了一片残酷的"血拼"之地，各种"假黑"现象达到空前未有的境地。2001 年下半赛季开始后，广州吉利队连续失利，从联赛第一集团掉队。周穗安第 3 次出任广州队主帅，并率队取得了 5 连胜。然而，在联赛的最后阶段，广州吉利队在上海失利，冲 A 无望，吉利集团宣布退出广州职业足球。

4. 香雪制药接盘广州足球（甲 B 联赛，2002—2003 年）

吉利集团宣布退出广州足球后，广州职业足球再次走到十字路口。

广州足球俱乐部有限公司成立于 2002 年 6 月 20 日，注册资本 2000 万元，其中广州市足协占比 98.75%，广州市足球发展中心持有 1.25% 的股权。香雪制药为了利用体育赛事进行品牌推广，与广州市足协、广州市足球发展中心和广州足球俱乐部有限公司签署了投资参股协议书。该协议约定香雪制药向广州足球俱乐部有限公司增资 1600 万元，占该俱乐部有限公司股权的 30%，拥有该俱乐部两年的冠名权。香雪制药参股后，广州足球俱乐部有限公司的注册资本由 2000 万元增加到 2857 万元。①

（二）第二阶段：广州日之泉、广州医药（2004—2009 年）

1. 广州日之泉（中甲联赛，2004—2005）

度过了碌碌无为的两个赛季后，香雪制药宣布退出广州足球。

2001 年，中国足协规定参加中甲联赛的球队必须实行股份制改造，地方足协不能再持有股份，限期于 2004 年之前改造完毕。广州市足协在 2003 年 11 月向外界招商，希望转让其持有的广州足球俱乐部全部股份（占总股份的 70%）。经过两个月的无人问津后，2004 年年初，日之泉集团以"零转让"方式进驻广州足球俱乐部，广州足球队以"广州日之泉队"为名参加首届中甲联赛，与此同时香雪制药仍然保留着 30% 股份。② 2004 年，甲 B 联赛更名为中甲联赛。

2. 广州医药（中甲联赛，2006—2007 年）

2005 年，广州市政府在"十一五"发展规划中将足球发展定位为品牌体育项目，并且加大了对广州足球的投入力度。在广州市政府的直接主导下，广药集团入主广州足球。广药集团获得广州足球俱乐部 90% 的股份，广州足球俱乐部更名为广州医药足球俱乐部。经过艰苦的努力，实现了广州足球进入中超联赛的夙愿。

（三）第三阶段：广州恒大、广州恒大淘宝（2010—至今）

2010 年 1 月 1 日，随着广药集团退出职业足球赛事，广州足球俱乐部暂时交由广州市足协托管。2010 年 3 月 1 日，恒大集团买断广州足球俱乐部 100% 股权，俱乐部更名为"广州恒大足球俱乐部"。2014 年 6 月 5 日，

---

① 参见贾三刚《恒大足球俱乐部发展历程研究》，载《辽宁体育科技》2017 年第 5 期，第 14～16 页。

② 唐元鹏：《广州足球的前世今生》，见网易体育（http://sports.163.com/07/1010/10/3QEFGIN00005227R.html），发布日期：2007 年 10 月 10 日。

第六章

中国特色职业体育的政府治理个案分析

阿里巴巴（中国）网络技术有限公司（以下简称"阿里巴巴"）入股恒大足球，买断俱乐部50%股权，并于2014年7月4日正式更名为"广州恒大淘宝足球俱乐部"。2015年5月，恒大集团通过对俱乐部增资占据其60%的股权，而阿里巴巴相应占据40%的股权。至此，恒大集团成为广州恒大淘宝足球俱乐部的第一大股东。

"在我国目前的职业足球俱乐部产权结构中，政府拥有超过70%的俱乐部的全部或部分产权。在这种特殊背景之下，我国的职业足球俱乐部与政府之间有着密不可分的联系，我国职业足球俱乐部的资本中，国有企业占比较大"，政府则扮演卖家角色，以现金的形式投入，双方共同经营管理职业足球俱乐部，致使我们的一些足球俱乐部更像国企。①

然而，恒大足球的出现打破了俱乐部产权由政府与企业所有、由政府与企业参股所有、由政府所有的3种格局。"恒大足球的运营资金主要来自自身公司，其产权结构比较清晰，规章制度健全，教练和管理层的职责分工比较明确。与其他一些中超足球俱乐部不同，恒大足球的运作不依赖政府，而是利用政府的宏观调控和自身的科学的健全的制度来支撑。"②

五、职业足球俱乐部的产权、发展与运营问题研究

（一）职业足球俱乐部的产权问题研究

产权即财产所有权，是指所有者依法拥有、使用、收益和处分财产的权利。这四项权利，包括人与资产的关系、人与物的关系。产权制度是现代公司制度的基础和核心，它的性质决定着企业作为法人所具有的权利能力、行为能力和责任能力。产权清晰是我国企业改革的首要目标，也是职业体育俱乐部发展中遇到的首要问题。

产权为财产主体提供资产使用的权力保证。明晰产权关系对经济主体具有行为激励、约束和规范的作用。职业体育俱乐部作为实体性的经济组

---

① 孙国友、刘新东、李征途：《产权不清：中国足球产业发展的瓶颈》，载《南京体育学院学报（社会科学版）》2004年第4期，第31～34页。
② 参见吕优珍《广州恒大足球俱乐部发展的研究》，首都体育学院硕士学位论文，2014年。

织,产权关系清晰是正常运作的基本条件。王进在《关于我国职业体育俱乐部产权关系的现状及对策》中,就如何解决俱乐部与体委、企业产权问题指出:"体委部门在清产核资的基础上,进一步对各运动项目现有场馆、设备器材和无形资产进行科学资产评估,并把资产和人员(教练员、运动员等)一同作股,以国有股形式注入俱乐部,同时国家、社会、个人以不同的股东形式共同出资组建股份制俱乐部,从而共同分享收益和风险,这样一方面使股份制俱乐部中各自产权界定明确;另一方面,它们都是俱乐部产权的最终所有者,他们对俱乐部盈亏、损益真正负责,保证了俱乐部的高效运营。在股份制俱乐部中,要明确体委所占股份比例,防止俱乐部的企业股东不顾俱乐部的长期发展计划,为短期效应,无度操纵俱乐部甚至中途退出俱乐部。"[1]

谭建湘等研究认为,"推广职业足球俱乐部实体化后,尤其是企业每年需要向球队投入大量资金的俱乐部,其所有权关系日益突出,由体委或足协与企业合作成立的俱乐部所有权及相关权益归属问题,成为俱乐部组建前后普遍存在的问题。双方都希望拥有更多的占有权、控制权和收益权。在合作过程中不规范的行为难以约束,在俱乐部产权关系不明确的状况下,公司的投资行为必须承担较大的风险"[2]。

张孝平等经过大量的调查研究发现,"我国职业足球俱乐部的产权结构主要存在政府所有、政府与企业所有、企业独立所有、政府和企业参股所有等几种形式。产权归属复杂,投资者控股明显;国家事业单位参股更为普遍;俱乐部产权分解和产权交易开始盛行"[3]。

刘庆青认为,"我国职业体育俱乐部产权的问题主要表现有两种。一是俱乐部产权结构单一。我国相当数量的职业体育俱乐部的最终投资主体是国家,这意味着单一所有者拥有该俱乐部。这种产权结构的不足之处在于没有人监督出资者,出资者也无法意识到这种行为对俱乐部法人财产权

---

[1] 王进:《我国职业体育俱乐部产权关系的现状及对策》,载《南京体育学院学报(社会科学版)》2014年第1期,第37~39页。

[2] 谭建湘、邱雪、金宗强:《中国足球职业联赛"管办分离"的研究》,载《体育学刊》2015年第3期,第42~47页。

[3] 张孝平、辛利、周毅:《中国职业足球俱乐部现状研究》,《北京体育大学学报》2006年第4期,第457~459页。

第六章

中国特色职业体育的政府治理个案分析

造成的侵蚀。在这种结构下，产权主体是封闭的，所以更多的所有者难以进入，资本难以进出俱乐部，运营商的职业化水平不高。二是俱乐部产权交易频繁，我国职业体育产权交易主要是指球队'壳资源'的转让"①。

从以上国内学者的研究可以看出，在职业足球改革和发展中暴露的一系列的问题，主要体现在足球俱乐部与中国足协、俱乐部与政府部门之间的冲突。归根结底，这些问题是由于我国职业体育俱乐部的产权不明确以及产权关系混乱而造成的。

（二）职业足球发展的相关问题研究

韩勇指出，"足球俱乐部是职业足球经济运行的基本单位。职业足球俱乐部既是足球产品的投资者和所有者，也是足球产品的生产者、经营者、管理者，而且也是足球产品的直接销售者"②。张吉龙认为职业足球是围绕足球运动所进行的经济活动，包括足球比赛的商业运作、足球队伍的投入和产出、足球运动无形资产的开发、足球用品的生产和销售，以及与职业足球有关的餐饮业、运输业、广告业等方面的经营等。他还指出，职业足球经营管理的主要模式是足球俱乐部为公司或私有财产，球员作为足球俱乐部的雇员，其职业身份不自由；俱乐部老板可以任意转手倒卖球员。职业足球的投资主体自主经营、自负盈亏。同时，政府部门对职业足球俱乐部给予一定的税收优惠，也给予经营活动适当的法律支持。但是，由于中国尚处在计划经济向市场经济过渡和转轨的过程中，经济实力有限、市场不规范、法制法规不健全、从业人员整体素质偏低、管理水平和措施严重滞后，使得中国职业足球及市场从开始就带有明显的中国特色，不同于其他足球发达国家的职业足球和市场。③丁涛、李勇认为职业足球是市场经济的必然产物，它是由一个庞大且发达的足球市场，并以它为中心而派生出更多的相关行业的综合体。这些围绕足球运动所进行的经济活动包括足球比赛的商业运作、俱乐部的投入与产出、无形资产的开发、足

---

① 刘庆青：《我国职业体育俱乐部产权问题研究》，载《山东体育学院学报》2006年第4期，第31～33页。
② 参见韩勇《中国足球俱乐部内幕》，中国城市出版社1998年版。
③ 张吉龙：《论中国足球产业化》，载《体育科学》2001年第1期，第1～4页。

球用品的生产和销售,以及与职业足球相关的其他产业的经营。职业足球属于劳动力、资本、技术密集型产业,对就业的贡献率达到了相当的水平。但我国职业足球存在一系列问题,如职业足球结构不完善、市场化运作程度不高,经济效益不佳、开发和利用无形资产不够,相关产业的潜能没有充分发挥、职业足球的发展缺乏稳定的优惠扶持政策等。而且更重要的是,我国职业足球没有真正按照市场经济的规律来发展,还没有充分认识职业足球和作为企业的俱乐部。他又对上述问题提出一系列的对策,如:使职业足球俱乐部具有产权清晰的投资机制、提高"产品"(赛事观赏性)质量、开发利用俱乐部的无形资产成为俱乐部的主要经营内容、构建职业足球俱乐部管理体系。[①] 李留东、罗普磷对比国内外职业足球的管理问题,认为国外职业足球管理的研究主要集中在管理体制、管理模式及电视转播权的管理上,但各国之间存有差异;我国对职业足球的相关研究多集中在职业足球俱乐部的经营运作方面,而对其本身的研究较为匮乏、笼统,尤其是对职业足球管理方面还未见有过系统、全面、科学的研究及报道。[②]

综上所述,我国职业足球的部分问题时至今日仍存在,如足球赛事观赏性不高、各球员水平参差不齐、在球场上的发挥水平忽高忽低、赛事竞争不平衡、足球俱乐部缺乏优惠稳定的扶持政策。这是我国职业足球发展的现状和亟待解决的问题。此外,职业足球赛事服务、电视和网络转播服务同属于第三产业,现有研究将职业足球归类为第二产业,重心放在职业足球的产品属性、人力资本等方向上,忽视了对第三产业中消费者(球迷)的研究,将无法看透和把握职业足球的发展方向和机会。

(三)职业足球俱乐部运营模式的相关研究

斯蒂芬·摩洛(Stephen Moro)指出,"职业足球俱乐部作为一种商业形式,应该由市场经济在发展方向和政策制定方面决定,通过自由市场来解决联赛组织结构、收入分配等问题,强调商业目标,如股东利益、市场

---

① 丁涛、李勇:《中国足球产业发展的现状、问题及对策》,载《北京体育大学学报》2003年第6期,第731~733页。

② 李留东、罗普磷:《国内外足球产业管理问题研究现状的分析》,载《西安体育学院学报》2003年第2期,第13~16页。

第六章
中国特色职业体育的政府治理个案分析

份额等"①。顾晨光认为,"职业足球俱乐部是以竞技表演为产品,主要以人力资源开发为主,通过购买生产要素(运动员、教练员)的生产,竞赛衍生产品(广告、赞助、冠名、附加服务)的售卖,成为多种要素资源的契约结合体"②。陈惠花等分析了我国职业足球俱乐部的经营管理现状,指出:"俱乐部的经营与管理体制不完善,俱乐部收支处于亏损状态。必须做好以下四个方面。政府下放管理权力,俱乐部当家作主;提高足球比赛质量;借鉴国外先进经验,采用职业联盟体制;建立良好的经营机制,加大经营管理人才的培养力度,加强对青少年梯队的建设,大力开发足球市场等一系列市场化经营机制。"③ 李江帆等认为,"对于职业体育的赛事而言,赢利与赢胜相伴而生;对于俱乐部来说,在职业体育竞技场上,对体育竞争胜利的追求与对经济收益的追求是一个问题的两个方面,获取体育竞赛的胜利,就可以获得市场和经济收益,而对于竞赛失利者则很少有人问津,这种状况导致俱乐部把追求体育竞赛的生存和发展放在首位"④。

综上所述,赛事产品是职业足球俱乐部核心内容,俱乐部以赢得赛事的胜利为主要目的。在运作俱乐部的过程中,注重人力资源开发,通过赛事收入、广告代理、竞赛衍生产品的出售获得经济收益,维持俱乐部的良性运营。此外,俱乐部提供的产品(服务)是赛事表现,消费者是球迷,在运营上要注重培养潜在消费者,以获取更大的经济收益。

(四)广州职业足球俱乐部发展的产权问题分析

1. 产权理论的模型(科斯定理)

科斯定理指出,当交易成本大于零时,清晰的产权界定将有助于降低人们在交易过程中的成本并提高效率。但凡产权界区不清,交易成本不为

---

① [英]斯蒂芬·摩洛《足球经济的奥秘:足球、金钱、社会》,金艳丽译,中国金融出版社2006年版。
② 顾晨光:《中国职业足球俱乐部成长研究——从新制度经济学视角》,北京体育大学出版社2009年版。
③ 陈惠花、藤遂华、康春兰:《我国职业足球俱乐部的经营管理现状及对策研究》,载《井冈山学院学报》2009年第5期,第161~164页。
④ 李江帆、张保华、蔡永茂:《职业体育俱乐部体育竞争与经济收益关系研究》,载《体育科学》2010年第4期,第22页。

零，市场机制就会由于外在性的存在而失灵。所以，产权越清晰，资源配置的有效性越高。

由上述的科斯定理可以看出，产权界区的清晰度直接决定了资源配置的有效性，换言之就是产权清晰与否直接决定了利益的最大化。

2. 广州职业足球俱乐部发展的产权问题分析

在恒大涉足足球之前，几乎所有俱乐部的发展都无法完全脱离政府的干预，自主经营、自负盈亏，政府与企业所有、政府与企业参股所有、政府所有等形式成了无法打破的产权分配的局面，在政府实行干预的同时，俱乐部的发展也采取了类似的产权安排形式，即在坚持政府掌管俱乐部的前提下，将俱乐部的所有权与使用权分离，所有权归政府所有，俱乐部的使用权则分到参与投资或入股的一个或多个企业中去。这种政府干预下的产权安排无疑是极为不科学的。

这样的产权分配最终导致的问题就是俱乐部产权结构模糊。由于所有投资者都有自己的利益，他们总在从自身利益角度出发来行使权力。这种现象在政府与企业联办的俱乐部中尤为突出。政府拥有俱乐部的所有权，而投资俱乐部或冠名的企业则对俱乐部的收益具有一定的制约权；没有明确而清晰的界定产权界区，而政府通常也不会对投资的企业进行收益权上的承诺；虽然在联办时有相应的协议，但通常是不完善的。在实践发展中，由于产权分配的不清晰，交易成本不断上升，各方力争更多的占有权、支配权、使用权、收益权双尽可能降低成本，一旦交易成本过高或出现危机，双方都会推卸责任。因此，俱乐部要真正行使法人财产权，明确俱乐部的产权，这种明确的产权关系能够保障俱乐部的正常运转。职业足球产业市场的发展基本上是无序的。如果投资方在日常球队的运营上也难以全身心投入精力去经营俱乐部，一旦投资方在俱乐部的运作上无法获得自己的预期经济回报，如广告的经济收益、门票与转播的经济收益、附加产品的经济收益等，投资方撤出球队或发生变更就是不可避免的结果了。

根据科斯定理，任何形式的产权安排，如果不能帮助人们形成对经济行为的稳定期望，就不能有效地阻吓机会主义行为，或者排斥力较弱。因此，不能促使人们最大限度地通过提高生产力来促使收益最大化，那么，不仅职业体育发展受到限制，还会导致职业体育发展的秩序混乱。中国职业足球的改革还有很长的一段路要走。

(五) 广州职业足球俱乐部运营的政府因素

1. 我国体育管理体制下的足球环境

我国体育管理体制是指政府体育职能部门设置、权限划分、运行机制方面的体系和制度的总称。足球管理体制隶属于这一制度安排，它是自上而下进行权力授权的机制。足球的运营环境就是在这一体制范围之内。大多数人认为中国足球运动落后的根本原因就是现行的管理体制与市场经济体制不相适应，中国足协履行的是政府职能，既管又办。足协职能定位的错位，使得职业足球联赛的运营不畅，市场经济的调节机制没有发挥有效作用。足球运动是我国体育职业化、社会化改革的突破口，现行的运营管理没有超出我国体育管理体制的限制范围。

2. 政府职能部门的作用

中国足球运动管理中心和中国足协是中国足球运动的管理机构，都是政府体育职能部门，实行的是一套人马两块牌子，具有亦官亦民的双重性的特点。1993年，国家体育总局建立了14个运动项目管理中心来管理单项协会以及运动项目。运动项目管理中心不仅是政府的职能部门，也是国家事业单位；中国足协是在民政部门注册的民间社团组织，其性质是行业社团组织。所以，中国足协具有国家行政机关和非政府组织的双重身份。它是中国足球运动管理的最高权力机构，主要任务是贯彻落实国家的行政管理法规，统一领导和指挥国家足球运动的发展，推动足球运动的普及和运动技术水平的提高，促进足球运动社会化和职业化发展。

六、结论及建议

(一) 结论

第一，在恒大集团入主广州足球产业之前，广州市体育局一直掌控着广州足球的话语权。在足球改革的过程中，政府主导一切，弱市场机制不能发挥调节作用。根据恒大集团与广州市足协签订的协议，恒大集团注资后，广州足球俱乐部暂由广州市足协管理，广州足球俱乐部的管理权在广州市足协，恒大足球要服从广州市足协领导。广州足球俱乐部的管理权由政府主导。

第二，恒大足球是经注册的具有独立法人资格的经营实体，其足球俱乐部的财产权、经营管理权属于恒大集团，并按照现代企业制度进行经营管理，在协议履行和实际运作中，恒大集团拥有更多的占有、支配、使用和收益权，较好地解决了责、权、利等方面的矛盾，体现了俱乐部的主体性特征。这为俱乐部的发展打下了坚实的基础，确保了俱乐部的整体利益。

第三，恒大足球的经营资金主要来自企业自身，俱乐部产权结构清晰，规章制度健全，自主经营、自负盈亏。恒大集团独立于政府的职能部门，主导俱乐部参加中超联赛的一切事务。恒大集团成为俱乐部真正的管理者和产权拥有者。

第四，恒大足球是没有政府职能部门参与的专业化的管理模式。政府只求所在、不求所有，双方各取所得、互利共赢。恒大集团通过开发足球的商业价值来促进足球运动的发展；反过来，足球运动的发展又将推动其商业价值的提升，使得广州足球发展逐步进入良性的循环过程。

第五，恒大足球是根据竞技体育发展的规律来管理足球的组织，根据市场机制的要求发挥市场的调节作用。恒大足球率先打破传统的足球俱乐部管理体制，建立了适应职业化发展要求的新体制，完善了现代职业体育的管理制度，走出了举国体制与市场机制融合发展的道路。

（二）建议

第一，"恒大模式"的成功有赖于恒大足球科学管理体系的建立、高效的管理团队、明确的队内奖惩措施和规章制度。恒大足球这样的科学管理体系，是未来其他职业足球俱乐部发展的重要参考依据。

第二，广州职业足球发展中，政府与市场关系的定位不同，不同发展阶段的政府治理模式及其实现路径也不同。在宏观上，恒大足球为当前中国特色职业体育的发展困局提供了解决思路；在微观上，它为职业体育俱乐部政府治理的改革创新提供了理论与实践依据。

第四节　广州职业足球发展的个案分析

广州职业足球历经 40 多年的先行先试的实践，探索出了既具有广州特色，又代表全国足球发展缩影的运作机制，即职业足球的"广州模式"。在推动我国职业足球的市场化改革过程中，这种广州模式具有指标性意义和全国性意义，广州已成为我国职业足球创新发展的示范地。广州职业足球的发展历程也是新时期广州足球管理体制创新发展的历史印证。本书基于广州职业足球发展的历程和经验，分析改革开放以来广州职业足球创新发展的轨迹，研究其间的政府治理及路径，探讨政府治理的内涵特征，为构建中国特色职业体育政府治理提供参考。

作为中国体育改革开放的"排头兵"，广州在中国体育改革发展过程中的探索具有标志性意义。在体育市场化、职业化方面，广州总是"先行一步"，对于全国体育改革具有示范和带动作用。接下来，本节以广州职业足球为例，分析广州职业足球的发展中政府治理与路径选择。

一、研究方法

遵循案例分析的步骤和规范，分析广州职业足球发展的特征。探索广州职业足球的政府治理与路径选择，进一步分析广州职业足球政府治理与市场作用之间的地位转变，期望通过分析广州职业足球的发展与政府治理模式的转变来剖析职业体育政府治理的特征及路径选择。

二、研究对象

以广州职业足球的政府治理与路径作为研究对象。对广州职业足球发展的阶段特征以及不同阶段政府治理的模式进行探讨，分析广州职业足球的政府治理与路径选择。

三、结果与分析

(一) 广州职业足球发展的阶段与特征

中华人民共和国成立初期,国内按照主要行政区域来组建足球队伍。当时东北区有沈阳足球队,华东区有上海足球队,中南区有广州足球队。在广州市政府主导下,弱市场和社会力量逐步参与职业足球运动。随着职业足球联赛改革的推进,职业足球市场逐渐由弱变强,特别是地方政府的角色转变等因素的影响,使得广州职业足球发展经历了不同的阶段。根据广州职业足球发展变化的轨迹,我们把广州职业足球发展分为四个阶段。

1. 第一阶段(1954—1983年)

广州市足球队是中国第一支专业足球队,组建于1954年6月。广州是中国最早建立市级专业足球队的城市,球队全称是"中南体院竞技指导科足球队白队"。1956年,广州足球队夺得全国乙级联赛冠军,但由于中国足协宣布当年乙级联赛不实行升降级而继续屈居乙级。1958年,广州足球队再次获得乙级联赛冠军,并且历史上首次成功打入全国顶级联赛。1959年,第一届全运会举办,但是广州足球队却于同年首次被解散,并被划归到广东省体委。1961年,广州市足球队重新组建,但在1966年第二次解散,又由广东省体委接管。1977年,广州足球队进行了改组,名称更改为广州市青年足球队;次年,广州市青年足球队参加了全国青年联赛,赢得了分区赛季军。1980年,广州市青年足球队夺得了全国足球分区赛第二名,并晋升至乙级联赛;1981年,广州市体育工作大队成立,足球队在当年的乙级联赛中夺得冠军并成功升入中甲联赛。球队创造了两年"三连跳"的奇迹。1982年,广州足球队历史上第一次正式参加有升降级制的全国顶级联赛。

2. 第二阶段(1984—1992年)

1984年,在第一届中国足协杯赛之中,广州足球队取得了第八名,第二次升入中甲联赛。当时正处在改革开放的初期,广州足球队率先进入足球市场,开始尝试利用市场手段运作足球队。1984年10月,广州

第六章

中国特色职业体育的政府治理个案分析

白云山制药厂与广州市体委签订合同，开企业利用市场手段介入运动队的先河，并以每年赞助 20 万元为条件联合组建广州足球队。这样，政府主导管控的广州市足球队更名为"广州白云山制药厂体协足球队"（以下简称"白云队"），成为国内首支由政府职能部门与企业联合组建的运动队。1986 年，白云队聘请戚务生执教，开国内引进教练的先河。1989 年，白云队改制为"广州白云山足球俱乐部"。不过，当年球队战绩不佳，只得倒数第一名，无奈再度降级。1990 年，名帅陈亦明率领白云队征战，白云队以甲 B 联赛第二名的身份晋级甲 A 联赛，广州足球队第三次升入甲级联赛。1992 年，"少帅"周穗安执教，球队汇集麦超、吴群立、李勇等一班老将和以彭伟国为代表的年轻球员，经过他们的不懈努力，白云队夺得了甲 A 联赛亚军，这是广州足球在专业队时期获得的最好成绩。

3. 第三阶段（1992 年 6 月—2004 年）

中国足球在第 25 届奥运会预选赛中的失利引发了国内民众的极大愤慨，也由此引发了足球运动管理体制的改革。当时的国家体委决定将足球体制改革作为中国体育体制改革的突破口，目的是探索出一条体育全面改革的道路。1992 年，在红山口会议后，中国足球开始酝酿体制改革。1993 年，足协决定利用下一年的甲 A 联赛作为改革的试点。1993 年 1 月 8 日，太阳神集团与广州市体委签约，成立了中国第一家股份制职业足球俱乐部。在 1994 年的甲 A 联赛中，广州太阳神队收获了足球改革的红利，获得亚军。但是，1998 年，广州太阳神队在联赛中因成绩不佳而降级。从那以后的很长一段时间，广州足球没有能够晋级顶级联赛，发展几乎停滞。在 2001 年年初，吉利集团取代太阳神集团开始赞助广州足球。吉利集团看中了广州的市场，为了最大限度地发挥其品牌效应，在主场比赛的半场休息时间举行汽车抽奖，极大地刺激了球市。广州足球队在当年甲 B 联赛中夺得半程亚军，但因为没有达到预期的宣传和获得优惠政策，吉利集团也很快退出了赞助。2002 年，广州足球队由广州市足协托管。香雪制药以 800 万元为球队冠名，但球队以培养新球员为目标，联赛排名倒数第二，因为该年没有升降级，球队继续留在甲 B 联赛。随着比赛成绩的下滑，足球市场陷入了前所未有的低迷期，当年的足球比赛，广州队主场只有几百人观看比赛，门票从 10 元直到免费仍然无法吸引球迷。然而在

2003年"非典"（严重急性呼吸综合征，SARS）席卷全国时，各种品牌的抗病毒口服液和板蓝根颗粒热销，而香雪制药坐拥冠名广州足球之利而广告效果极佳，收益颇丰，当年赞助球赛还是产生了巨大的品牌效应。因此，香雪制药第二年继续以800万元冠名，球队取得甲B联赛第三名，广州足球再次看到升级的希望。

这个阶段正处于职业体育初步形成的阶段，在当时依然存在很大的问题，如香雪制药只发挥了赞助商的作用；广州足球队的全称为广州足球俱乐部，总经理还是广州市足协的秘书长杨旭；俱乐部的管理仍然受到政府的限制，缺乏应有的生机与活力。

4. 第四阶段（2004年至今）

2004年，中国足协仿效英超联赛，正式将甲A联赛的名称改为中超联赛，并将其建成全国最高水平职业足球联赛。2006年4月，为了实现完善中国足球市场化进程的目标，中国足协和所有中超参赛俱乐部共同出资组建了中超联赛有限责任公司。

正当广州足球再次努力重塑辉煌之时，中国足协在2001年出台"俱乐部必须登记为俱乐部有限公司或俱乐部股份有限公司"的规定，以2003年年底为限。也就是说，在2004年赛季之前，广州市体育局和足协必须将广州足球俱乐部70%的股份出售。为了保留广州足球的参赛权，广州市足协不得不制订"零转让"计划，即接管公司免费获得广州香雪队的一、二、三队和中甲联赛的参赛资格。但是大多数企业还在等待，最终日之泉集团以人民币1元的价格获得了广州足球俱乐部70%的股份，成为广州足球俱乐部参加职业联赛以来的第3个大股东。与此同时，广州市足协完全转让了足球俱乐部的股份。此外，广州中一药业有限公司（以下简称"中一药业"）以600万元冠名，并且球队使用"广州日之泉中一药业队"参加了当年的联赛。2005年，广东天河城（集团）股份有限公司（以下简称"天河城"）和广州市建筑集团有限公司（以下简称"城建集团"）加入赞助商行列，共赞助650万元。

2005年下半年，广州市"十一五"发展规划把足球作为品牌项目推广。为了帮助广州日之泉中一药业队晋升中超联赛，广州市体育局直接拿出1000多万的资金赞助广州日之泉中一药业队，但是球队竞争力相对较弱，其竞赛成绩未有突破。迫于广州足球发展的形势，2006年年

第六章
中国特色职业体育的政府治理个案分析

初,日之泉集团和香雪制药全身退出广州职业足球,然后广州市政府全力支持广药集团进驻广州职业足球,这样,原萝岗区政府、广药集团与广汽集团、广州市足球发展中心四家联合成立股份有限公司,组建"广州医药足球俱乐部",广药集团获得广州足球俱乐部90%股份。在广州职业足球俱乐部史上,广药成为第4个大股权持有者。由于准备时间仓促以及冲超经验不足,而且在关键时刻错失良机,广药队首次冲超尝试失败。在此以后,广药队邀请名帅沈祥福执教,在资金投入力度上前所未有,并招募徐亮、高明、拉米雷斯等实力干将进入球队。在这个时候,冲超是广药足球队的政治任务,通过全方位的不断努力,广药足球队在2007年提前三轮晋升中超联赛,并获得第一个职业联赛的冠军。然而,在2009年年底的足坛打黑风暴中,广药队被爆两次打假球。在2010年,广药队与另外一支俱乐部球队遭到降级处罚。迫于失控的职业联赛的混乱局面,广药集团宣布正式退出职业足球联赛。广州足球俱乐部只能由广州市足协暂时托管。

2001—2005年,广州足球队先后以赞助企业的名称冠名为"广州吉利""广州香雪""广州日之泉"等,实际的俱乐部名称一直使用"广州足球俱乐部",始终在广州市足协的领导下,坚持走市场化的足球发展之路。2010年,恒大集团以巨资购入广州足球俱乐部全部股权,广汽集团取得冠名权,球队名称更改为广州恒大广汽队。在2010赛季,广州恒大广汽队冲超成功。2011年,广州恒大队征战中超,获得中超联赛冠军,创造了中国足球发展史上的神话。此后,广州恒大足球俱乐部屡创佳绩,在2013年,赢得了亚冠联赛冠军。

广州市还有两支球队,广州富力足球俱乐部(以下简称"广州富力")和广东日之泉足球俱乐部(以下简称"广东日之泉")。广州富力的前身是1987年成立的沈阳足球队,是中国职业联赛的发起者之一。2011年,富力地产集团收购了俱乐部,球队正式更名为广州富力队,主场设在广州越秀山体育场,在2013中超赛季排名第六。广东日之泉[①]是以广东青年队为基础成立的足球队,在2013年的中甲联赛中排名第三。2013年,

---

① 广东日之泉足球俱乐部以广东青年队为基础,成立于2007年。2014年11月俱乐部全部股权转让至陕西。——编者注

恒大足球、广州富力、广东日之泉三支球队形成了广州足球"一超两强"的格局，引领了国内足球的发展。

（二）广州职业足球发展的阶段特征及政府治理

政府的职能是政府在国家社会生活各个领域的管理和服务中的职责和作用，随着内外因素的变化，政府的职能也将呈现一定的动态性。因此，在不同时期或不同的阶段，政府的职能也在发生变化。在职业体育发展过程中，政府的治理模式也在促进其职能的转变。

1. 广州足球发展的第一阶段特征

这个阶段在中华人民共和国成立初期，各项社会事业（包括体育）初步建立。政府的角色是全能管理型，直接控制着体工队竞赛和运作。国家将竞技体育管理纳入社会事业管理的职能之中。在确立了中国社会主义社会的性质后，国家建立了高度集中的政治和经济体制，全权负责体育事业发展，按照国家专业训练体系机制组织比赛。

随着竞技体育举国体制的形成，广州足球发展完全按照政府主导的体育管理模式运作。按照政府的行政体系充分发展政府职能的作用，即广州市政府职能部门管理和控制球队，足球运动作为社会事业的"公共产品"，球队属于官办专业体工队，完全由政府提供。在这个阶段的社会历史环境下，人们对于足球队的产权没有任何的概念。在广州足球队建设过程中，由于处于政府直接管理，在行政命令下，广州足球队两次解散。第一次解散，是中国第一支地市级专业队，中南体院竞技指导科足球队白队（以下简称"中南白队"）。第二次解散是广州市青年足球队，之后成立广州市足球队，即广州市体育工作大队。在解散足球队并重新组建的同时，广州足球队全面升级。广州足球队于1956年获得乙级联赛冠军，也是广州足球史上第一次获得全国乙级联赛冠军。在不断调整与完善中，广州足球队1981年晋级全国甲A联赛，实现两年"三级跳"。

2. 广州足球发展的第二阶段特征

这个阶段正处于市场化改革阶段。党的十一届三中全会以后，党提出实行改革开放。在经济体制改革的影响下，原国家体委提出了发展体育社会化的总体指导意见，改革政府独办体育的局面，让各行各业都能办体育。具有典型意义的是1984年广州白云山制药厂与广州市体委共同组建

第六章

中国特色职业体育的政府治理个案分析

了广州足球队,开创了联合办队的先例。在聘请足球队教练上,球队也大胆创新。率先以广州足球队名义先后聘请知名教练戚务生、"少帅"周穗安任教,两位教练均率队取得了好成绩。由于当时缺乏球队产权的概念,各界在广州足球队的归属上没有具体的明确和界定,而且广州市政府主导下的广州足球是一种"公共产品",球队的主要目的是代表广州取得优异成绩,并向国家队输送运动人才。那时广州市体委对球队有绝对控制权,体现了政府作为足球运动的掌控者和主导者的角色。

可以看出,第一阶段和第二阶段的足球运动正处于市场开发的初始阶段,强政府－弱市场的行为突出。由于市场机制不健全,企业的市场竞争力弱,市场的行为表现有限,在政府作为社会经济活动的直接组织者的情况下,企业只能依托政府在广州足球发展中发挥主导作用。

3. 广州足球发展的第三阶段特征

这个阶段正处于竞技体育社会化、职业化改革阶段,也就是从专业足球转变为职业足球。党的十四大的召开,确立了市场经济体制改革的目标,也使得竞技体育改革提到议事日程上,以职业足球的社会化、市场化改革作为突破口掀起了竞技体育改革浪潮。最初由企业赞助或由企业和体委联合组建的足球队,已经改制为职业足球俱乐部并注册为公司法人。中国第一家股份制职业足球俱乐部——广州太阳神足球俱乐部于1993年1月8日在广州成立,太阳神集团与广州市体委签订合同,并且登记俱乐部是公司法人,但这个阶段广州市政府职能部门仍然起着主导作用。它通过广州市足协直接或间接控制俱乐部赞助商的进入和退出,甚至直接干预俱乐部的经营管理,如直接派遣足协工作人员担任俱乐部总经理。作为利益相关者,广州市体育局仍将足球视为"公共产品"。一方面,由于广州足球政绩的影响,有必要进行改革,确保广州足球队取得优异成绩;另一方面,过去几十年来很难摆脱政府主导的思维定式,无法放弃竞技体育供给中的利益。因此,政府过度的放任、严管以及官僚主义等导致了"政府失灵"现象的出现。广州太阳神队除了取得1994年甲A联赛亚军外,成绩每况愈下。"政府失灵"的另一原因是广州足球的赞助商经常被替换,其相应的产权也是误导性的名不副实。广州足球队赞助商变更历程见表6-3。

表6-3 广州足球队的赞助商变更历程

时间段		球队名称	赞助商	赞助金额	产权占比/%	
开始时间	时间段				政府产权	企业产权
1954年		中南白队、广州市足球队、广州市青年足球队	无	无	100	0
1984年10月1日		广州白云山制药总厂足球队	广州白云山制药总厂	每年20万元	100	0
1989年		广州白云山足球俱乐部	广州白云山制药总厂	不详	100	0
1993年1月8日		广州太阳神足球俱乐部	太阳神集团	每年900万元，2000年投入超2000万元	50	50
2001年3月16日	2001年	广州足球俱乐部	吉利集团	投入超1400万元	10	90
	2002—2003年		香雪制药	每年投入800万元	70	30
	2003—2005年		日之泉集团、中一药业及天河城和城建集团*	分别投入600万元及650万元	0	100**
2006年2月25日		广州医药足球俱乐部	广药集团	共投资约2亿元	10	90
2010年3月1日		广州恒大足球俱乐部	恒大集团（中甲联赛广汽）	投资约17亿元，第一年2500万元	0	100
2015年		广州恒大淘宝足球俱乐部	东风日产	2～3亿元	0	100

*广州吉利、广州香雪、广州日之泉中一药业队虽然有不同的赞助商，但俱乐部名称均为广州足球俱乐部。

**其中香雪制药赞助占30%。

资料来源：互联网、调研所得，以及《广州恒大淘宝足球俱乐部2015年度财务报表》。

第六章

中国特色职业体育的政府治理个案分析

4. 广州足球发展的第四阶段特征

在这个阶段,足球职业化进入快速发展时期。随着经济的高速发展,我国逐步改变了粗放型经济发展模式,开始大力发展第三产业。作为第三产业的职业足球联赛也进行了较大的改革。2004年,中国足协在甲A联赛的基础上成立中超联赛,其管理模式也得到了创新。在这个阶段,广州市政府职能部门下放权力的做法体现了政府职能的转变和治理措施的创新。尽管权力下放淡化了政府的微观管理职能,但它在推动广州职业足球发展方面仍起着关键作用。

第四阶段显示中国职业体育市场已经发展到中等发展水平。政府不再直接从事微观经济活动,而是由市场在体育资源配置中起决定性作用,充分发挥企业作为微观经济活动主体的作用。此时的政府注重制定职业体育发展规划以及发展政策来影响市场发挥作用。

(三) 广州职业足球发展的政府作用及定位

1. 政府高定位引领广州职业足球发展

明确政府的职能和角色定位。在中国社会转型发展的背景下,广州市政府职能部门认真吸取职业足球发展的经验,在把握角色定位的基础上,合理、准确地确定了自己的位置。政府不能取代市场,而是要强制市场机制恢复其功能;政府干预应以避免"政府失灵"的方式进行;明确政府的职能和发挥作用的范围,使政府与市场的关系能够得到妥善处理。政府的角色就是"拾遗补缺"。

广州市政府职能部门突破僵化的体制,通过政府的作用来主导和规范市场行为。一方面,广州市"十一五"发展规划把足球运动作为广州市优先发展的品牌体育项目。从制度上,优先推动足球发展,致力于将其打造成广州新的"城市名片"。另一方面,广州市政府在简政放权方面发挥了关键作用,确定了政府作为"服务员"而不是"话事人"的角色,以"尽我所能、竭我全力、倾我真情"[①]为服务宗旨,为推动广州职业足球发展提供必要的后勤工作与众多优惠条件。此外,广州市体育局再次放宽政策、改革创新,只求所在、不求所有,允许企业购买广州足球队的全部

---

① 参见陈伟胜主编《媒体看江南》,暨南大学出版社2012年版。

产权。最终，恒大集团拥有广州足球俱乐部的全部股权，彻底改变了政府办足球的模式。此后，恒大集团以其雄厚的经济实力和现代化的企业管理模式来运作足球俱乐部，取得了空前的成功。

2. 市场导向推动职业足球产权变化

广州足球从国有产权演变为产权私有，是一个缓慢而渐进的过程。几乎所有体育俱乐部的发展都无法完全脱离政府的干预，各种运营管理模式都无法打破产权分配的局面。在政府实行干预的同时，俱乐部的发展也采取了类似的产权安排形式，即在坚持政府掌管俱乐部的前提下，将俱乐部的所有权与使用权分离，所有权归政府所有，俱乐部的使用权则分到参与投资或入股的一个或多个企业中去。这种政府干预下的产权安排无疑是极为不科学的。

这样的产权分配最终导致的问题就是俱乐部产权结构模糊。由于投资者都有各种不同的利益，他们总从自身利益角度来行使权力。政府通常也不会对投资的企业进行收益权上的承诺，一旦投资方在俱乐部的运作上无法获得自己所预期的利益回报，投资方从球队撤资或发生股权变更就是不可避免的结果了。如此，不仅职业体育发展受到限制，也会导致职业体育发展的秩序混乱。

3. 开放多元，转变政府职能

市场失灵需要政府干预，但政府干预应与市场经济发育程度相适应。随着职业足球体制改革的深入，新旧体制的博弈必然导致观念转变、利益结构调整等冲突，这就要求政府要研究职业足球体制转型的模式、速度和力度。对于广州职业足球发展而言，政府加大职能转变的力度，将其原有的职能转变为减少直接控制，将其原来控制的部分职能推向社会和市场。它需要政府在以下三个方面改变其职能。一是转变职能重心，着力于完善职业体育供给体系，实现供给主体多元化，构建政府、市场、社体组织共同参与的多元化供给体系。率先实施足球协会的管办分离，发挥恒大足球、广州富力等俱乐部的主体作用，明确政府职能的范围。将政府服务供给职能转移给社体组织，并使其发挥各自的优势，促进职业足球的发展。二是职能方式的转变，改变政府权力的运作方式。广州市政府逐步放宽了本地职业足球的准入制度，逐步简化审批制度，在正确方向的引导下，政府积极转变权力运作方式，不干预市场，限制"政府之手"的长度。三是转变职能关系，做到管办分离、政企分开、政社分开。广州市足球协会脱离政府，将非营利性的足球协会从体育局脱钩，并其划归为民间组织。广州市足协在国内率先转变职能关系，放弃事业单位属性，且不再干预足球俱乐部的微观管理事务。

4. 协同创新不断在治理模式上有所突破

广州职业足球的发展是通过实施创新理念不断有所突破，创新贯穿于职业足球发展的进程中。一是创新治理结构，升级政府治理模式。在职业足球发展过程中，广州市政府探索建立政府、市场和公众共同参与的新型治理模式，为广州职业足球治理模式的形成做出了贡献。广州职业足球的政府主导模式仍在不断完善，政府、市场和俱乐部多元治理结构正在形成。这不但有助于政府治理模式的转变，而且摆脱了传统的市场失灵和政府失灵给职业足球发展带来的弊端。二是治理手段创新，治理结构的转变必然要求创新相应的治理手段。政府采用市场化竞争机制，充分利用市场作为资源配置的有效手段，并与恒大集团签订协议，将广州足球俱乐部私营化，并放弃其先前对广州足球俱乐部的控制权。支持通过市场竞争来推动广州职业足球市场发展，充分利用市场的优势，提高政府的治理效率。合理设置主客场是政府职能转变的直接结果。三是创新政府治理机制，健全政府规制与企业自治相结合的治理机制。广州职业足球的治理机制主要体现在制度上，既重视"政府监管"，又善于把握"企业自治"。一方面，明确了广州市足协的监督协调作用，强化广州足球俱乐部的自治能力培养；另一方面，俱乐部积极完善自身的内部治理制度，增强俱乐部的自我规范和自我约束的能力。

（四）广州职业足球发展中政府治理及路径

1. 广州职业足球政府、俱乐部与社体组织之间的关系

广州职业足球的治理，表现形式是政府、企业和社体组织，这三种主体的行为模式可以用行政、经济、实践来概括，即任何一种模式都是由若干不同的因素构成的，而其效果还在于这几种因素的有机组合。在广州职业足球发展中，行政与经济和实践的因素结合在一起，较好地表现了三方的合作和协调，形成了合作关系。

在三方的合作过程中，政府的态度是明确的。在经济上，政府代表的是一种力量，这种力量就是行政。但这种行政力量是融入了体育元素的行政力量，它所起的作用是体育资源的提供者、协调者、保驾护航者。在广州职业足球的发展中，政府是一支重要的领导力量。这是根据我国经济社会的具体情况采取的发展策略，而不是要走行政化的道路。因为政府主导足球治理的改革，离开了政府的支持是行不通的。

在广州职业足球的治理模式中，企业是另外一个特别重要的主体。企业伴随着经济，它是职业体育的赞助者。在广州模式中，企业承担着奠基的功能，代表着经济基础，以一种高屋建瓴的形态出现，给整个系统输入最基础的资助，带来了资金和技术，不断地牵引着广州职业足球的发展。与职业足球广州模式的其他两个主体比较，企业的优势在于拥有一定经济基础，他们不仅有强大的资金，也有服务社会的迫切愿望。企业的加入可以有效地弥补政府资金的不足，改变职业足球的模式，提高职业足球的水平和层次。

社体组织是三者之中最活跃的主体，其最大的优势是实践经验丰富，有着广泛的社会联系和相对高效的办事机制。社体组织进入广州模式之中，也是广州职业足球长期以来坚持的结果。在广州模式中，社体组织代表的理念是实践，实现政府职能与市场机制的最佳结合。在政府与市场都不起作用的"双重失灵"领域，发挥社体组织在联系与政府、企业与社会之间的纽带作用将极为重要。

从职业足球的运营角度讲，职业足球的出资、监管、运作相对应的主体是政府、社体组织和俱乐部。政府导向出资，俱乐部自主运作，协会严格监管。在这一模式中，政府的职能是提出职业足球发展的规划，制定相关政策制度，提供政策支持；企业是运作和出资机构，其职能是按照职业足球发展规划，自主履行俱乐部行为，完成所承担的任务，并接受社会监督；监管机构主要是指行业协会，即足球协会，其主要履行政府行政体制改革中剥离的社会管理职能，具体执行政府的职业足球发展规划和相关政策，进行行业指导和建议。监督机构自身除接受政府的管理外，还要实行行业自律，建立健全行业内的相关制度，并对俱乐部执行政府政策、行业相关制度等方面进行监督。

2. 广州职业足球发展中，政府与市场关系

在广州职业足球发展中，政府体育部门认真吸取了职业足球发展的经

第六章

中国特色职业体育的政府治理个案分析

验,尤其是在中国社会转型发展的背景下,在把握角色定位的基础上准确合理确定了自己的位置。也就是说,政府的角色应该是"拾遗补缺"。政府不能取代市场,而是强制市场机制恢复其功能;政府干预应以避免"政府失灵"的方式进行,明确政府的职能和发挥作用的范围,使政府与市场的关系能够得到妥善处理。

发展中国家往往有更多的空间来模仿发达国家的技术,并使用技术模仿替代制度模仿,但更多的技术模仿反而可能推迟制度改革。因此,广州市政府职能部门突破僵化的体制,通过政府的作用来主导和规范市场行为。一方面,在广州市"十一五"发展规划中,把足球作为广州市优先发展的品牌体育项目,从政策上制度上优先推动足球发展,致力于将其打造成广州新的"城市名片";另一方面,广州市政府在简政放权方面发挥了关键作用,确定了政府作为"服务员"而不是"话事人"的角色,以"尽我所能、竭我全力、倾我真情"为服务宗旨,为推动广州职业足球发展提供必要的后勤工作与众多优惠条件,如外援、教练引进和训练、球员宿舍的租赁、比赛场地使用等。此外,广州市体育局再次放宽政策、改革创新,允许企业购买俱乐部的全部产权,但要有三点承诺:首先,确保俱乐部仍然是广州的本土品牌,广州足球队的名称不能变;其次,俱乐部的重大事件需要与广州市体育局沟通;最后,如果企业退出广州足球俱乐部时,广州足球俱乐部的产权必须无条件全部退还给广州市体育局。最终,恒大集团在三大担保的基础上拥有了广州足球俱乐部的全部股权,彻底改变政府办足球的模式。此后,恒大集团以其雄厚的经济实力和现代化的企业管理模式来运作俱乐部,取得了空前的成功。

由此可见,在广州职业足球发展中,政府与市场的关系表现为协同与互补。首先,政府创造了市场发挥作用的环境和条件,在市场可以作为的职业体育领域,政府逐步退出。其次,政府制定了规则来规范市场主体的行为。最后,政府在"市场失灵"的区域发挥作用,只有市场不能做或不能做好的领域才是政府行事的空间。

只有当产权关系明晰时,俱乐部的各产权拥有者才能调动积极性做好本职的工作,从而有效避免只有生产经营决策权而无收益权的现象的发生。此外,恒大集团对球队的完全控制也避免了"搭便车"行为的发生,还解决了俱乐部参与联赛的"正外部性"现象,使其边际收益大于其生产的边际成本，所以恒大集团的投资力度空前。

尽管"恒大模式"已经取得成功，但在中超联赛没有明确的可执行的工资限制制度的情况下，俱乐部在金钱上的博弈并非都是赢家。2012赛季中超俱乐部薪资支出排行榜见表6-4。

表6-4 2012赛季中超俱乐部薪资支出排行榜

单位：亿元

支出薪资排行	俱乐部名称	中超联赛名次	薪资支出金额
第一	恒大足球	第一名	2.38
第二	上海申花	第九名	1.50
第三	山东鲁能	第十二名	0.80
第四	贵州人和	第四名	0.55

资料来源：由互联网资料整理。

从表6-4可以看出，薪资排名并不完全与中超联赛成绩的排名成正比。有时候大规模的投资也可能导致低回报。恒大足球的成绩也反映出地方政府放弃俱乐部的产权显得更为重要。

在广州职业足球的发展历史上，广州足球已经从产权国有发展演变为产权私有，由民间企业运营。产权变更不是一次性完成，这是一个缓慢而渐进地从国有过渡为私营的过程。

恒大足球的成就恰恰说明了市场经济中社会力量的发展趋势和"不可逆性"的特征。由此可见，产权的重新界定和相应的利益调整，特别是在政府和职业俱乐部之间，存在利益博弈，即政府通过社会资本融资来促进竞技水平的提高与职业俱乐部利润最大化之间的博弈，政府本身的角色将发挥极其重要的作用，并需要做出职能上的调整与转变。

政府在广州职业足球的发展中采用创新模式，即符合广州市情、体情的多元主体参与的治理模式，协调职业足球俱乐部中的各种关系，对"市场失灵"现象的发生进行弥补。政府宏观调控引导，市场与俱乐部共同参与，职业足球俱乐部按照市场规律自主发展。一方面，在经营活动方面，政府不参与，政府只参与制定有关行业法规，并监督严格执行这些规定的情况；另一方面，建立协调职业足球俱乐部的机制，政府与俱乐部保持良

第六章

中国特色职业体育的政府治理个案分析

好关系，积极争取培育需求市场，建立职业足球利益相关者双赢的基础，在政策法规制定方面给予支持。

3. 广州职业足球发展中的政府治理路径

"市场失灵"需要政府干预，但政府干预应与市场经济发育程度相适应。随着职业体育体制改革的深入，新旧体制的博弈必然导致观念转变、利益结构调整等冲突，这就要求政府要研究职业足球治理的模式、速度和力度。对于广州职业足球发展而言，政府治理转变为减少直接控制，将其原来控制的部分推向社会和市场，加大政府治理的力度，其路径包括三个方面。

第一，建立政府参与的多元治理主体，制定发展规划和目标。改变政府治理的重心，着力于完善职业体育供给体系，实现供给主体多元化。通过对广州职业足球发展的阶段分析，可以看到目前政府治理的重心是完善职业体育供给体制，实现供给主体多元化。例如，广州市政府在"十一五"发展规划中列入足球，表明其对职业足球的重视。积极拓展民营职业体育的渠道，构建政府、市场、社体组织共同参与的多元化供给体系。随着恒大足球取得更加突出的成绩，广州市政府不断以高效率为目的丰富多元化的供给体系，增加市场和社体组织提供产品的同时，明确政府治理的范围，将俱乐部和社体组织纳入政府治理范围，并使其发挥各自的优势促进职业足球的发展。

第二，建立利益分享体制，保障职业体育利益相关者的合法利益不受侵犯。政府、社会、市场多重制度逻辑的冲突，使得广州职业足球的政府治理需要在制度设计上不仅同时体现政府利益、社会利益，以及各个职业体育俱乐部企业的利益，还要兼顾后备梯队的建设。在广州职业足球治理上，政府改变其权力运作的方式，建立服务型政府，推进政府治理能力的提高，同时加强对权力的监督和控制，实行民主管理，保障职业足球利益相关者的利益。政府不是不采取或削弱必要的行政处罚，事实上，要严肃处理职业体育的违法违规事件，切实打击违规行为，坚决杜绝违法现象，保障各方的合法利益不受侵占。

第三，制定职业足球相关行政法规，对职业体育运动员、教练员、裁判员以及俱乐部法人等进行管理。建立行业协会监管方面的制度，保障职业足球的健康发展。广州市政府在退出广州足球俱乐部的直接管理后，侧重于职业体育的法律和法规制定、市场监管等。恒大足球的治理机制主要有以下三个方面。一是形成了有效的法人治理结构，如构建俱乐部所有者、董事会、监事会和公司管理人员等互相制衡的组织形式。二是制定法人治理结构主体之间的授权机制，规范委托人对代理人的激励与约束机制。如上所述，恒大俱乐部的严格管理制度以及丰厚的奖金激励的范围，除了俱乐部的运动员、教练员，还包括管理人员。三是广州职业足球的利益相关者对俱乐部的业务活动和经营业绩以及主要经营决策进行监督和了解。他们主要采用恒大集团的独立董事制度。因此，广州市政府转变职业足球的治理机制主要是完善政府规制与企业自治相结合的治理机制。

在职业体育管理体制改革不断深入的情况下，一些协会与政府体系分离，但基本上是按照政府部门的划分建立或管理的，并且长期依附于政府行政机构。因此，政府由管理向治理的转变要求职业体育管办分离，将非营利性运动协会与运动管理中心分开，并将其职能划归到民间组织性质。广州是政府职能部门率先转变职能关系，放弃俱乐部的产权，且不再干预俱乐部的微观管理事务，真正做到了管办分离，政府与企业分开。

在职业体育发展中，出现过市场与政府都不起作用的"双重失灵"领域。此时，要引导和推动体育中介组织和行业协会等组织的建立和完善，充分发挥民间社体组织在联系与政府、企业与社会之间的纽带作用。政府还要在完全移交原有越位管理的职能的同时，分割与社体组织的关系，彻底消除社体组织的"半官方"地位。2013年1月，粤五足协会的成立从侧面反映了广州的开创性试验改革，这在中国职业体育领域做了一个很好的示范，使广州再次领先国内职业体育发展。

4. 广州职业足球政府治理的模式创新

广州市政府从实际出发，从政府与市场关系的视角转变政府职能，依靠广州市体育局对广州市足协进行治理，并联合企业与俱乐部力量共同进行治理。政府引导职业足球发展，提升城市名片的方式和手段主要表现在以下三个方面。

第一，探索新型治理结构，升级政府治理模式。在职业足球发展过程中，广州市政府探索建立政府、市场和公众参与的新型治理模式，为广州职业足球的发展做出贡献。广州职业足球的政府引导模式仍在不断完善，

第六章

中国特色职业体育的政府治理个案分析

改革后的市场、政府和逐步市场化的双重治理结构仍存在问题，无法解决、难以满足职业足球的发展。广州市政府积极探索政府、市场和公众参与的多元治理结构，加大政策引导和扶持力度。多元治理结构中的公众是由许多为了保护和促进自身利益或价值的社会成员自愿组成的治理主体。广州市政府将公众视为治理的新兴主体。通过社体组织，进一步探索政府和市场以外的治理潜力，实现了每个参与主体的互惠行为。与前两种模式相比，其优势在于谈判与合作，从而摆脱了传统的市场失灵和政府失灵给职业足球发展带来的弊端。职业体育三种治理模式的区别见表6-5。

表6-5 职业体育三种治理模式的区别

模式	举国体制模式	政府、市场结合的二元治理模式	政府、市场、公众三元治理模式
治理主体	政府	政府、市场	政府、市场、公众
核心手段	命令	命令、交易	命令、交易、合作
比较优势	整合与控制	创新与激励	协商与合作
功能结构	效果	经济、效率	经济、效率、效果

资料来源：陆宗芳、罗玲红：《公共治理视角下的中国体育事业发展模式》，载《北京体育大学学报》，2009年第10期，第19~21页。

第二，转变政府治理手段，协调兼用多种治理手段。治理结构的转变必然要求相应的治理手段创新。广州市政府职能部门主要采取以下三种政策工具。一是市场化竞争机制手段。从治理理论的角度来看，政府需要在公共服务中引入竞争机制，以最大化公共利益，逐步建立具有竞争力的政府。有鉴于此，广州市政府充分利用市场作为资源配置的有效手段，并与恒大集团签订协议，将广州足球俱乐部私营化，并放弃其原先对广州足球俱乐部的控制权。同时，对广州职业足球进行宏观调控，重视制定职业体育发展规划及其配套政策；在市场化运作中，广州市政府担任监督者的角色，比如前文提到的"三大承诺"。虽然出让了产权，但也从合同上有利于广州发展足球产业，有益于足球俱乐部的健康成长。因此，也为广州职业足球的发展创造了一个良好的环境。

另外，广州市政府出让产权实质上是政府放弃垄断，转而通过支持市场竞争来推动广州职业足球市场发展，充分利用市场的优势，提高政府的治理效率。根据广州足球不同时期的时代背景、市场发展水平而采取与之相应的治理模式。这是采用现代企业管理方式实现政府管理模式的转变。改革开放后，由于举国体制的影响，政府体育职能部门存在单一的管理模式等问题。广州市政府借鉴先进的企业管理技术，将现代公共管理模式等引入到体育管理领域，不但完善政府职能，而且改进了政府工作。例如，广州市政府职能部门研究了广州职业足球的观众情况和市场状况，立足于现代公共管理模式，以促进广州一城三队（恒大足球、广州富力、广东日之泉）的发展。合理设置主客场是政府职能转变的直接结果。广州的三家足球俱乐部在市场上都占有一定的份额，广州的职业足球发展空前迅猛。广州还运用社会化手段实现政府职能与市场机制的最佳结合，实现多元主体治理平衡，拓宽了上下级互动模式和协同治理。如今，广州民间体育组织的数量和种类都在增加，社体组织的独立性也有所提高，基本上都转型为公司法人，而不是过去"二衙门"的性质，对政府体育部门的工作起着重要的补充作用，实现了政府职能与市场机制的最佳结合。随着经济体制改革的深入，企业行政审批制度的改革将是职业体育管理体制改革的趋势。因此，大力发展社体组织，不仅可以加强政府与社体组织的合作力度，还能强化多元治理主体协同治理效应，实现政府的有效治理。

第三，转变政府治理机制，健全政府规制与企业自治相结合的治理机制。要改变治理模式，还应重视完善治理机制，充分依靠体制和制度。在国家政治经济体制逐步完善的背景下，广州职业足球治理机制转变的过程主要体现在制度上，既重视"政府监管"，又善于把握"企业自治"。一方面，广州市政府及时修改完善了本地体育制度，并运用政府的发展规划，明确了广州市足协的监督协调作用，强化广州足球俱乐部的自治能力培养；另一方面，俱乐部积极完善自身的内部治理制度，增强俱乐部的自我规范和自我约束的能力。

广州职业足球的快速发展与广州市政府的简政放权密切相关。我国体育管理体制受政府主导的影响，长期实行行政审批制度，职业体育进入市场的门槛居高不下。这严重制约了公司和社体组织参与市场开发的积极性。广州市政府逐步放宽了本地职业足球的准入制度，逐步简化了审批制

第六章
中国特色职业体育的政府治理个案分析

度,在正确方向的引导下,不干预市场。逐步建立企业法人登记制度与负面权力清单制度,限制"政府之手"的长度。当市场机制不健全时,政府制定各类职业体育服务和行为规范,通过鼓励市场主体发育来实现逐步退出审批领域的目标;当市场发展逐渐成熟时,政府下放权力,由相应的非营利组织行使制定标准的职能。

四、研究结论

第一,广州职业足球发展分为四个阶段,各阶段中政府的角色定位不同,其治理模式也不同。在第一阶段,政府的角色是全能管理型,直接控制体工队竞赛和运作,将竞技体育管理纳入社会事业管理的职能之中。在第二阶段,强政府-弱市场的表现突出,政府发挥主导作用。第三阶段处于竞技体育社会化、职业化改革阶段,也就是从专业足球转变为职业足球,政府创新治理措施和下放权力,政府与市场关系发生变化,但政府仍主导职业足球的改革与发展。在第四阶段,政府不再控制或者主导职业足球,但仍然需要通过制定职业足球发展规划以及发展政策来影响职业足球发展,起到引导作用。

第二,广州职业足球发展中的政府治理路径包括三个方面。一是建立政府参与的多元治理主体,制定发展规划和目标,改变政府治理的重心,着力于完善职业体育供给体系,实现供给主体多元化;二是建立利益分享体制,保障职业体育利益相关者的合法利益不受侵犯;三是制定职业足球相关行政法规,对职业体育运动员、教练员、裁判员以及俱乐部法人等进行管理,保障职业足球的有序规范运行。

第三,为更好地发展政府治理作用,创新治理模式,主要表现在三个方面。一是探索新型治理结构,升级政府治理模式;二是转变政府治理手段,协调兼顾多种治理手段;三是完善政府治理机制,健全政府规制与企业自治相结合的治理机制。在建立服务型政府的基础上,探索建立政府、市场和公众共同参与的新型治理模式,营造广州职业足球发展的宽松环境。

第七章　中国特色职业体育政府治理的思路、对策与路径

第一节　中国特色职业体育政府治理的思路

中国特色职业体育的发展，符合中国国情和体情的发展趋势，兼顾了市场需求和社会责任。在职业体育发展路径上，选择政府与民间相结合、市场推动与政府导向相结合、自下而上与自上而下相结合的方式，实现政府、社会、商业效益的最大化。构建出法规健全、市场推动、政府导向的中国特色职业体育实现路径，推动我国职业体育的可持续发展。

一、中国特色是职业体育政府治理的思路

职业体育的发展是一个系统工程，涉及俱乐部、赛事、教练与运动员，及其招募、培训、退役安置等各个环节，每个环节的运行都会影响职业体育发展的进度和质量。政府作为一个权威组织，可以利用自身的资源和影响力来协调各方面的要素和力量，以此推动职业体育的发展，构建中国特色职业体育政府治理的制度安排。

（一）中国特色职业体育政府治理的必要性

中国特色职业体育政府治理必须注重市场和政府相结合。布坎南和马斯格雷夫在他们的合著《公共财政与公共选择：两种截然对立的国家观》中指出："在满足各种需求并完成各种任务时，通过预算程序的模式解决某些问题的效率更高，市场模式则更好地解决另一些问题。在这两种模式

第七章

中国特色职业体育政府治理的思路、对策与路径

下,都存在失灵与满足一些需求。这两种模式是社会治理所必需的,而且是互补的。"① 同样,满足职业体育需求的制度安排也必须走政府与市场有机结合的道路。但是,这里的政府和市场必须在各自的领域有所施展,并不是简单地引入市场机制,而是采取"放权""让利"和"创收"等措施,市场机制将在结合政府与市场方面发挥作用。

中国特色职业体育政府治理不仅是当前满足人民的一条路线,而且不会造成未来的财政破产危机。公众的意愿和各种公共需求应加以考虑和满足,还必须加强制度安排中的约束机制,使其成为一条可持续发展的充满活力的道路。

(二)中国特色职业体育政府治理改革维度

1. 政府要取消对竞争性行业的行政审批

探索中国特色的政府治理,要处理好政府与市场,政府与社会的关系,取消竞争性行业的行政审批。行政审批是对经济活动的直接干预,阻碍了市场在资源配置中发挥作用,使得寻租、创租现象难以禁止。行政行为造成的垄断比市场竞争造成的垄断更加可怕。因为前者是由人力造成的,而不是由市场竞争中的优胜劣汰造成的;不管企业的竞争力如何,只要获得行政审批,它就可以享受垄断利益,其自身的低效率要由消费者支付。一旦实施行政准入,它也可能会产生退出障碍。因此,有必要取消竞争性行业的行政审批。

2. 政府与市场充分联合

要走出中国特色职业体育的治理道路,还应认真探索政府与市场力量的强弱,将两者充分地联合起来。无论市场力量多强大,都会产生各种追求经济利益而罔顾社会责任的现象。因此,要把创造良好的职业体育发展环境,维护职业体育健康发展作为政府工作的重心。同时,还要完善职业体育的政府治理机制。国家体育总局正在进行管办分离改革,管办分离是政府转变职能的突破口,是打造中国特色职业体育发展的重要举措。但是,职业体育的管办分离也要注意市场监管,要创造一个公平的职业体育

---

① [美]詹姆斯·M. 布坎南、[美]里查德·A. 马斯格雷夫:《公共财政与公共选择:两种截然对立的国家观》,承曜译,中国财政经济出版社2000年版,第136~137页。

市场环境，以便真正取得好成绩。

3. 既要满足民众的体育需求，又要考虑职业体育发展的可持续性

开创中国特色的职业体育治理之路，应考虑到人民的意愿和经济能力。因此，应让更多的社会资本进入职业体育领域，并提供多元主体供给格局。随着职业体育体制改革的不断深入，鼓励社会资本进入职业体育领域的政策已经实施。伴随着经济的发展和人民生活水平的提高，民众对职业体育的需求也在不断上升，仅仅依靠财政资金来满足人民需求是不可持续的。所以，有必要充分调动市场力量进入，并发挥其能动性。

在满足人民的体育需求的制度安排上，我国正在进行职业体育改革尝试。在党的领导下，在借鉴西方国家职业体育经验的基础上，走出适合中国国情的中国特色职业体育政府治理之路。

我国职业体育制度创新的根本就在于构建中国特色职业体育制度，具体目标分为以下三个层次。其一，修正职业体育价值评价准则，满足观众需求，实现消费者利益最大化；其二，明确职业联赛产权，建立中国特色职业体育产权制度，保障俱乐部回归治理主体地位；其三，完善具体职业体育联赛规则，提升联赛竞技水平，维护联赛生态系统持续稳定运行。

二、构建中国特色的职业体育政府治理的思路

我国职业体育的政府治理时间较短，在理论探讨中对于职业体育发展的路径也有多种观点，实践中都有成功的案例，如"宏远模式""恒大模式""珠超模式"。如何选择恰当的路径推动职业体育的发展，协调处理好政府与市场的关系，构建具有中国特色的职业体育政府治理体系是推进我国职业体育持续发展的核心问题。

中国特色职业体育政府治理呈现一个动态的、台阶式的发展轨迹。从早期的体工队体制建立，到20世纪90年代的职业化、产业化改革，推动中国职业体育进入了新的发展高潮。可以看到，中国职业体育经历了从非市场经济体制的体工队到改革开放大背景下的探索和发展。在政府治理的路径上，我国职业体育政府治理面临过很多问题和挑战。在坚持党的领导并且有明确的发展方向和目标，坚持职业体育体制的改革开放的前提下，我国职业体育得到了快速发展、取得了巨大成就、积累了宝贵经验和教

第七章

中国特色职业体育政府治理的思路、对策与路径

训，为发展中国特色职业体育奠定了坚实的基础。

基于现阶段中国职业体育制度的基本情况，正视职业体育政府治理中存在的问题，借鉴西方职业体育治理的经验，本研究提出中国特色职业体育治理的路径如下。

1. 及时转变发展观念，增强市场服务意识

中国职业体育发展尚未实现真正意义上的职业化，究其根本原因在于职业体育制度的创设、调整和改革尚未脱离原有思维的束缚，职业体育的价值评价准则仍然存在仅以服务于"为国争光"的政治目标需要为纲领的观念，而一定程度地忽略了人民群众对职业体育日益增长的需求。

国家各级体育主管部门首先应当转变职业体育的发展观念，切实认清并且尊重职业体育作为市场经济活动的内在逻辑和客观规律，从根本上摆脱原有的路径依赖和思维定式，在实践中为中国职业体育价值取向"祛魅"的同时还原其本性，即以建立优质的市场服务来满足消费者需求为核心的职业体育价值评价体系。这种转变发展观念的改变在制度变迁中属于诱致性制度变迁，表现为变迁主体无意识的自下而上的自发演变过程。这种方式不仅能培育制度产生的基础，更能提高制度转轨的效率。

2. 加快推进各运动项目职业体育的管办分离，理顺各方利益主体关系

西方国家政府的体育职能是提供和完善公共体育服务，主要包括制定公共体育政策和建设公共体育场地设施，政府不会直接介入或主动干预职业体育联赛的运营管理。

我国体育职业化源于政府试图解决一元化的体育财政投资，所以职业体育的发起者和控制者实质上是政府，职业体育资源存量结构及其资本增量增长方式实则以国家垄断的形式而存在，特别是在体育职业化以来的运行调试过程中，改革伴随特定社会背景下政府对于发展竞技体育的指标要求，职业体育领域中政府与市场之间的界限模糊，其弊端主要表现为行政职能的越位、缺位和错位，职业体育组织效率低下和激励机制的失效，以及监管缺失。所以中国职业体育改革势必政府先行。政府与市场部门应各司其职、相得益彰，有条不紊地共同推进职业体育发展。

一方面，只有通过政府引导，将应属于市场的职能彻底转移，推动和落实职业体育的管办分离，真正地把应由市场掌握的权力交还市场组织，

才能使职业体育的生产主体更好地发挥主动性，进而从根本上实现市场在资源配置中的决定性作用。另一方面，行政力量在退出市场领域的同时，绝不能认为放权就等同于卸责，政府理应加强职业体育治理的职责，通过制定政策等多种方式宏观上引导、推进职业体育发展。

总体而言，基于当前我国职业体育的现实环境，在某些方面政府通过制度约束、规范和引导职业体育发展的手段是加速团体项目职业体育制度变迁的最佳途径，也就是变迁主体有意识的自上而下地对整改对象进行强加实施。从理论上看，这类属于强制性制度变迁。

3. 尽早建成产权明晰的职业体育制度，优化职业体育运行秩序

要解决我国职业体育产权问题，关键在于保障职业体育市场中的利益相关者在风险和利润的追逐中，发挥产权的激励和约束作用，从而达到资源的优化配置。就职业体育遵循市场经济运行特征来说，职业联盟制度的引入和建成是保证职业俱乐部更好地实现利益的关键。职业联盟制度是一套完备的职业体育运行制度体系，特别是它的职业体育联赛的规程、规章制度、联赛经营收益分配制度等。建立了良好的职业体育枢纽制度，保持职业体育市场自由竞争的有效性，职业联赛才不会在运行过程中出现行政依赖或挂靠等问题，从而解决职业体育运行中的利益纠纷。

一方面，要大力推进运动项目协会的实体化改革，不断完善职业俱乐部的法人治理结构，加快实现协会"退出"职业联赛，构建职业俱乐部与协会的和谐关系；另一方面，职业联盟应在现有体制之外单独设立，确保职业俱乐部从自利走向共赢，形成职业联赛的利益共同体。

4. 合理构建联赛监管体系，加强职业体育派生制度建设

在职业联盟制度体系构建中，最重要的一环当属制度的执行与监督。因而务必建立专门的职业联赛监管体系。事实上，制度执行的效用不仅关系到制度的运行状况，更为重要的是其还将反作用于制度的制定过程。

因此，职业体育监管制度的服务目标必须以职业体育产品是否能够满足消费者需要、推进职业体育利益协调以及价值趋同为首。同时，要实施联赛监管制度的多元化，不单单只是联盟内部监管，还应包括社会监督、第三方监督等。

此外，为了提升联赛水平、提高产品质量、吸引更多观众，联赛主办方应当积极主动地研判赛程赛制、球员转会、球队薪资等具体规则的合理

性与有效性，适时完善职业体育派生制度建设，进而实现联赛品质升级，打造高品质的职业体育品牌。

第二节 中国特色职业体育政府治理的对策

决定启动体育体制改革的红山口会议，标志着我国职业体育由政府供给阶段逐步进入政府主导、社会力量参与、市场化运作阶段。在这个阶段，需要充分利用各种市场渠道和方式，鼓励社会力量参与职业体育的运营管理。

一、我国职业体育发展中的政府职能

由于体育体制改革和职业体育发展的特殊性，我国职业体育政府治理所发挥的职能也不尽相同，其主要过程分为三个阶段。

（一）政府主导阶段（1951—1983年）

在这一阶段，整个社会的计划经济运行决定了政府管理只能是计划管理，政府全面包揽大小事务。所有公共产品，包括很大一部分私人产品，都是由政府提供。当时国内只有专业体育，专业体育就是"职业体育"的前身。国家实行高度集中的计划经济体制，实行统一的行政领导。体育运动的发展资金由国家分配，体育比赛由国家组织。在这个阶段，体育赛事主要承担为国争光的政治任务，其功能相对单一；在经济发展相对困难的情况下，促进了我国体育事业的快速发展。政府几乎将职业体育赛事的所有工作都纳入其中，成为职业体育产品唯一供给主体。

（二）政府主导、市场和协会初步参与阶段（1984—1992年）

1984年，在总结中华人民共和国成立以来特别是改革开放后我国体育工作基本经验的基础上，中共中央发出了《关于进一步发展体育运动的通知》（中发〔1984〕20号），提出了加快我国体育事业发展的指导思想、主要任务和工作措施。竞技体育开始从事业管理转向企业化经营。在"以

体为主，多种经营"政策的指导下，出现了一系列的承包责任制和租赁制的演变。国有企业成立的运动队开始出现，专业队体育的功能开始由单一转向多元、由无偿服务逐步转向有偿服务。在这个阶段，政府仍然发挥着主导和控制专业队体育的作用，绝大多数的专业队开始进入市场，但市场化程度较低。

（三）政府主导、市场和社会共同参与阶段（1993年至今）

1992年，国家体委召开会议，提出体育事业"面向市场、走向市场、以产业化为方向"。此后，竞赛表演市场和健身娱乐市场发展迅速。目前，职业体育体系基本形成，大多数有市场潜力的项目采用市场机制和半市场机制运作，并在一些领域开展职业体育管理体制改革，实施事业单位企业化经营管理模式，对职业体育俱乐部进行市场化改革。一些专业球队以市场方式运作，形成多种运营管理模式并存的格局。政府仍然从台前和幕后控制大部分职业赛事。这一阶段属于政府主导、市场和社会共同参与阶段。

二、政府治理的职能定位

治理理论使人们认识到政府、市场和社会的多个维度和多个层面的本质问题。治理的理论被广泛应用于政府公共管理过程中。随着我国经济社会的转型发展，职业体育改革需要重新处理政府、市场、企业和社会之间的关系。政府的职能也将转向公共治理职能模式。在多元治理主体合作形成的关系中，政府是多元治理的主导者。

时代的发展需要约束政府的行为，政府需要科学界定自己的角色作用，不应越位管理，也不能缺位于职责内的工作。政府应履行创造职业体育良好发展环境、维护职业体育秩序、提供优质职业体育管理的职能，还应引导和监督企业和社体组织在职业体育管理中发挥各自的作用。

第七章

中国特色职业体育政府治理的思路、对策与路径

第三节　中国特色职业体育政府治理的路径

职业体育发展的历程，是由政府全面管理逐渐走向政府主导治理的过程。职业体育政府治理主体单一化，即所有权力集中于政府职能部门，是改革开放前中国体育的主要特征之一。在当时的体制下，职业体育管理的主体只有政府。政府不仅管理着宏观的职业体育发展，也管理着微观的职业体育的市场运作。

自1978年以来，我国进行了一系列的体育体制改革，开展了竞技体育的变革式实践。特别是职业体育的政府治理模式的开启，是对体育管理体制弊端的被动式反应。职业体育治理中存在大量的问题，特别是职业体育发展的不确定性因素大量增加，比如，"假球""黑哨"等信用危机，赌球问题，等等。这些问题导致我国现有的职业体育政府治理模式面临挑战。要解决，仅靠政府行政力量是不行的。治理理论的引入也意味着有必要加强政府与社体组织之间积极有效的合作，协同治理职业体育出现的问题。

1986年，国内职业体育开始发展。职业体育管理体制逐步形成体系，职业体育政府治理的框架逐步建立。在这个时期，职业体育只是作为体育事业的一部分内容而存在，属于竞技体育中的精英体育，是体育事业从市场上寻求发展资金而发展出来的一种尝试。这个时期的政府治理主要是由国家体委和地方各级体委领导，并与国家其他部门联合对职业体育俱乐部进行治理。

对于市场经济条件下的职业体育而言，它是市场化的高水平竞技体育。因此，必须按照市场经济的规律进行运作。在竞技体育市场化改革中，管理层逐渐认识到市场在资源配置中的作用。为此，管理层开始关注职业体育管理体制中的"管办不分"的状况，加强政府职能的宏观调控和监督职能。特别是党的十八届三中全会提出的"让市场在深化资源配置中发挥决定性作用"，对我国体育管理体制改革提出了新的要求。在此基础上，2013年全国体育局长会议提出："一方面，要继续发挥政府政策的引导作用，全面推进《关于加快发展体育产业的指导意见》配套政策的制

中国特色职业体育的政府治理与路径选择

定,为职业体育发展创造政策环境;另一方面,要深入研究发展职业体育的新思路和新方法,运用好市场机制,把职业体育作为转变体育发展方式的新平台,促进职业体育获得新的发展动力。"①

改革开放和职业体育发展的国际化,给我国职业体育的政府治理带来了巨大挑战,这些挑战为引入政府治理的新模式提供了难得的机会。如何改变政府治理的固有模式,进一步开展多元治理,是职业体育政府治理必须面对的重要问题。一方面,要求政府的治理理念与职业体育发展趋势保持同步,即从过去的直接管理转变到强调宏观调控、政策指导、社会管理。政府的角色是裁判员而不是运动员。在这里,职业体育的政府治理的转变是加强政府职能,而不是削弱政府职能。另一方面,根据治理理论和政府治理模式的改革,构建中国特色职业体育的政府治理是职业体育国际化发展的必然选择。

当今职业体育国际化发展趋势是客观存在的事实,是职业体育发展规律的体现。职业体育的国际化发展要求政府积极适应国际化潮流,创新职业体育的政府治理模式,改革政府治理的传统路径和运作过程。

总体来看,从中国特色职业体育建设的历史变迁中,不难看出以下四个要点。一是中国特色职业体育建设是循序渐进、一脉相承的,通过从计划经济体制下的专业队建设到社会化、市场化的体育发展等一系列改革措施,我国职业体育实现了快速发展,市场化、社会化程度不断提高,职业体育的运营模式不断成熟。这基本满足了人民对职业体育赛事的需求。二是目前的中国职业体育发展极不平衡,通过政府自上而下推进职业体育建设不失为一种行之有效的手段。这有其合理性和必要性,职业体育发展应把满足人民对其日益增长的需要放在重要位置。在这种背景下,如何处理好政府管理与市场发展的关系就显得至关重要。三是我国通过职业体育的管办分离带动职业体育创新发展的方式,培育职业体育的市场化、社会化。在这个过程中,职业体育的发展与满足人民不断增长的体育需求始终共生并存。因此,如何协调好政府与市场的关系已迫在眉睫。四是我国开始逐步摒弃照搬西方职业体育模式的做法,开始推动中国特色职业体育发

---

① 《刘鹏局长在全国体育局长会议上的讲话》,见国家体育总局官网(http://www.sport.gov.cn/n16/n1077/n1392/n4891927/n4891959/4898072.html),发布日期:2013年12月24日。

第七章
中国特色职业体育政府治理的思路、对策与路径

展。在坚持中国共产党的领导下，借鉴西方先进的职业体育治理经验，发展好中国特色的职业体育是值得深思的。

在分析我国职业体育体制改革和政府治理的基础上，探索中国特色职业体育政府治理的路径选择，主要从以下八个方面进行分析。

第一，改革政府治理类型。治理理论强调多元治理主体的协同合作。在治理状态下，政府是治理主体之一，它与其他治理主体的关系是相辅相成的。政府拥有无限行政管理权，是一个统管社会义务的全能政府。建设具有中国特色的职业体育政府治理，应改变政府对职业体育的统管模式，让政府引导，而不是具体操作，把全能政府变为有限政府，同时引入多元治理主体参与。有限政府首先要认识到政府能力的局限性，而不是包揽职业体育的全部事务。与此同时，有限政府指的是对其职能有所限制，集中精力去做必须做的事情。有限政府不应是职业体育的直接治理者，而是多元治理主体的指导者、合作者、推动者和监督者。引导而不是操作，是一种有限政府的治理路径。

第二，改变政府治理结构。政府拥有的公共权力高于一般私人权力，所以它很容易产生垄断行为。在治理理论不断完善的背景下，多元治理主体的出现，使得政府治理的角色和作用发生变化，政府不再是唯一的权力中心，社会各界和私人机构也可以成为不同层次的权力中心。因此，职业体育的政府治理需要其他权力主体的协同参与。这就要求职业体育的政府治理结构转变为有政府参与的多元主体治理模式。多元治理主体包括社会公众也可以直接或通过其代表直接参与政府决策，并在决策过程中争取各自的利益。公众不仅是职业体育产品的消费者，也是职业体育治理的参与者和监督者。在参与多元治理的过程中，公众亦可主张自己的权利和价值观。另外，社会公众的参与主要通过参与社体组织来实现。扩大社体组织的参与，对政府治理具有重要意义。多元治理主体积极地参与职业体育事务，成为政府与社体组织之间交流的重要桥梁。与此同时，社体组织促进了政府与公众的合作，促进了政府治理结构的转变。

第三，政府管制转向政府治理服务。过去，我国职业体育实施的是一种政府管理体制。这种管制带来了非常严重的后果，导致政府权力无所不能，社会权力可以忽略不计。那时的政府陷入低效率的泥潭。中国特色职业体育的政府治理应建立多元治理主体参与的治理模式。多元治理主体从

政府、社会、企业和公众的合理合法需求出发，为不断满足各方需求而进行协同治理。在多元治理主体协同下，政府不是拥有唯一绝对权威的统治机器，而是一个有限权威的治理组织。政府治理的权限不是来自国家强制力量所产生的权力，而是与社会、企业和公众协同治理产生的权力。

第四，管办分离式政府治理模式。我国职业体育管理体制的主要弊端就是权力的过度集中。因此，管办分离是过去10多年国家体育总局职业体育体制改革的主线。管办分离既包括纵向的政府系统内的分权，也包括横向的政府向外部分权。管办分离之后，确立政府与社体组织和协会的权力界限。政府着眼于职业体育的宏观管理和指导，不参与职业体育具体的微观运营管理，即给予社体组织更多的权力，调动其积极性和责任感，从而提高政府效能。管办分离是政府权力向社会转移，是政府治理的基本要求，也是政府善治的必然趋势。政府还权于行业协会、社体组织和企业，并不是表示不需要政府的干预和调整，而是强调政府治理中引导职能的重要性。

第五，政府依法治理模式。职业体育的发展历程使人们形成了政府就是管制体育行为的思维定式，这种管制也极易滋生权力腐败。党的十八大以来，国家体育总局大力推行依法施政，改变"人治"模式而转向"法治"模式。依法进行政府治理是政府治理的基本要素之一，这也充分保障了中国特色职业体育的长远健康发展。政府依法治理既要重视人民和组织的守法，又要重视政府依法施政。依法治理要求政府做到有法可依和有法必依，政府治理的主要目的是规范和约束政府的权力。政府也要依法行使权力，维护法律的神圣地位。

第六，全开放型的政府治理模式。在竞技体育的举国体制时期，政府依靠红头文件治理体育。这样的政府治理相对封闭，容易造成决策失误。在市场经济体制下，职业体育的发展要求政府进行管办分离改革，建立、健全政府的信息公开制度和信息传递机制。一方面，政府通过各种媒体及时向社会通报职业体育发展状况，广泛听取社会意见，消除政府与社会之间的认知偏见；另一方面，社体组织可以参与政府决策并监督政府的治理。这不仅增强了政府决策的透明度，也保证了政府决策的科学性，更有利于实现职业体育政府治理的目标。

第七，构建多元主体参与的治理模式。政府治理的主体的多元化，是

第七章 中国特色职业体育政府治理的思路、对策与路径

基于合作和谈判的双向选择过程,其目标是使治理主体的利益最大化。在多元主体治理模式下,政府治理涉及范围广泛的合作治理和协同治理机制,这改变了传统管理模式下的政府单向治理的问题。社体组织直接或间接参与治理活动,以确保实现各自的利益。在政府治理过程中,应确保政府政策的可持续性并降低摩擦成本。多元治理主体参与政府治理可以平衡多元主体之间的权利和义务,减少多元主体之间的利益冲突,促进职业体育的有序运作,确保多元主体利益最大化。

第八,在供给侧与需求侧两端发力。供给侧发力是要加强职业体育产品和业态创新,完善职业体育产业体系;需求侧发力是指丰富职业体育产品内涵,激发职业体育产品消费的积极性。

构建多元市场类型,优化市场运行机制,完善职业体育市场体系。既要加强体育设施和体育用品等的市场建设,又要加强资本、人才、信息和技术等生产要素的市场建设;既要完善有固定地点的有形市场,还要健全依赖互联网的无形市场。为配合网络时代的需求,要探索建立一批职业体育市场交易平台。

提升职业体育消费理念,营造良好的职业体育消费的氛围。加大职业体育消费宣传力度,摒弃一些不正确的消费观念,引导民众树立正确的职业体育消费观念,提高民众消费职业体育产品的能力。

第八章 结论与建议

第一节 结　　论

第一，中国特色职业体育是一种新型的职业体育模式。其突出表现为在体制、治理、权益、运行等方面采取与西方国家完全不同的体制。在体制上，中国特色职业体育实行社会主义市场经济体制，包括多种经济成分并存的所有制结构；在分配机制上，实行均衡分配；在资源配置上，由市场机制发挥资源配置的决定性作用；在治理体制上，中国特色职业体育实行在中国共产党的领导下的政府主导的运行机制；在运行上，中国特色职业体育在社会主义经济条件下，积极推动职业体育建设，培育和规范职业体育发展，构建有利于社会和谐的职业体育管理与运行机制，保证尊重和满足人民日益增长的精神文化需求。

第二，中国特色职业体育的本质，是在中国共产党领导下，中国形成和发展的职业体育发展道路；其基本性质和任务符合社会主义国家的性质，它为了满足人民日益增长的职业体育产品的需要；它是政府主导的，多元主体参与治理的职业体育发展道路；它既符合中国国情、体情，又符合职业体育发展规律；它是充满活力的，并继续通过改革创新来迎接新时代变化的职业体育。

第三，中国特色职业体育的发展经历了四个阶段。第一阶段是专业队竞技体育阶段，是中国特色职业体育的萌动期；第二阶段是改革开放后转型期的专业队的转型阶段，是中国特色职业体育治理的探索期；第三阶段是中国特色职业体育初步形成阶段；第四阶段是中国特色职业体育建设的新阶段。四个阶段分别表现不同的治理特征。第一阶段、第二阶段表现强

第八章
结论与建议

政府与弱市场特征,第三阶段、第四阶段表现强政府与有限市场特征。

第四,职业体育政府治理实质上就是政府对职业体育行使行政管理职能的过程。政府是职业体育治理的主体,并担负起职业体育治理的决策者、引导者、监督者和执行者的责任,起着核心主体作用。治理主体不是局限于政府职能部门,还包括体育俱乐部、社体组织和公众等在内的多元主体。他们在治理结构中协同合作,发挥各自不同的作用。

第五,将多元治理主体纳入政府治理中,保证多元治理主体都有平等的权利参与政府治理,并以最合适的方式实现各自的利益要求,是提高政府治理效率的必然要求。政府多元治理主体协同治理,不仅要确定参与各方的治理方式,更要找出各种治理方式的实现路径。内部参与式治理是通过政府内部设立的专门机构影响政府决策,这种治理方式主要发生在政府内部,通过职能部门的权力来行使治理。公众参与政府治理,是通过接受公共产品与其消费途径来实现的。

第六,构建中国特色职业体育,就是要建立与社会发展相适应的治理机制,按规划分步实施职能转变。从职能重心来看,职业体育的政府治理应从管制职能向服务职能转变,即行政职能向社体组织职能转变,事业管理向微观运营转变。从职能方式来看,存在三方面的转变:一是从行政手段向法律手段转变,二是由计划监管向市场调控转变,三是从微观的直接管理向间接的宏观引导转变。

第七,中国特色职业体育发展的实践说明,政府与企业合作是目前较为理想的职业体育发展模式。职业体育治理的实践表明,"宏远模式"具有新时代的特征,是可持续发展的模式。

第二节 建 议

在不同发展时期,由于经济发展水平、政府职能等因素变化,在中国共产党的领导下的中国特色职业体育表现出不同的治理方式。因此,加强中国特色职业体育政府治理的研究,有助于为中国特色职业体育政府治理提供决策依据,提出具体的政府治理对策。

一、培养职业体育的政府治理观念，把政府治理作为首要责任

首先，政府治理需要强有力的政府指导。在治理过程中，要加强宣传和引导治理观念，增强政府及其管理层的治理认同，强化治理观念，增强政府治理的自觉性和自律性，真正把治理理念融入职业体育发展中过程。其次，政府治理需要政府制度的规范。以往职业体育治理中的不规范行为是由于缺乏制度安排导致"政府缺位"，或者执行制度不力所致。必须加强建立职业体育政府治理的制度，根据职业体育的特点制定推动职业体育治理的政策法规，加强对政府治理和社会的体育认同。

二、构建职业体育政府治理的价值观与目标定位

理念决定行为，任何改革都是因理念或价值层面的不同而引起的。这一理念的变化决定了政府治理行为的变化。中国特色的职业体育的政府治理应先确定总体发展规划和创新理念。在传统的体育行政管理体制下，政府治理的重心是职业体育的社会效益，而忽视了经济效益，导致政府职能相对缺乏或存在不足。在发展中国特色职业体育的背景下，政府应转变观念，树立正确的职业体育的政府治理理念，依托中国职业体育特色优势，积极促进和谐发展，强化政府管理职能，推动中国特色职业体育的建设和发展。

三、建立职业体育政府治理机制

政府治理机制是职业体育政府治理的机制。其职能是确保治理体系正常运作以实现治理目标。在治理过程中，根据职业体育发展阶段要求，在政府治理的结构中，设置不同的权力职能和机制对治理体系进行限定与修正，以提高政府治理效率。在未来发展中，职业体育治理结构在明确与政府职能部门的事权关系，理顺与俱乐部的组织关系之后，政府治理的结构将从单一主体过渡到多元主体。

四、正确处理政府治理与市场关系

市场有缺陷，政府治理也存在非理性问题。解决政府治理与市场关系的问题，重要的是找到与市场组织形式匹配中政府的界限，并确保政府和市场都能通过多元化的制度和组织结构安排发挥作用。如何处理政府与市场的关系，最终取决于两者之间职能划分的合理定位。在中国特色职业体育的政府治理中，树立正确的政府与市场关系理念，对于转变职业体育发展方式和政府职能、抑制与消除腐败都有着非常重要的意义。从理论上对政府和市场关系进一步作出定位，对职业体育的治理起着非常重要的作用。

建设中国特色职业体育的政府治理模式，既要借鉴国外经验，更要立足中国现实；立足政府的导向职能，充分发挥市场的作用；在市场作用与政府职能之间寻求合理的管理界限。正确履行政府职能，加强市场监管，维护职业体育的市场秩序，弥补市场失灵，促进可持续发展，是政府的职责和发挥作用的前提。

五、当前我国职业体育政府治理的重点

第一，市场维护者。维护职业体育市场，推动市场的发展和壮大；弥补市场机制失灵，维护市场机制健康运行；阻止市场负面影响向社会传播，继续推动市场向正确的目标迈进。

第二，监督检查者。健全职业体育市场规则和公开、公平、开放的市场秩序，加强产权保护，破除行政垄断或政府部门的限制，理清市场进入者的道路，创造公平竞争的氛围。

第三，积极推动者。积极推动政府职能转变，把政府职能与加强政府的能力统一起来，在制定职业体育发展规划和政策过程中，促进职业体育的规范发展。

第四，公平正义的捍卫者。在实施政府治理职能过程中，多渠道提供职业体育产品，加强有效供给，逐步实现基本公共服务均等化。

六、以构建中国特色职业体育为导向,突出政府治理职能

建设中国特色职业体育,应加强政府治理观念的培育,推动政府职能转变,不断增强职业体育的政府治理能力和水平。

第一,在中国共产党的领导下,以建设中国特色职业体育为指导,增强政府治理理念。政府治理是职业体育政府管理过程中的核心任务,应树立正确的治理观念。

第二,重构职业体育政府职能的总体框架,加强政府治理职能。首先,要在现有的职业体育治理体系中调整和整合政府职能,优化和调整政府部门的职能,形成治理合力,合理设置机构、权力分工和人员配置。其次,要把国家体育总局和地方体育管理部门的职业体育治理职能结合起来,加强政府主导作用,建立政府治理体系。再次,进一步厘清政府在职业体育治理中的作用,提升政府治理的地位。最后,要突出强调政府治理职能,形成政府职能部门的合作与协作。

第三,要重塑职业体育政府职能实现的路径,提高政府治理能力。政府履行职能的方式决定了政府治理能力的水平。政府应做好顶层设计,制订治理计划,完善相关制度和法规,依法行使权力,积极推进治理职能的提升。

职业体育的政府治理,有必要从制度上明确政府的职能和责任,使政府在职业体育治理过程中,依照法律法规的规定,不错位、不越位、不缺位、不失位。同时,各治理主体之间联合协作,协调政府职能的落实,促进政府职能部门之间的联合协作,制定职业体育的发展规划和实施办法,落实职业体育政府治理措施,形成职能明晰、分工明确的中国特色职业体育政府治理模式。

七、强化职业体育监管部门的职责,发挥监管作用

所谓监管责任是指政府在治理过程中所担负的执行、管理、监控的责任要求。职业体育治理的科学性、有效性,必然要有政府的组织执行和监

控调整。只有在治理实施过程中,有政府的全程参与和执行治理的相关制度,并把政府治理决策、任务落实到实践中,才能实现治理的预期目标。要建立长效机制,加大监管力度,加强政府与部门执行职业体育的监督检查。

八、构建职业体育的多元主体协同治理机制,加强市场监管

强化职业体育治理,推动多元主体参与的治理机制建设,推动社会公众、社体组织和俱乐部参与职业体育的政府治理工作。政府要积极引导社会多元主体参与职业体育治理,构建以政府为主体,俱乐部、社体组织和公众共同参与的协同治理体系,提高政府治理决策的科学性和实现政府治理的有效性。

参考文献

[1] 阿尔都塞，巴里巴尔. 读《资本论》[M]. 李其庆，冯文光，译. 北京：中央编译出版社，2001.

[2] 巴泽雷. 突破官僚制：政府管理的新愿景[M]. 孔宪遂，王磊，刘忠慧，译. 北京：中国人民大学出版社，2001.

[3] 鲍明晓，李元伟. 转变我国竞技体育发展方式的对策研究[J]. 北京体育大学学报，2014，37（1）：9-23.

[4] 鲍明晓. 关于建立和完善新型举国体制的理论思考[J]. 天津体育学院学报，2001，16（4）：48-49.

[5] 鲍明晓. 关于竞技体育举国体制的几个理论问题[J]. 体育文化导刊，2008（12）：1-2.

[6] 鲍明晓. 职业体育改革与发展的中国路径[J]. 体育科研，2010，31（3）：24-33.

[7] 蔡菊花. 广州市住宅租赁市场研究[D]. 广州：广州大学，2011.

[8] 蔡美燕，支俊才，王国咏. 我国职业篮球俱乐部后备人才培养影响因素研究[J]. 山东体育学院学报，2011，27（4）：70-75.

[9] 蔡朋龙. 公共体育资源市场化配置中政府职能研究[D]. 苏州：苏州大学，2018.

[10] 曹可强，兰自力. 经济体制改革与我国体育产业发展[J]. 体育科研，2014，35（1）：14-16.

[11] 曹利军. 可持续发展评价理论与方法[M]. 北京：科学出版社，1999.

[12] 曾朝恭，斯迪虎. 新中国体工队的创建及其组织文化探析[J]. 体

育文化导刊，2008（1）：125-127.

［13］曾维和. 创新乡镇社会管理：一个复杂系统的分析框架［J］. 社会科学，2013（4）：35-39.

［14］曾昭懿. 我国体育传媒产业跨越式发展思路探讨［J］. 吉林体育学院学报，2017（12）.

［15］柴茂. 洞庭湖区生态的政府治理机制建设研究［D］. 湘潭：湘潭大学，2016.

［16］陈春明，刘希宋. 基于混沌理论的耗散结构组织研究［J］. 学术交流，2004（6）：53-55.

［17］陈道裕，赵国华，张丹丹. 我国竞技体育人才多元化培养方式的协同发展研究［J］. 中国体育科技，2015（4）：16-20.

［18］陈贵松. 森林公园利益相关者共同治理研究［D］. 北京：北京林业大学，2010.

［19］陈洪玲. 现代治理视域下新时代社会主要矛盾论析［J］. 湖南科技大学学报（社会科学版），2018，21（1）：84-90.

［20］陈慧敏，宋月国. 经济学视野下不同类型奥运竞技生产组织利弊评析［J］. 体育学刊，2013，20（3）：20-24.

［21］陈金龙. 发展中国家走向现代化的中国经验［J］. 思想理论教育导刊，2017（12）：12-16.

［22］陈凯. 粤超联赛品牌建设的理论与实证研究［D］. 北京：北京体育大学，2013.

［23］陈立基. 体育新观念［M］. 北京：北京体育大学出版社，2009.

［24］陈林会，邹玉玲，宋昱，等. 外控与自律双重缺失下竞技体育异化的必然及控制研究［J］. 西安体育学院学报，2011，28（1）：45-49.

［25］陈民. 基于院长负责制的公立医院治理结构研究［J］. 中国医院，2011（2）：21-24.

［26］陈述飞. 基于利益博弈视角的城市治理研究［J］. 中共南京市委党校学报，2014（4）：46-50.

［27］陈伟明，郑芳. 职业体育发展与地方政府介入之研究［J］. 浙江体育科学，2011，33（1）：1-3+30.

［28］陈伟胜，张喆，李斌. 恒之有道：广东足球的史经子集［M］. 广

州：暨南大学出版社. 2016.
[29] 陈曦. 职业网球制度研究 [D]. 北京：北京体育大学，2013.
[30] 陈宜泽. 中国和英格兰职业足球管理体制的比较研究 [D]. 北京：北京体育大学，2006.
[31] 陈玉忠. 论当代中国体育核心价值：兼论社会主义核心价值体系在体育领域的具体化 [J]. 上海体育学院学报，2013，37（1）：44-48.
[32] 陈运来. 江苏省业余足球联赛经营与管理研究 [D]. 扬州：扬州大学，2010.
[33] 陈志勇. 试论水务行业特性 [J]. 厦门科技，2010（5）：41-44.
[34] 程卫波，唐绍军. 论竞技体育可持续发展中科技代价的合理性 [J]. 体育文化导刊，2006（8）：52-54.
[35] 崔爱迪，张玉超. 我国体育赛事新媒体转播权市场开发困境与策略研究 [J]. 辽宁体育科技，2018，40（2）：28-30.
[36] 崔鲁祥. 中国职业体育利益相关者分析及协同治理：职业篮球、足球实证 [D]. 北京：北京体育大学，2012.
[37] 崔新建. "有中国特色社会主义的文化"初探 [J]. 北京师范大学学报，1992（1）：88-92.
[38] 戴永冠，罗林. 竞技体育举国体制分析：兼论后奥运时期举国体制发展 [J] 体育学刊，2012，19（5）：54-58.
[39] 戴永冠. 竞技体育举国体制分析：兼论奥运时期举国体制发展 [J]. 体育学刊，2012，19（6）：1-4.
[40] 邓弋青. 善治目标下的中国政府行政改革 [J]. 云南行政学院学报，2003（5）：39-42.
[41] 丁涛，李勇. 中国足球产业发展的现状、问题及对策 [J]. 北京体育大学学报，2003（6）：731-733.
[42] 丁一. 中美职业体育俱乐部与城市互动关系的比较研究 [D]. 上海：上海体育学院，2013.
[43] 董进，战炤磊. 新常态下扩大体育消费的动因与路径 [J]. 学术论坛，2016，39（10）：87-91.
[44] 董群. 我国职业体育俱乐部产权及解决对策 [J]. 体育与科学，2007（2）：60-61.

[45] 董瑛. 权力结构优势与治理效能转化规律研究 [J]. 人民论坛·学术前沿, 2018 (6): 45-55.

[46] 杜宝贵, 隋立民, 李泽昊. 优化中国高等教育治理结构进程中应正确认识的几个关系 [J]. 中国冶金教育, 2017 (6): 106-110.

[47] 杜光友. 我国职业体育体制改革研究 [D]. 武汉: 华中师范大学, 2006.

[48] 杜凯. 金融创新视角下政府与市场的边际界定 [J]. 浙江金融, 2017 (12): 17-23.

[49] 杜英歌. 我国国家治理体系结构复杂性分析 [J]. 北京行政学院学报, 2016 (2): 35-40.

[50] 段夫贵, 孟治刚. 治理视角下的公共行政改革 [J]. 山东行政学院山东省经济管理干部学院学报, 2004 (6): 12-13.

[51] 顿曰霞. 利益相关者共同治理模式研究 [D]. 青岛: 青岛大学, 2005.

[52] 范如国. 复杂网络结构范型下的社会治理协同创新 [J]. 中国社会科学, 2014 (4): 98-120.

[53] 范文敏, 厉国威. 关于加强农村宅基地流转评估的探讨 [J]. 新会计, 2014 (7): 6-7+20.

[54] 范泽龙. 自贡市业余足球联赛开展情况的利弊分析 [D]. 成都: 成都体育学院, 2012.

[55] 方平. 新发展理念推进现代化经济体系建设 [J], 企业经济, 2017, 36 (12): 13-14.

[55] 付光辉, 安春晓. 集体经营性建设用地入市利益相关者共同治理研究 [J]. 安徽农业科学, 2016 (33): 191-193+244.

[56] 付玉培. 广东先行 呼吁中国足协完善协会体系 [EB/OL]. (2012-12-18) [2017-09-12]. https://sports.qq.com/a/20121218/000589.htm.

[57] 改革助推民间足协来了 刘孝五将绣球抛给中国足协 [EB/OL]. [2016-12-23]. http://sports.sina.com.

[58] 高立. 论公共产品概念之厘清 [J]. 黑龙江科技信息, 2013 (35): 287.

[59] 高培勇. 公共财政：概念界说与演变脉络：兼论中国财政改革30年的基本轨迹［J］. 经济研究, 2008, 43（12）：4-16.

[60] 高雪峰. 中国竞技体育系统运行机制及其发展对策［J］. 武汉体育学院学报, 1999（1）：1-6.

[61] 高志爽. 改革开放30年中国体育管理体制改革的进程、成效及启示［D］. 上海：华东师范大学, 2013.

[62] 辜德宏. 竞技体育发展方式基本理论问题探析［J］. 北京体育大学学报, 2014, 37（10）：7-12.

[63] 谷丰. 我国体育事业管理体制研究［D］. 沈阳：东北大学, 2009.

[64] 顾跃. 对竞技体育、职业体育、竞技体育职业化的再认识［J］. 安徽体育科技, 2013, 34（3）：4-6+13.

[65] 广东五人制足球协会昨日成立 五人制足球将扩大规模［EB/OL］.（2012-12-16）［2017-02-08］. http://sports.ifeng.com/gundongxinwen/detail_2012_12/16/20209772_0.shtml.

[66] 广药集团正式退出足坛 新俱乐部静候最终判罚［EB/OL］.（2009-12-29）［2016-09-03］. http://inews.nmgnews.com.cn/system/2009/12/29/010357505.shtml.

[67] 广药宣布退出中国足坛［EB/OL］.（2010-01-02）［2016-08-12］. https://sports.qq.com/a/20100102/000264.htm.

[68] 广州队历史沿革（赛季更新）［EB/OL］.［2017-02-08］. https://wenku.baidu.com/view/040d600df705cc17542709cb.html.

[69] 广州足球沉浮18载终迎春天 恒大造首冠犹胜甲A盛世［EB/OL］.（2011-09-30）［2016-07-09］. http://sports.sina.com.cn/j/2011-09-30/11385768107.shtml.

[70] 广州足球曲折路：球队七度易主 恒大助力涅槃重生［EB/OL］.［2016-10-15］. http://sports.sina.com.cn/b/2010-09-26/16435220901.shtml.

[71] 郭惠先, 林波萍, 周兴生. 恒大模式对中国足球发展的利弊分析［J］. 广州体育学院学报, 2012, 32（2）：6-8.

[72] 郭展义. 习近平新时代中国特色社会主义社会发展动力新论［J］. 渤海大学学报（哲学社会科学版）, 2018（3）：38-42.

[73] 国家体育总局政策法规司. 体育事业发展"十一五"规划［Z］. 2011.

[74] 韩磊磊. 转型期中国体育发展方式转变研究［D］. 长沙：湖南师范大学，2014.

[75] 郝晓岑，刘亚林. 我国体育产业发展中的政府行为探讨［J］. 沈阳体育学院学报，2012，31（3）：38－40＋70.

[76] 何斌，毕仲春. 中国职业体育发展的文化审视［J］. 武汉体育学院学报，2010，44（6）：10－14.

[77] 何俊志. 结构、历史与行为：历史制度主义的分析范式［J］. 国外社会科学，2002（5）：25－33.

[78] 何伟渊. 公共治理视角下的中国公共管理问题研究［D］. 西安：西北大学，2012.

[79] 贺善侃. 当代中国转型期社会形态研究［M］. 北京：学林出版社，2003.

[80] 恒大入主广州足球　欲复制女排冲A神话［EB/OL］.（2010－03－01）［2016－09－06］. https://sports.qq.com/a/20100301/001096.htm.

[81] 恒大挖国脚内幕：年薪自己填　签字费1500万？［EB/OL］.（2015－09－17）［2017－08－16］. https://sports.qq.com/a/20150917/032621.htm.

[82] 胡建华. 现代中国大学制度的原点：50年代初期的大学改革［M］. 南京：南京师范大学出版社，2001.

[83] 胡利军，杨远波. 中国职业体育发展研究［J］. 体育科学，2010，30（2）：28－40＋47.

[84] 胡小明. 分享运动：体育事业可持续发展的路径［J］. 体育科学，2010，30（11）：3－8.

[85] 胡勇，贺兵. 试论地方性"经营路桥"理念的可行性［J］，金融经济，2005（6）：77－78.

[86] 黄爱峰，刘艳明. 体育发展六十年的"中国特色"审视［J］. 武汉体育学院学报，2009，43（11）：22－26.

[87] 黄建洪. 社会治理的价值规约与政府治理创新［J］，马克思主义与

现实，2015（6）：191-196.

[88] 黄璐. 具有中国特色的振兴"三大球"之路：回应刘建和教授的问题[J]. 体育研究与教育，2015，30（5）：16-24.

[89] 黄新华. 从市场失灵到政府失灵：政府与市场关系的论辩与思考[J]. 浙江工商大学学报，2014（5）：68-72.

[90] 霍春龙. 论政府治理机制的构成要素、涵义与体系[J]. 探索，2013（1）：81-84.

[91] 籍玉新. 审视"举国体制"的四种眼光：兼论后奥运时代体育管理体制的改革[J]. 武汉体育学院学报，2010，44（6）：19-22.

[92] 纪成龙. 共生视野下CBA职业体育联盟治理环境研究[D]. 福州：福建师范大学，2015.

[93] 贾三刚. 恒大足球俱乐部发展历程研究[J]. 辽宁体育科技，2017，39（5）：14-16.

[94] 简新华，许辉. 后发优势、劣势与跨越式发展[J]. 经济学家，2002（6）：30-36.

[95] 江必新. 贯彻十九大精神 加快行政法治建设[J]. 求索，2018（1）：4-11.

[96] 江夏. "准公共产品"抑或"公共服务"：不同视域中的学前教育属性及其供给差异[J]. 教育理论与实践，2017，37（11）：17-20.

[97] 姜浩峰，刘绮黎. 中央经济工作会议释放哪些重要信息？[J]. 新民周刊，2018（1）：46-47.

[98] 姜浩峰. 足球，一座城市的荣耀[J]. 新民周刊，2017（47）：8-15.

[99] 姜熙. 开启中国体育产业发展法治保障的破局之路：基于中国体育反垄断第一案的思考[J]. 上海体育学院学报，2017（2）：47-54+70.

[100] 姜志. 构建具有"中国特色"的网球运动员培养模式的研究[D]. 成都：成都体育学院，2016.

[101] 蒋锦蓉，方正，吴周礼. 我国体育资源配置及相关问题的研究综述[J]. 浙江体育科学，2005（3）：5-8.

[102] 结束足球管理中心职能落实足球协会管理体制[EB/OL].[2016-11-23]. http://blog.sina.com.

[103] 捷特. 广州足球浮沉录[J]. 中国体育（中英文版），2007（11）：

92-95.

[104] 金成平，胡亦海. 解释学视角下竞技运动与竞技体育的本质解构［J］. 天津体育学院学报，2015，30（3）：244-248.

[105] 金杰. 我国新型农民合作经济组织的制度分析［D］. 成都：西南财经大学，2007.

[106] 金胜真. 武汉市篮球消费现状与对策研究［D］. 武汉：武汉体育学院，2007.

[107] 金宇超，施文，唐松，等. 产业政策中的资金配置：市场力量与政府扶持［J］. 财经研究，2018（4）：4-19.

[108] 金育强. 非均衡发展理论与中国体育非均衡发展实践［J］. 北京体育大学学报，2007（12）：1712-1714.

[109] 金朱玺. 我国体育产业总规模1.9万亿［N］. 南方日报，2018-01-14（A07）.

[110] 靳燕凌. 群体性事件与我国政府治理模式的创新［J］. 延安大学学报（社会科学版），2011（5）：18-20.

[111] 举国体制本身没错　错的是僵化理解和运用［EB/OL］. （2016-08-18）［2017-09-12］. http://opinion.hexun.com/2016-08-18/185582708.htl.

[112] 康宏. 建设职业体育市场化：政策回顾与矛盾分析［J］. 黑龙江高教研究，2006（5）：11-14.

[113] 科学准确把握政府与市场关系［J］. 南阳市人民政府公报，2017（10）：23-25.

[114] 孔雪琳. 我国政府治理中的汇通思路［J］. 郑州轻工业学院学报（社会科学版），2013，14（5）：83-85.

[115] 寇清杰，杨静. 学习贯彻党的十九大精神　加强和改进思想政治教育［J］. 理论与现代化，2018（1）：5-11.

[116] 邝丽芳. 浅析广东省集体林权制度改革［J］. 广东农业科学，2011（4）：216-218.

[117] 李宝笃，王仁高. 关于大学内部治理的思考［J］. 高等农业教育，2014（10）：3-4.

[118] 李斌. PPP模式在我国基础设施类公共产品供给中的运用研究

[D]. 上海：华东师范大学，2009.
[119] 李兵. 基于善治理论的体育公共服务供给侧改革研究 [J]. 南京体育学院学报（社会科学版），2016，30（4）：54-60.
[120] 李风华. 治理理论：渊源、精神及适用性 [J]. 湖南师范大学社会科学学报，2003（5）：45-51.
[121] 李庚全. 中国特色社会主义体育思想研究 [J]. 中共石家庄市委党校学报，2009，11（4）：24-29.
[122] 李海燕. 试论我国职业体育俱乐部中运动员、教练员的产权问题 [J]. 前沿，2006（5）：110-111.
[123] 李江帆. 论服务产品的可消费性与非实物性 [J]. 广东商学院学报，1988（3）：44-52.
[124] 李江帆. 中国第三产业的战略地位与发展方向 [J]. 财贸经济，2004（1）：65-73+97.
[125] 李强. 职业体育俱乐部及其相关法律研究 [D]. 西安：西北工业大学，2007.
[126] 李蕊. 中国特色职业体育发展路径探讨 [J]. 赤峰学院学报（自然科学版），2017，33（8）：119-120.
[127] 李曙华. 从系统论到混沌学 [M]. 桂林：广西师范大学出版社，2002.
[128] 李文良. 中国政府职能转变问题报告：问题·现状·挑战·对策 [M]. 北京：中国发展出版社，2003.
[129] 李喜童. 善治是实现政府治理的终极目标 [J]. 发展，2004（8）：12-14.
[130] 李晓龙. 职业足球联盟的兴起与发展研究 [D]. 济南：山东师范大学，2007.
[131] 李晓南. 以人为本、全面协调可持续理念下的制度建设 [J]. 攀登，2014，33（1）：66-72.
[132] 李雅云. 习近平新时代中国特色社会主义法治思想的重大创新 [J]. 法治研究，2018（3）：3-9.
[133] 李扬，武力. 从全面建设小康社会到全面建成小康社会：对21世纪中国四个"五年计划（规划）"的分析 [J]. 渭南师范学院学

报,2017(23):5-17.

[134] 李轶楠. 十八届三中全会后对于"政府和市场关系问题"的研究综述[C]//辽宁大学马克思主义学院理论指导和实践指南:学习贯彻"四个全面"战略布局论文选辑. 沈阳:辽宁人民出版社,2015:161-167.

[135] 李莹. 大连城市治理模式研究[D]. 大连:东北财经大学,2007.

[136] 李元伟,鲍明晓,任海,等. 关于进一步完善我国竞技体育举国体制的研究[J]. 中国体育科技,2003(8):2-6.

[137] 李云广. 日本足球职业化管理体制研究[D]. 北京:北京体育大学,2013.

[138] 利兹,阿尔门. 体育经济学[M]. 杨玉明,蒋建平,王琳予,译. 北京:清华大学出版社,2003.

[139] 梁涛. 对中国企业的体育营销发展的探讨[J]. 当代体育科技,2015,5(12):207-209.

[140] 梁能. 公司治理结构:中国的实践与美国的经验[M]. 北京:中国人民大学出版社,2000.

[141] 梁小尹. "马工程"《国际金融法》的实践、制度及理论依据初探[J]. 遵义师范学院学报,2017(6):44-48.

[142] 梁晓龙,张林,鲍明晓. 举国体制[M]. 北京:人民体育出版社,2001.

[143] 梁晓龙. 举国体制[M]. 北京:人民体育出版社,2012.

[144] 林登. 无缝隙政府:公共部门再造指南[M]. 汪大海,吴群芳,译. 北京:中国人民大学出版社,2001.

[145] 林广华. 关于经济全球化背景下我国政府职能的思考[J]. 上海行政学院学报,2006(2):95-99.

[146] 凌平. 模式的变革与变革的模式:中国体育体制和运转机制变革的研究[J]. 体育学刊,2001(1):1-4.

[147] 凌平. 中国体育发展观念的变迁与前瞻[J]. 山东体育学院学报,2008,19(1):3-10.

[148] 刘宝存,张伟. 国际比较视野下的创建一流大学政策研究[J]. 比较教育研究,2016(6):1-8.

[149] 刘成立,李晓玲. 审计动因新论:治理观[J]. 财会通讯,2018(10):7-10+129.

[150] 刘承礼. 经济治理体系和治理能力现代化:政府与市场的双重视角[J]. 经济学家,2015(5):28-34.

[151] 刘池建. 美国大学竞技体育管理[M]. 北京:人民体育出版社,2005.

[152] 刘池建. 美国大学竞技体育管理的研究[J]. 北京体育大学学报,2003,26(3):41.

[153] 刘国巨. 乡镇政府推动区域经济发展问题研究[D]. 泰安:山东农业大学,2011.

[154] 刘海涛. 论国家治理体系和治理能力的现代化[J]. 治理现代化研究,2018(1):5-10.

[155] 刘洪. 论组织内外部复杂性的变化特点与管理挑战[J]. 管理学报,2009(5):592.

[156] 刘洪. 组织复杂性:动因、控制与利用[J]. 经济管理,2007(1):33.

[157] 刘洪. 组织复杂性管理[M]. 北京:商务印书馆,2011.

[158] 刘江妮. 有效的政府治理[D]. 湘潭:湘潭大学,2015.

[159] 刘亮,付志华,黎桂华. 供给侧改革视角下我国体育产业发展的新空间及动力培育[J]. 首都体育学院学报,2017,29(1):8-12.

[160] 刘美玉. 企业利益相关者共同治理与相互制衡研究[D]. 大连:东北财经大学,2007.

[161] 刘培. 我国职业体育发展过程中制度供求的研究[D]. 上海:上海体育学院,2013.

[162] 刘鹏. 当代中国政府治理探析[J]. 湖北经济学院学报(人文社会科学版),2007(1):11-12.

[163] 刘庆青. 我国职业体育俱乐部产权问题研究[J]. 山东体育学院学报,2006(4):31-33.

[164] 刘熙瑞. 服务型政府:经济全球化背景下中国政府改革的目标选择[J]. 中国行政管理,2002(7):5-7.

[165] 刘小兵. 政府管制的经济学导论[M]. 上海:上海财经大学出版社,2004.

[166] 刘欣然, 王家磊. 体育本质行为论 [J]. 上海体育学院学报, 2014, 38 (4): 7-12.

[167] 刘萱, 李心愉. 科研团队参与科普的模式与实现路径: 国家重点实验室参与科普的案例研究 [J]. 科普研究, 2017, 12 (6): 16-24+39+105.

[168] 刘亚琼. 治理、善治与当代中国政府治理模式变革 [J]. 菏泽学院学报, 2006 (1): 8-11.

[169] 刘阳. "广东职业室内五人制足球超级联赛"运营模式研究 [D]. 北京: 北京体育大学, 2015.

[170] 刘易斯. 失去灵魂的卓越: 哈佛是如何忘记教育宗旨的 [M]. 侯定凯, 译. 上海: 华东师范大学出版社, 2007.

[171] 刘宇红, 朱守信. 一流体育建设中的矛盾与超越 [J]. 高教探索, 2010 (4): 19-24.

[172] 刘远祥, 田雨普. 政府与市场博弈下的体育产业结构优化 [J]. 山东体育学院学报, 2009, 25 (4): 1-4.

[173] 龙超凡. "让足球飞"响彻八闽绿茵草坪: 访福建省教育厅体育卫生与艺术教育处处长张海明 [J]. 福建教育, 2015 (7): 26-27.

[174] 卢梭. 卢梭民主哲学 [M]. 陈惟和, 译. 北京: 九州出版社, 2004.

[175] 卢希起. 司法执法边界新论: 以环境保护和安全生产领域为视角 [J]. 求是学刊, 2018, 45 (1): 105-113.

[176] 卢元镇. 从北京到伦敦: 举国体制如何向前走 [J]. 体育学刊, 2012, 19 (6): 1-4.

[177] 鲁博. 简析我国奥运会集体项目竞争力与影响力 [J]. 运动, 2017 (24): 10-11.

[178] 陆宁. 浅谈中国足球出路之恒大模式 [J]. 体育世界, 2013 (8): 18-20.

[179] 陆巍. 新型城镇化背景下"后发型"历史城镇保护与发展策略研究: 以上海市张堰镇为例 [J]. 城市建筑, 2017 (33): 56-60.

[180] 陆文嵩. 足球领域收受贿赂问题的分析认定 [J]. 犯罪研究, 2013 (4): 86-92.

[181] 罗必良. 农业经济组织的效率决定: 一个理论模型及其实证研究

[J]. 学术研究，2004（8）：49-57.

[182] 罗建章，李要南，刘买如. 对 CBA "宏远模式"的探讨［J］. 山东体育学院学报，2007（1）：30-33.

[183] 罗乐娟，万珊珊. 产业集群博弈分析［J］. 科技广场，2017（8）：177-182.

[184] 罗西瑙. 没有政府的治理. 张胜军，刘晓林，等，译. 南昌：江西人民出版社，2001.

[185] 罗燕. 全球化与中国体育的转型［J］. 复旦教育论坛，2016（3）：5-10.

[186] 吕优珍. 广州恒大足球俱乐部发展的研究［D］. 北京：首都体育学院，2014.

[187] 马德浩. 解释学视域下的体育本质［J］. 体育学刊，2011，18（3）：14-19.

[188] 马海明. 政府治理视角下的欠发达地区城镇化研究［D］. 武汉：华中师范大学，2015.

[189] 马卫平，范运祥. 体育本质的公理化方法阐释［J］. 天津体育学院学报，2011（1）：13-17.

[190] 马骁. 恒大地产的足球缘. 城市开发，2014（1）：50-52.

[191] 马忠利. 中俄职业体育发展的进程［J］. 上海体育学院学报，2008（3）：35-38+46.

[192] 梅备荒. 广电内容产品的经营策略［J］. 中国传媒科技，2013（22）：47-49.

[193] 孟晓峰. 当前中国景区门票定价研究［D］. 上海：上海交通大学，2009.

[194] 南天涯，杨风，赵廷斌. 探究中国版"凯泽斯劳滕"奇迹对中国职业足球俱乐部发展的启示［J］. 南京体育学院学报（自然科学版），2012（1）：37-39+143.

[195] 牛风蕊，沈红. 建国以来我国高校教师发展制度的变迁逻辑：基于历史制度主义的分析［J］. 中国高教研究. 2015（5）：74-79.

[196] 欧永宁. 中国特色社会主义的"特色"研究述评［J］. 太原理工大学学报（社会科学版），2016，34（1）：1-5.

［197］潘健，张鸿声．转型期职业体育体制改革的特征与对策研究［J］．西安体育学院学报，2001（3）：9－11．

［198］潘丽霞，岳德顺．政府与市场边界研究：以高技术产业发展为研究视域［J］．重庆大学学报（社会科学版），2013，19（6）：131－135．

［199］庞正元．当代中国科学发展观［M］．北京：中共中央党校出版社，2004．

［200］彭勃．高等教育资源的生态化配置与培植［D］．徐州：中国矿业大学，2008．

［201］彭杰．代价论视野中的竞技体育可持续发展观［J］．武汉体育学院学报，2008，42（2）：36．

［202］彭忠益，周谨平．社会正义视域中的政府治理［J］．西部学刊，2013（9）：5－8＋22．

［203］皮尔逊．回报递增、路径依赖和政治学研究［M］//何俊志，任军锋，朱德米，译．新制度主义政治学译文精选．天津：天津人民出版社，2007：191－226．

［204］评：恒大能否"恒"大？［N/OL］．（2011－03－22）［2016－10－23］．http：//www.chinanews.com/ty/2011/03－22/2922000.shtml．

［205］浦义俊，吴贻刚．镜鉴与反思：美国竞技体育发展中的政府治理及其困境［J］．山东体育学院学报，2016，32（4）：8－15．

［206］浦义俊，吴贻刚．英国竞技体育发展方式的演进脉络及政府作用机制特征［J］．南京体育学院学报（社会科学版），2016，30（2）：108－116．

［207］齐善鸿，李宽，孙继哲．传统文化与现代管理融合探究［J］．管理学报，2018，15（5）：633－642．

［208］秦椿林，张春萍，魏来，等．再论"举国体制"［J］．北京体育大学学报，2005（4）：437－439．

［209］秦聪．基于中国国情形势下体育职业化发展及政府职能转变研究［J］．沈阳体育学院学报，2013（2）：10－13＋45．

［210］丘乐威，黄德沂，温志勤．广东五人制足球联赛发展现状调查研究：以"珠超联赛"和"粤超联赛"为例［J］．当代体育科技，

2013,3(16):9-12.

[211] 丘乐威,许明浩,龚建林.阻碍广东区域性足球联赛发展的问题与对策[J].体育学刊,2013,20(4):31-34.

[212] 曲晓燕.2016年国家旅游及相关产业、体育产业统计数据出炉[N].中国文化报,2018-01-16.

[213] 人民日报:珠超联赛前景几何[EB/OL].(2009-06-11)[2016-10-25].http://sports.sina.com.cn/r/2009-06-11/10104426997.shtml.

[214] 人民日报社论.牢牢把握高质量发展这个根本要求[J].现代企业,2017(12):1.

[215] 任海."竞技运动"还是"精英运动":对我国"竞技运动"概念的质疑[J].南京体育学院学报(社会科学版),2011,25(6):1-6.

[216] 任慧涛.论体育治理理念[D].南昌:江西财经大学,2016.

[217] 任剑涛.国家的均衡治理:超越举国体制下的超大型项目偏好[J].学术月刊,2014,46(10):11-18.

[218] 任寿根.中国建立内地港澳自由贸易区的理论基础与战略选择:从模仿经济学角度的分析[J].管理世界,2002(7):52-58.

[219] 邵宇.论转型时期我国地方政府治理模式的创新[J].行政与法,2011(1):12-15.

[220] 单豪杰,沈坤荣.制度与增长:理论解释及中国的经验[J].南开经济研究,2007(5):3-18.

[221] 单豪杰.国际视角下的中国经济转型:模式、机制与展望[J].江苏社会科学,2007(4):76-81.

[222] 单继刚.马克思主义发展观视域中的习近平新时代中国特色社会主义思想[J].马克思主义哲学论丛,2017(4):45-58.

[223] 沈定珠.社会转型期体育产业化的相关问题研究[J].浙江体育科学,2007(1):44-46.

[224] 沈辉,周国海.中国足球职业化改革现状分析与探讨[J].南京体育学院学报(社会科学版),2011,25(6):95-98.

[225] 沈太基,杨文进.论市场经济中的政府经济职能[J].学术界,

1992（5）：46－49.

［226］沈自友，陈井安. 经济新常态下农民工职业化协同治理研究［J］. 农村经济，2017（6）：125－128.

［227］舒宗礼. 有效的市场与有为的政府：公共体育资源优化配置的关键［J］，成都体育学院学报，2015，41（6）：55－61.

［228］宋继新. 发展职业体育：完善举国体制战略的抉择［J］. 北京体育大学学报，2012，35（2）：1－4.

［229］宋全征. 中国竞技体育人才开发［M］. 北京：北京体育大学出版社，2004：1－6.

［230］宋晓伟，李永龙. 新时期中国政府治理模式初探［J］. 山西师大学报（社会科学版），2005（5）：6－10.

［231］苏立宁. 竞技体育后备人才培养体制"断裂"的分析［J］. 运动，2011（14）：22－23.

［232］眭小琴，万仲平. 论中国新首富主动出击体育行销市场：恒大女排以完胜战绩为企业打造"形象工程"［J］. 商场现代化，2010（18）：55－56.

［233］孙国良，齐可心. 对我国足球后备人才培养的历史回顾与分析［J］. 吉林工程技术师范学院学报，2007（4）：34－36.

［234］孙国友，刘新东，李征途. 产权不清：中国足球产业发展的瓶颈［J］. 南京体育学院学报（社会科学版），2004，18（4）：31－34.

［235］孙宏英，杜原伟. 公司利益相关者共同治理的契约型模式探析［J］. 交通财会，2010（3）：29－32.

［236］孙克宜，秦椿林. 试论体育管理体制与中国体育管理体制改革［J］. 北京体育大学学报，1995（1）：6－13.

［237］孙忠利. 论职业体育的制度安排与产业成长［D］. 北京：北京体育大学，2010.

［238］唐峰. 中国足球管理体制改革的理论研究［D］. 北京：北京体育大学，2006.

［239］陶斯然. 火爆中超：地产大亨们的营销大戏［EB/OL］. （2012－06－14）［2016－10－23］. http://www.cb.com.cn/deep/2012_0614/386344.html.

[240] 陶玉流,谷鹏,刘洋,等.中国特色体育发展道路形成的实践基础[J].成都体育学院学报,2014,40(12):36-40.

[241] 田箐,杨金田,贾文彤.体育本质实践论[J].体育学刊,2007,14(1):15-19.

[242] 田薇,罗春林.中国青少年运动员培养模式研究[J].当代体育科技,2015(20):150-152.

[243] 涂开均,袁阳.强政府强社会及其运行关系解构[J].重庆社会科学,2014(3):33-38.

[244] 汪青松,卢卫强.比较优势、竞争优势和后发优势:中国经济发展战略的选择[J].商业研究,2005(8):29-32.

[245] 王恩创.电网建设项目利益相关者治理机制研究[D].重庆:重庆大学,2010.

[246] 王飞.对体育产业有效规制研究综述[J].哈尔滨体育学院学报,2011,29(2):6-9.

[247] 王华.基于政府治理的国家审计研究[D].成都:西南财经大学,2009.

[248] 王怀超.社会发展理论研究[M].北京:中共中央党校出版社,2002.

[249] 王佳欣.基于多中心视角的旅游公共服务供给机制研究[D].天津:天津大学,2012.

[250] 王佳星.全媒体环境下恒大体育品牌传播研究[D].成都:成都体育学院,2015.

[251] 王进.我国职业体育俱乐部产权关系的现状及对策[J].南京体育学院学报(社会科学版),2004(1):37-39.

[252] 王俊.广东华南虎男篮队2012—2013赛季前景分析[J].军事体育进修学院学报,2013(1):81-83.

[253] 王浦劬.国家治理、政府治理和社会治理的含义及其相互关系[J].国家行政学院学报,2014(3):11-17.

[254] 王庆军.从"举国体制"到"中国模式":中国体育体制空间的理论诉求:"体育体制转轨与中国体育的未来"论坛综述[J].体育与科学,2013,34(1):1-7.

[255] 王庆伟. 我国职业体育联盟理论研究 [D]. 北京：北京体育大学，2004.

[256] 王琼. 单位制的消解与政府治理模式的变迁 [J]. 理论观察，2007（2）：40-41.

[257] 王书明，刘世博. 后2012气候变化全球治理的话语竞争 [J]. 边疆经济与文化，2013（12）：169-172.

[258] 王维. 豫西南高校篮球俱乐部发展现状及可行性研究 [J]. 佳木斯教育学院学报，2014（2）：411-412.

[259] 王伟国. 国家治理体系视角下党内法规研究的基础概念辨析 [J]. 中国法学，2018（2）：269-285.

[260] 王晓升. 从"管理"到"治理"：一个精神史的考察 [J]. 华中科技大学学报（社会科学版），2015，29（1）：10-16.

[261] 王晓微. 中国体育产业管理体制改革研究 [D]. 长春：吉林大学，2014.

[262] 王勇. 公共管理视角下中国医疗卫生体系改革问题研究 [D]. 呼和浩特：内蒙古农业大学，2014.

[263] 王占峰. 基于资源编制理论的电子税务软件服务商发展模式研究 [D]. 哈尔滨：哈尔滨工业大学，2015.

[264] 王志家. 论中国特色职业体育的发展与产业成长 [D]. 西安：西安电子科技大学，2011.

[265] 魏昌东.《监察法》与中国特色腐败治理体制更新的理论逻辑 [J]. 华东政法大学学报，2018（3）：28-38.

[266] 温钦增. 广东五人制足球超级联赛运营现状及对策研究 [D]. 广州：广州体育学院，2014.

[267] 吴军涛. 许家印地产"土豪"圆梦绿茵 [J]. 中华儿女，2013（22）：11.

[268] 吴林. 协会实体化下CBA联赛联盟化实现途径研究 [J]. 四川体育科学，2018，37（1）：14-17.

[269] 吴琦. 国务院常务会议：以深化改革更大释放市场活力 [J]. 中国商界，2016（11）：62.

[270] 吴香芝，张林，张颖慧，等. 我国区域性体育联赛运作模式分析与

研究：以五人制足球珠超联赛和粤超联赛为例［J］. 沈阳体育学院学报，2012，31（2）：45－49.

［271］吴周礼. 政府职能与体育市场化问题分析［J］. 浙江体育科学，2004（5）：54－56.

［272］席恒，李鼎新. 公司治理的社会学分析：结构与功能［J］. 人文杂志，2002（2）：72－79.

［273］席恒. 公共事业治理：缘起、结构与模式［J］. 复旦公共政策评论，2005（6）：52－66.

［274］夏琼华. 恒大足球俱乐部品牌发展研究［J］. 广州体育学院学报，2015，35（4）：10－12.

［275］夏锦文. 习近平新时代法治与发展思想论要［J］. 江海学刊，2018（2）：28－29.

［276］夏巨华. 浅论社会主义市场经济优越性［J］. 人力资源管理，2018（4）：50－51.

［277］肖静华，谢康，吴瑶，等. 从面向合作伙伴到面向消费者的供应链转型：电商企业供应链双案例研究［J］. 管理世界，2015（4）：137－154＋188.

［278］肖巍，韩欲立，林青，等. 从世界社会主义发展史看习近平新时代中国特色社会主义思想的意义［J］. 毛泽东邓小平理论研究，2018（2）：10－15.

［279］谢康，刘意，肖静华，等. 政府支持型自组织构建：基于深圳食品安全社会共治的案例研究［J］. 管理世界，2017（8）：64－80.

［280］谢琼桓. 究竟应该怎样看待"举国体制"［J］. 成都体育学院学报，2013，39（5）：1－5.

［281］谢适汀. 深刻领会全面深化改革总目标的科学内涵和实践要求［J］. 政工学刊，2018（2）：19－21.

［282］谢忠萍. 1994—2005 中国职业足球俱乐部产权稳定性的影响因素分析［D］. 北京：北京体育大学，2007.

［283］邢孟军. 当代中国政府治理模式创新浅析［J］. 学习论坛，2005（1）：37－38.

［284］熊丙奇. "双一流"：中国建设职业体育市场化2.0版［J］. 人民论

坛，2016（21）：52-54.

[285] 熊吉峰. 我国农村城镇化实现策略研究观点综述［J］. 经济纵横，2007（5）：77-79.

[286] 熊晓正，夏思永，唐炎. 我国竞技体育发展模式研究［M］. 北京：人民体育出版社，2008.

[287] 徐大同. 现代西方政治思想［M］. 北京：人民出版社，2003.

[288] 徐开金. "第三方"参与体育公共服务体系建设过程中政府治理模式及治理措施分析［J］. 管理学刊，2014（3）：66-70.

[289] 徐庆元. 基于SWOT分析的平乐县政府促进县域经济转型升级的战略研究［D］. 桂林：广西师范大学，2013.

[290] 徐维克. 转型期构建群众性体育服务体系的若干思考［J］. 武汉体育学院学报，2003（4）：32-34.

[291] 徐向军，刘建通，席凯强. 对我国竞技体育可持续发展的思考［J］. 北京体育大学学报，2010（7）：111-114.

[292] 徐绪卿. 治理背景下我国民办高等教育管理的转型［J］. 中国高教研究，2014（8）：17-20.

[293] 徐忠. 国家体育产业消费规模近万亿［D］. 武汉：武汉体育学院，2008.

[294] 许婵. 浅析管理与治理［J］. 课程教育研究，2017（30）：230-231.

[295] 许吉. 论新公共管理思想与我国政府的角色定位［J］. 延边党校学报，2007（4）：51-56.

[296] 许十文，黄燕仪，姬东. 刘孝五的足球"乌托邦"［J］. 21世纪商业评论，2012（19）：58-63.

[297] 许正权，宋学锋. 组织复杂性管理：通过结构敏感性管理复杂性组织［M］. 北京：经济管理出版社，2009.

[298] 薛秀芳. 我国体育产业发展研究综述［J］. 阴山学刊（自然科学版），2011（1）：75-77.

[299] 颜红艳. 建设项目利益相关者治理的经济学分析［D］. 长沙：中南大学，2007.

[300] 颜如春. 从"共治"到"善治"：中国社会治理模式探析［J］. 西南民族大学学报（人文社科版），2006（1）：208-211.

[301] 颜如春. 当代中国的政府与社会关系模式探析 [J]. 探索, 2006 (3): 65-68.

[302] 晏涛. 论从压力型体制向服务型政府体制转变的必要性和路径: 基于推进国家治理体系和治理能力现代化的视角 [J]. 行政科学论坛, 2018 (4): 21-25.

[303] 杨冰. 郑州市城区社会体育资源配置现状研究 [D]. 开封: 河南大学, 2012.

[304] 杨翠伟. 论全面推进依法治国与实现国家治理体系和治理能力现代化 [J]. 山东行政学院学报, 2017 (6): 12-19.

[305] 杨光. 中国足球协会超级联赛竞赛管理体制研究 [D]. 北京: 北京体育大学, 2012.

[306] 杨昊杰. 浅谈国家治理理念现代化的四个重要方面 [J]. 中共济南市委党校学报, 2018 (2): 57-60.

[307] 杨桦, 孙淑惠, 舒为平, 等. 坚持和进一步完善我国竞技体育举国体制的研究 [J]. 北京体育大学学报, 2004 (5): 577-582.

[308] 杨宜勇. 基于满足全体人民美好生活的思考 [J]. 中国人口科学, 2017 (6): 12-18.

[309] 杨玉功. 论中国特色体育道路的自信与自觉 [J]. 体育文化导刊, 2014 (10): 5-8.

[310] 杨越. 我国体育产业现状与未来发展重点分析: 基于三次全国经济普查的调查研究 [J]. 体育科学, 2015, 35 (11): 24-29.

[311] 姚尚花. 和谐社会构建中的政府网络治理问题研究 [D]. 上海: 上海师范大学, 2008.

[312] 叶林, 樊玉瑶. 中国体育管理体制: 沿革、现状与未来 [J]. 甘肃行政学院学报, 2018 (2): 41-50+126-127.

[313] 易剑东. 中国体育体制改革的逻辑起点与价值取向 [J]. 体育学刊, 2011, 18 (1): 14-25.

[314] 尹旭青. 宁夏竞技体育可持续发展研究 [D]. 银川: 宁夏大学, 2017.

[315] 应益华. 政府治理与政府会计改革互动关系研究 [J]. 财会月刊, 2017 (4): 3-9.

[316] 尤方明. "足球第一城": 广州足球的百年兴衰 [EB/OL]. (2018-09-05) [2018-09-15]. https://www.thepaper.cn/newsDetail_forward_2406281.

[317] 于涛. 从哲学角度再认识身体对解释体育本质的意义 [J]. 上海体育学院学报, 2008 (3): 21-23.

[318] 于文谦, 常成, 孔庆波. 再论举国体制的坚持与完善 [J]. 体育文化导刊, 2011 (3): 5-8.

[319] 于勇. 博物馆免费开放后的困境及其解决对策研究 [D]. 长沙: 中南大学, 2009.

[320] 余万里. 坚持市场化导向 健全互联网金融监管长效机制 [J]. 时代金融, 2017 (35): 52-54.

[321] 俞继英. 我国竞技体育后备人才培养现状和出路 [C] //国家体育总局政策法规司. 战略抉择: 2001 年全国体育发展战略研讨会文集, 2001: 202-220.

[322] 俞可平. 治理和善治引论 [J]. 马克思主义与现实, 1999 (5): 37-41.

[323] 俞可平. 治理与善治 [M]. 北京: 社会科学文献出版社, 2000.

[324] 虞重干, 刘炜, 匡淑平, 等. 我国优秀运动员文化教育现状调查报告 [J]. 体育科学, 2008 (7): 26-36.

[325] 岳德鹏, 张振华. 论中国特色体育的形成与嬗变 [J]. 安徽体育科技, 2006 (2): 9-11.

[326] 粤超公司状告省足协 珠超与粤超之争再度升级 [EB/OL]. (2012-06-22) [2017-10-15]. http://sports.sina.com.cn/c/2012-06-22/07596110384.shtml.

[327] 詹强, 张健. "举国体制"背景下我国网球人才培养职业化分析 [J]. 南京体育学院学报 (自然科学版), 2017, 16 (4): 63-67.

[328] 张兵, 周学荣, 沈克印. 中国特色职业体育的内涵界定及其阶段特征构想 [J]. 天津体育学院学报, 2010, 25 (6): 506-509.

[329] 张兵. 过渡经济视域下我国职业体育产权结构形成与改进分析 [J]. 天津体育学院学报, 2012, 27 (5): 437-441.

[330] 张兵. 内源性结构转型: 关于我国职业体育源起与发展实质的判断

[J]. 天津体育学院学报, 2013, 28 (1): 65-69.

[331] 张兵. 转型经济学视角下中国特色职业体育建构理念分析[J]. 西安体育学院学报, 2011, 28 (4): 385-390.

[332] 张兵. 走向秩序: 我国职业体育发展研究[D]. 南京: 南京师范大学, 2012.

[333] 张崇民. CBA联赛球队冠名权研究[J]. 北京体育大学学报, 2003 (6): 731-733.

[334] 张德明, 曹秀英, 张国春. 中国上市公司组合治理机制实证研究[J]. 中国管理科学, 2004 (4): 138-144.

[335] 张红品. 我国职业体育产业进程的管理瓶颈分析[J]. 企业经济, 2009 (8): 135-137.

[336] 张吉龙. 论中国足球产业化[J]. 体育科学, 2001 (1): 1-4.

[337] 张吉龙. 中国足球及其产业化发展[J]. 体育文史, 2000 (6): 4-6.

[338] 张继焦. 新结构主义: 一种对"中国式发展"的新解释[J]. 中州学刊, 2018 (1): 71-76.

[339] 张俊斌. 亚洲足球发展分析[J]. 体育文化导刊, 2011 (9): 70-72.

[340] 张康之. 论高度复杂性条件下的社会治理变革[J]. 国家行政学院学报, 2014 (2): 52-58.

[341] 张康之. 论主体多元化条件下的社会治理[J]. 中国人民大学学报, 2014 (2): 2-10.

[342] 张康之. 寻找公共行政的伦理视角[M]. 北京: 中国人民大学出版社, 2002.

[343] 张雷, 陈东平. 生产合作声誉与信用合作道德风险控制[J]. 华南农业大学学报(社会科学版), 2018 (2): 83-94.

[344] 张立民, 赵彩霞. 论善治政府治理理念下政府审计职能的变革: 基于政府绩效评价视角的分析[J]. 中山大学学报(社会科学版), 2009, 49 (2): 177-183.

[345] 张立权. 基于效率与公平的国有煤炭企业公司治理研究[D]. 北京: 中国矿业大学(北京), 2009.

[346] 张曼茵, 王忠宏. 理顺政府与市场关系 科学促进产业转型升级[J]. 中国发展观察, 2012 (12): 9-11.

[347] 张平, 陈昌兵. 加快现代化建设 实现第二个百年奋斗目标 [J]. 经济学动态, 2018 (2): 11-22.

[348] 张锐. 中国首富许家印 [J]. 沪港经济, 2012 (1): 33-37.

[349] 张小宁. 关中城市群产业协调发展与布局研究 [D]. 西安: 西安理工大学, 2006.

[350] 张燕纯, 韩书成, 李丹, 等. 农村土地"三权分置"的新制度经济学分析 [J]. 中国农业资源与区划, 2018 (1): 17-22.

[351] 张毅恒, 彭道海. 新时代我国职业体育俱乐部治理效率 [J]. 武汉体育学院学报, 2018, 52 (6): 12-19.

[352] 张喆. 韦掌门撑恒大模式赞广东足球 [N]. 广州日报, 2011-03-28.

[353] 张振华. 论中国特色体育的思想基础 [J]. 北京体育大学学报, 2005 (3): 306-307.

[354] 张争鸣. 论"有中国特色社会主义的体育": 中国特色体育系列思考之九 [J]. 安徽体育科技, 1992 (4): 19-22.

[355] 赵崇山. 关于我国群众体育发展对策的探讨 [J]. 山西师大体育学院学报, 2006 (3): 12-14.

[356] 赵海英. 我国竞技体育管理体制改革 [J]. 体育世界 (学术版), 2008 (1): 119-120.

[357] 赵焕卫. 基于系统理论的企业内部控制与公司治理的关系研究 [J]. 对外经贸, 2012 (10): 123-124.

[358] 赵俊伟, 王彤, 张志瀛. 经济新常态背景下山西省体育产业发展现状及对区域经济的影响 [J]. 体育研究与教育, 2018, 33 (1): 44-47.

[359] 赵凌云. 全面把握中国特色社会主义的内涵与特征 [J]. 学习月刊, 2007 (19): 6-8.

[360] 赵全新. 推进价格领域"放管服"改革 加强事中事后监管 [J]. 发展改革理论与实践, 2017 (12): 34-38.

[361] 赵艳玲. 治理理论与我国政府管理创新 [J]. 苏州市职业大学学报, 2007 (1): 54-57.

[362] 赵豫. 我国职业体育俱乐部公司化研究 [J]. 体育文化导刊,

2004（5）：3-6.

[363] 郑芳. 职业体育联盟的经济学分析：基于竞争实力均衡视角［D］. 杭州：浙江大学，2010.

[364] 郑慧，陈震聃. 国家治理与政府治理辨析［J］. 理论探索，2016（4）：47-55.

[365] 中超开幕式每分钟烧166万 许家印：必须高规格［EB/OL］. (2011-03-29)[2016-09-10]. http://sports.sohu.com/20110329/n280045881.shtml.

[366] 中国共产党第十六次全国代表大会. 中国共产党第十六次全国代表大会文件汇编［M］. 北京：人民出版社，2002.

[367] 中国科学技术信息研究所. 中国科学技术信息研究所发布2015年中国科技论文统计结果［EB/OL］. (2015-11-30)[2017-09-28]. http://www.jcad.cn/jcadcms/news/100000/2015/a2d112b24e044129888434c91400d364.shtml.

[368] 中美两国运动员培养方式大不同 中国体育该不该离开"举国体制"？［EB/OL］. [2017-08-16]. http://m.sohu.com/a/110620297_119552.

[369] 周学荣，何平，李娲. 政府治理、市场治理、社会治理及其相互关系探讨［J］. 中国审计评论，2014（1）：107-126.

[370] 周义程. 善治视角下我国政府管理的创新［J］. 中共南京市委党校南京市行政学院学报，2004（2）：58-61.

[371] 周勇，房亚男，李国平. 中国体育产业和第三产业发展关系的实证研究［J］. 山东体育科技，2018，40（1）：21-24.

[372] 周在平. 我国田径竞赛体制的发展和改革［D］. 北京：北京体育大学，2009.

[373] 珠超VS"粤超"官司回放［EB/OL］. (2012-03-29)[2017-05-09]. http://news.cntv.cn/20120329/124521.shtml.

[374] HALL P A, TAYLOR R R. Political science and the three new institutionalism［J］. Political Studies, 1996, 44（5）：936-957.